BELSER BÜCHEREI

NATURWISSENSCHAFT · KUNST · TECHNIK

AUS DER WELT DER NATUR

PILZE

TEXT VON DR. PATRICK JOLY

VORWORT VON PROF. DR. MEINHARD MOSER

BILDTEIL 110 FARBFOTOS

VON PHILIPPE JOLY UND HEINZ SCHREMPP

52 ZEICHNUNGEN IM TEXT

BELSER VERLAG

Titel der Originalausgabe: LES CHAMPIGNONS
Hatier, Paris

Übertragen ins Deutsche von Dr. Hans Haas
An der Illustration dieses Buches haben ferner mitgewirkt: P. Bondoux,
M. Chassain, Y. Lanceau, Patrick Joly, Titus-Cedri, Agence W.

ISBN 3–7630–1829–8

VORWORT

Die Pilze haben von jeher das Interesse der Menschen auf sich gezogen, nicht nur, weil sie sich in Gestalt und Lebensweise unterscheiden, sondern auch wegen ihrer Eßbarkeit und der Giftigkeit zahlreicher Arten. Die ›Pilzjagd‹ mit Korb oder Kamera verschafft Befriedigung, ja sie kann zur Leidenschaft werden; wer sie ausübt, bewahrt sich etwas von der Naturverbundenheit, die in unserer Zeit immer mehr dahinschwindet.

Wenn wir durchWälder und Felder streifen, so sehen wir Pilzfruchtkörper; manchmal fällt uns auch eine durch Pilze verursachte Pflanzenkrankheit auf. Das eigentliche Leben der Pilze bleibt aber meist verborgen und unbeachtet. Erst wenn wir uns eingehender mit diesen Problemen beschäftigen und uns die Frage stellen, was denn ein Pilz eigentlich ist, wie er auf Umweltfaktoren wie Feuchtigkeit, Temperatur, Licht, auf verschiedene Substrate und anderes mehr reagiert, welche Möglichkeiten der Vermehrung ihm gegeben sind, kurz, um es mit einem modernen Wort der Computersprache zu sagen, welche ›Programme‹ in ihm gespeichert sind, wird uns klar, welche wichtige Rolle Pilze in der Natur spielen und in wie starkem Maße auch das Leben anderer Organismen – der Mensch inbegriffen – von ihnen beeinflußt wird.

Vergessen wir nicht, welche Aufgabe den Pilzen, gemeinsam mit Bakterien und Tieren, beim Beseitigen organischer Abfälle wie beim Aufbereiten mineralischer Substrate zukommt. Sie sind wesentliche Kettenglieder im Stoffkreislauf der Natur und bilden in ihrer aufbauenden Funktion ganze ›biochemische Fabriken‹. Für die Forschung haben sich die Pilze in vielfacher Hinsicht als besonders geeignete Objekte erwiesen, z.B. auf dem Gebiet der Biochemie für die Aufklärung von Biosynthesevorgängen oder bei der Lösung verschiedener Grundprobleme der Vererbungslehre.

Befassen wir uns mit der Symbiose zwischen Pilzen und Pflanzen, so wird uns bewußt, daß etwa die Verbindung zwischen Baumwurzeln und Pilzen eine Vergrößerung des für Waldbäume besiedelbaren Areals um fast ein Drittel zur Folge hat. Allerdings wird auch der größere Teil der Pflanzenkrankheiten durch Pilze verursacht, was erhebliche wirtschaftliche Schäden bedeutet. Solchen Nachteilen steht als Vorteil die stetig zunehmende Bedeutung der Pilze für die biochemische und pharmazeutische Industrie gegenüber.

Die Voraussetzungen für das Verständnis dieser Zusammenhänge zu vermitteln, ist ein Hauptanliegen dieses vielseitigen Buches, das über die Aufgabenstellung der üblichen Bestimmungsflora hinausgeht.

Wer Pilze mit ihren Namen kennenlernen, sie also bestimmen will, braucht ein Pilzbuch. Der verständliche Wunsch jedes Pilzfreundes, in einem einzigen Werk alle Pilzarten abgebildet und ausführlich beschrieben zu finden, ist und bleibt unerfüllbar angesichts der zahlreichen Arten. Allein in Mitteleuropa gibt es etwa 3500 mit bloßem Auge erkennbare Pilzarten, von denen die meisten in Farben und Formen zudem so veränderlich sind, daß kein noch so umfangreiches Nachschlagewerk allen Launen der Natur gerecht werden und eine erschöpfende, unfehlbare Hilfe bieten könnte.

Für den Anfang muß daher ein einfaches und damit freilich unvollständiges Pilzbuch genügen. Das vorliegende Buch zeichnet sich durch seinen besonderen Aufbau aus: Es vermittelt einen Überblick über das ganze Reich der Pilze und gibt eine Einführung in die Lebensweise dieser Gewächse. Die Aufmerksamkeit des Betrachters wird auch auf wenig auffallende Beispiele gelenkt, und die Fülle des Wissenswerten wird wissenschaftlich stichhaltig erläutert. Die farbgetreuen und zum Teil seltenen Naturaufnahmen wurden so ausgewählt, daß der Leser mit ihrer Hilfe und den zugehörigen Beschreibungen sowohl die praktisch wichtigen Speise- und Giftpilze als auch die wissenschaftlich interessanten Arten kennen- und unterscheiden lernt.

Innsbruck, Frühjahr 1973   Professor Dr. Meinhard Moser

WICHTIGER HINWEIS

Um die Pilze genau kennenzulernen, genügt es nicht, zu Büchern zu greifen. Allein die in freier Natur in Begleitung kundiger Mykologen gewonnene Erfahrung befähigt dazu, sich mit den Pilzen vertraut zu machen und sich gründliche Kenntnisse anzueignen. Wir können den pilzkundlich interessierten Lesern nur dringend empfehlen, sich einer der bestehenden Gesellschaften für Pilzkunde anzuschließen.

In Deutschland: Deutsche Gesellschaft für Pilzkunde e.V., 75 Karlsruhe, Bot. Institut der Universität, Kaiserstraße 16

In Frankreich: Société Mycologique de France, 36 rue Geoffroy-Saint-Hilaire, Paris (5ième)

In Österreich: Österreichische Mykologische Gesellschaft, A-6020 Innsbruck, Schneeburggasse 54k

In der Schweiz: Verband Schweizerischer Vereine für Pilzkunde, CH-3006 Bern, Ostermundigenstraße 44

DIE WELT DER PILZE

Paulet stellte im Jahr 1808 dem zweiten Band seines ›Traité des Champignons‹ (Abhandlung über die Pilze) folgendes Motto voran: ›Die Mycetologie ist die Wissenschaft von den Pilzen. Dieser Teil der Naturgeschichte lag lange Zeit mißachtet im dunkeln wegen der zahllosen Schwierigkeiten, die das Studium der Objekte bietet, mit denen sie sich befaßt, doch ist sie im Begriff, sich zu erhellen.‹ Diese Aussage hat noch immer ihre Gültigkeit. Nur nennen wir die Pilzkunde heute ›Mykologie‹ und nicht mehr ›Mycetologie‹.

Wir sind jedoch in der Lage, ein etwas genaueres Bild von den Pilzen zu entwerfen, als es Paulet konnte, für den noch galt: ›Ein Pilz ist ein Körper von schleimiger oder breiiger oder fleischiger oder zäher oder korkiger oder wolligflockiger Beschaffenheit, im allgemeinen mit besonderem Pilzgeruch und Pilzgeschmack, unfähig der Fortbewegung und frei von Reizbarkeit.‹ Im klassischen Sinn sind die Pilze pflanzliche Wesen. Sie können sich also gleich diesen nicht von ihrem Standort fortbewegen (wie schon Paulets Definition besagt), sie leben von im Wasser gelösten Stoffen und nicht von ganzen Beutestücken, wie dies gewöhnlich für die Tiere zutrifft, die Pflanzen oder andere Tiere verzehren.

Die *Myxomyceten* (Schleimpilze), zu denen Fuligo septica (Abb. 1) zählt, zeigen Übergangsmerkmale zwischen Tieren und Pflanzen (was ihnen das traurige Schicksal beschert hat, immer noch mangelhaft bekannt zu sein und sowohl von den Botanikern als auch von den Zoologen verachtet zu werden, bestehen doch die Spezialisten beider Disziplinen darauf, ihr Studium sei Sache der anderen Wissenschaft), und so werden sie gewöhnlich – auch – aus der Welt der Pilze verbannt, denn sie verbringen einen guten Teil ihres Daseins als ›Plasmodium‹, das heißt im Zustand einer Masse beweglicher, lebender Substanz, die obendrein als Nahrung Bakterien, also ganze Beutestücke, aufnimmt.

Die Pilze heben sich aus der Gesamtheit des Pflanzenreichs, dem sie zuzuordnen sind, durch die Tatsache heraus, daß sie wegen des Fehlens von Blattgrün (Chlorophyll) die Lichtenergie nicht unmittelbar verwerten können, um ihre eigene lebende Substanz ausschließlich aus mineralischen Grundstoffen (Wasser, gelösten Salzen und Kohlendioxid) aufzubauen. Sie vermögen sich also nur zu entwickeln mit Hilfe organischer Stoffe, die sie entweder lebenden Wesen entziehen (sie sind dann ›Parasiten‹) oder aus toten Abfällen beziehen (als ›Saprophyten‹), ja sogar je nach den Umständen sowohl aus dem einen als auch dem anderen der beiden Substrate. Im Hinblick auf diese Eigenart und auf andere, die hier nicht besprochen werden können, wollen wir einfach festhalten, daß die Pilze nach gegenwärtiger Auffassung eine Welt für sich darstellen, weder tierischer noch pflanzlicher Art.

Nach diesen wenigen Allgemeinbetrachtungen wenden wir uns kurz der Frage zu, was denn ein Pilz überhaupt ist und weshalb man übereingekommen ist, unter dieser Bezeichnung so offenkundig unterschiedliche Wesen zusammenzufassen wie eine Nectria (Abb. 2), einen Becherling (Abb. 3), einen Lackporling (Abb. 4), den Zitronengelben Wulstling (Abb. 5), einen Röhrling (Abb. 6) und selbst die ›Schimmelpilze‹, die jedermann auf altem Brot, auf Eingemachtem oder auf Schuhen, die versehentlich an einem dumpfigfeuchten Platz stehenblieben, entdecken kann. Es sei aber gleich hinzugefügt, daß die gewöhnlich mit dem Namen ›Pilz‹ gemeinten Objekte nur die Fruchtkörper, nicht jedoch die vegetativen Pilzpflanzen selbst darstellen. Jede von diesen entsteht aus einer ›Spore‹, einem mikroskopisch kleinen Zellorganismus, der zur Keimung befähigt ist, sobald er sich in einem günstigen Milieu befindet; die Zelle läßt dabei einen dünnen Faden sprießen, der in der Folge weiterwächst und sich reichlich verzweigt (Fig. 1), um das zu bilden, was man ein ›Mycelium‹ nennt und was bei den Champignonzüchtern ›Brut‹ heißt. Das gesamte Mycelium eines und desselben Individuums ist der ›Thallus‹ (das ›Lager‹) dieses Pilzes.

Nur der Thallus entspricht dem Pilz im Sinne eines Lebewesens; er stellt die sich ausbreitende Pilzpflanze dar, er besorgt die Ernährung aus toten Blättern, faulendem Holz, unvollständig abgebautem Dung, Tierkot, sogar Brot, Eingemachtem oder Schuhwerk, sofern er sich als Saprophyt entwickelt, während er sich als Parasit auf Kosten von Tieren, Pflanzen und

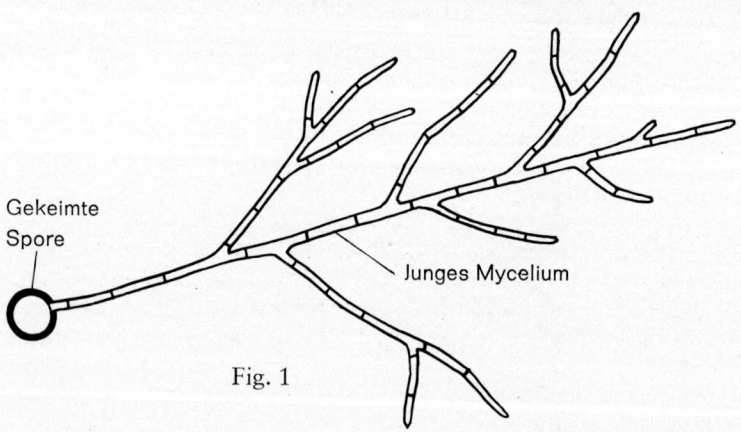

Gekeimte Spore

Junges Mycelium

Fig. 1

selbst von anderen Pilzen ernährt. Das *Pilzmycelium* läßt sich übrigens leicht beobachten, wenn man im Herbst Fallaub in der Nähe verschiedener Pilze hochhebt: es erscheint in Form eines Gewebes aus weißen – seltener gefärbten – Fäden. Macht man sich nicht die Mühe, nach dem Mycelium zu suchen, so bekommt man es im allgemeinen nicht zu sehen, denn es bleibt im Substrat oder in dem Lebewesen, von dem es zehrt, eingeschlossen, und nur seine nach außen hervorsprossenden Fruchtkörper werden wahrnehmbar. Da diese selbst in äußerst verschiedenen Gestalten erscheinen, kann zunächst der Eindruck entstehen, man habe unter der Bezeichnung ›Pilze‹ ganz verschiedene Einheiten zusammengefaßt; dem ist aber nicht so, denn alle sind grundsätzlich aus einem gut charakterisierten Thallus aufgebaut, der typisch ist für die unter dem Begriff ›Pilze‹ zusammengefaßten und in diesem Werk behandelten Lebewesen.

Versuchen wir nun, einen Schritt weiterzugehen. Es gibt Pilze, die als ›niedere‹ bezeichnet, andere, die als ›höhere‹ eingestuft werden. Wir werden uns hier nur mit den letzteren befassen. Im Gegensatz zu einer sogar bei bedeutenden Mykologen anzutreffenden Auffassung, die vor allem unter Leuten ohne besonderes Interesse für die mikroskopischen Pilze verbreitet ist, ergibt sich der Unterschied zwischen den beiden Pilzgruppen nicht einfach aus den Größenverhältnissen. Die *niederen Pilze* stellen eine Sammelgruppe nicht zusammengehöriger, nur dem Mikroskop zugänglicher Arten von verschiedener Herkunft dar, deren gemeinsames Hauptmerkmal ein nicht in wohlabgegrenzte Zellen unterteilter Thallus ist. Von den bekanntesten Vertretern dieser Gruppe können wir jene Pilze anführen, die für die als ›Mehltau‹ bezeichneten Pflanzenkrankheiten verantwortlich sind, ferner eine ganze Reihe saprophytischer Schimmelpilze, die Mucorales, die besonders auf Nahrungsmitteln einen grauen, ziemlich lockeren und sich rasch ausbreitenden Flaumbelag bilden.

Die *höheren Pilze* können in zwei Untergruppen eingeteilt werden: die *Ascomyceten* (Schlauchpilze), bei welchen die Sporen – aufgrund geschlechtlicher Fortpflanzungsvorgänge entstandene, der Verbreitung dienende Zellen – im Inneren ihrer Mutterzellen, ›Asci‹ genannt (Fig. 2), gebildet werden, und die *Basidiomyceten* (Ständerpilze), bei welchen die Mutterzellen, hier ›Basidien‹ genannt, ihre Sporen nach außen abschnüren. Es gibt noch weitere grundsätzliche Unterschiede zwischen diesen beiden Untergruppen, besonders im Hinblick auf das Verhalten der Zellkerne während der Zeitspanne unmittelbar vor und nach Eintreten der Geschlechtsvorgänge. Für den Augenblick jedenfalls wollen wir diese recht verwickelten Fragen übergehen. Sie erfordern mehr im Laboratorium durchzuführende Experimentalstudien als Beschränkung auf einfaches Beobachten der Pilze.

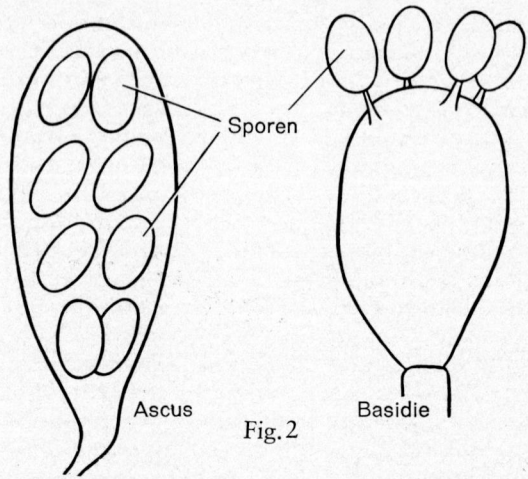

Sporen

Ascus   Fig. 2   Basidie

Schließlich sei hier noch vermerkt, daß man in der mykologischen Literatur oft den Ausdruck ›*Fungi imperfecti*‹ antrifft: es sind dies höhere Pilze, deren Art der geschlechtlichen Fortpflanzung noch nicht erforscht ist; es handelt sich also um eine künstliche Gruppe, eine Art Verlegenheitsschublade, in der man vorläufig jene Arten unterbringt – man ist ja genötigt, sie irgendwo einzuordnen! –, denen nicht mit Sicherheit ein bestimmter Platz im bestehenden Klassifikationssystem zugewiesen werden kann innerhalb der beiden Untergruppen, welche die Gesamtheit der höheren Pilze umfassen.

Wohlgemerkt: was wir bisher an Grunderkenntnissen, frei von jeder poetischen Umschreibung in aller Kürze dargelegt haben, ist das Ergebnis langwieriger, sich über mehrere Generationen erstreckender Forschungen. Sie haben schon nichts mehr mit jenen von Paulet zu tun. Gehen wir aber noch weiter in die Vorzeit zurück, dann wird die Kenntnis von den Pilzen lückenhaft, sie werden mit dem Schleier des Wunderbaren umhüllt als absonderliche, ja beunruhigende Wesen, mit denen sich einzulassen Gefahr bringt. Man merkt bisweilen beim Studium der alten Schriften, wie die Autoren äußerste Vorsicht walten lassen, wenn sie darüber zu schreiben wagen. Charles de l'Écluse (auch Carolus Clusius genannt), der Verfasser eines bedeutenden Werkes über die Pilze Ungarns (1601), erwähnt darin ihre mutmaßliche Eßbarkeit nur mit dem Vermerk ›im Vertrauen auf die anderen‹, während er sich wohl hütete, selber welche zu verspeisen. Hinweise auf diese Abneigung finden sich auch in seinem Briefwechsel mit einem vornehmen Ungarn, Balthasar von Buttyan, und einige Stellen lassen sogar die Vermutung zu, er habe nie auch nur einen einzigen Pilz berührt und habe sich damit begnügt, sie zu betrachten, um ihr äußeres Aussehen zu beschreiben; und in der Tat macht er eigentlich keine einzige von ihm selbst stammende Aussage über die Innenstruktur des Fleisches, über das unter Umständen zu beobachtende Austreten von Milchsaft beim Anbruch usw., lauter Beobachtungen, die nur durch unmittelbares In-die-Hand-Nehmen gemacht werden können.

Es stimmt, daß die Pilze noch zu jener Zeit einen seit Jahrhunderten festverankerten schlechten Ruf besaßen: während des ganzen Mittelalters waren sie wie die Schlangen und die Kröten in die verschiedensten Zaubereien einbezogen worden. Der Ausdruck ›Hexenringe‹ ist übrigens bis in unsere Tage lebendig geblieben und bezieht sich nach wie vor auf das kreisförmige Wachstum von Pilzen auf Wiesen und in Wäldern. Solche aus dem radialen Fortwachsen des Thallus vom anfänglichen Ausgangspunkt weg einfach zu erklärenden Bildungen wurden als die sichtbare Spur eines verwunschenen Balletts gedeutet: die Hexen tanzten im Kreis, und Pilze sproßten dort hervor, wo sie bei ihrem tollen Reigen die Füße aufgesetzt hatten.

In diesem Zusammenhang ist es bezeichnend, daß Albertus Magnus (1193 bis 1280) die Aussagen griechisch-römischer Schriftsteller aufgreift und versichert, die Pilze seien die Frucht der Fäulnis oder des Rostes (einer höchsten Form der Fäulnis, da vom Eisen stammend) und, was noch schlimmer sei, sie könnten in der Nähe von Schlangennestern auftreten, woher denn auch, wohlgemerkt, ihre gefahrbringenden Eigenschaften rührten. Wenn er schon die Vorstellungen der alten Autoren nur zum Teil aufnimmt (sie betonten ebenso die Natur der Bäume, unter denen die Pilze vorkommen), so hütet er sich wohlweislich, die Verbindung mit der Schlange wegzulassen, einem Tier, das in der jüdisch-christlichen Symbolik mit dem Teufel im Bunde steht, während er selbst durch die mittelalterliche Tradition zum Großmeister der Zauberer und Hexen geweiht wurde. Man weiß übrigens nicht, ob die magische Bedeutung der Pilze auf ihr kurzlebiges Dasein und ihre Launenhaftigkeit zurückzuführen ist oder ob sie tatsächlich bei geheimen Zeremonien Verwendung gefunden haben. Die zuletzt angeführte Vermutung läßt sich heutigentags anscheinend durch nichts mehr bestätigen, sollte aber doch nicht völlig ausgeschlossen werden, denn man kennt solche noch ausgeübten, wenn auch im Schwinden begriffenen Bräuche von primitiven, geographisch weit voneinander entfernt wohnenden und nicht in direkten Wechselbeziehungen stehenden Völkerschaften (vgl. R. Heim, 1963).

Die Gefahren des Umgangs mit Pilzen scheinen im mittelalterlichen Westeuropa zum Verschwinden der auf sie bezogenen naiven Volkslegenden geführt zu haben. Die einzigen und trotzdem zahlreichen ›Pilzlegenden‹, die auf uns gekommen sind, stammen aus Mitteleuropa. Manche sind noch von der alten nordischen Mythologie geprägt, so zum Beispiel, wenn die Herkunft des Fliegenpilzes den Tropfen einer Mischung von Blut und Schaum aus dem Munde von Wotans Pferd zugeschrieben wurde, doch die meisten wurden ins Christliche umgedeutet, wie es mit vielen volkstümlichen Anschauungen und Legenden geschehen ist. Um nur ein derartiges Beispiel zu nennen: man liest oft, daß die Pilze ihren Ursprung von den Brosamen herleiten, die aus dem Munde eines Heiligen herabfallen (gewöhnlich desjenigen, der in der Gegend verehrt wird, aus der die Legende stammt). War das dargebotene Brot weiß, dann brachten die Brosamen gute Pilze hervor, war es dunkel, dann sollten daraus giftige Pilze entstanden sein, hatte der Bittende an benachbarte Türen geklopft und hier gastliche Aufnahme und weißes Brot empfangen, dort aber nur schwarzes Brot, dann ergab sich jeweils ein Gemisch aus guten und schlechten Pilzen...

Es ist bemerkenswert, daß den Pilzen in diesen naiven Legenden wie in den Vorstellungen von einer Art Teufelsnatur stets ein übernatürlicher Ursprung zugeschrieben wird. Das überrascht kaum, denn wenn damals wohl bekannt war, wie die Tiere zur Welt kommen und wie Pflanzen aus Samen hervorgehen, die ihrerseits von anderen Pflanzen hervorgebracht wurden, so wußte man überhaupt nichts von der Existenz der mit bloßem Auge unsichtbaren Pilzsporen.

Bei Avicenna (980–1037) begegnet man Auffassungen abweichender, aber genausowenig begründeter Natur, da er inmitten der arabischen, von Legenden durchsetzten, philosophisch geprägten und zumindest in ihren Formen von der im mittelalterlichen Europa verschiedenen Zivilisation lebte. So, wenn er die grünen Pilze in Acht und Bann tut, geschieht das nicht etwa, weil er die Schädlichkeit des Grünen Knollenblätterpilzes (Abb. 90) wirklich gekannt hätte, sondern weil es sich dabei um eine von vornherein böse Farbe handelte, nämlich die des gleichfalls giftigen Grünspans.

Mit den griechischen und römischen Schriftstellern gelangen wir zu den Quellen der mykologischen Wissenschaft, aber hier ist es nicht mehr möglich, den Anteil der Legende auszumachen, um ihn dem der wirklichen Kenntnisse gegenüberzustellen. Die einzigen, offenkundig auf tatsächlichen Erfahrungen beruhenden Aussagen stammen von Dichtern wie Martial (43–104) oder Juvenal (gegen 42–125), aber ihre Beiträge zur Entwicklung der mykologischen Wissenschaft beschränkten sich darauf, den Wohlgeschmack fein zubereiteter Trüffeln (Abb. 94), Kaiserlinge oder Steinpilze (Abb. 36 und 37) zu besingen.

DER MENSCH UND DIE PILZE

Da wir nunmehr etwas besser über die Pilze Bescheid wissen, wollen wir sehen, wie der Mensch sie nach und nach kennenlernte und aus ihnen Nutzen zog. Von einigen sehr alten, zweifelhaften Angaben abgesehen, sind die ersten, eindeutig von Pilzvorkommen berichtenden Autoren Griechen, Hippokrates (gegen 460 v. Chr.) und Theophrast (gegen 372–287 v. Chr.). Jener beschränkt sich auf die Mitteilung, er habe einige als Heilmittel verwendet, ohne daß man jetzt noch die von ihm zur Anwendung empfohlenen Arten genau bestimmen könnte. Dieser gibt einige kurzgefaßte Beschreibungen, doch sind seine Angaben noch zu ungenau, als daß man auch nur annähernd zu sagen vermöchte, was damit gemeint war; wie sein Vorgänger erwähnt Theophrast hauptsächlich die medizinische Nutzanwendung. Er hält es für möglich, daß die Pilze Pflanzen seien, ›wie vermutet wird‹ (was auf das Vorhandensein anderer, ihm bekannter, doch heute verschwundener Schriften hindeuten könnte), doch wären es dann Pflanzen, die niemals Früchte tragen: er hatte sie also selbst recht genau beobachtet. Es scheint, daß man Nicander (2. Jh. v. Chr.) die ersten bedeutenden Werke über Pilze (von denen mehrere verlorengegangen sind) zu verdanken hat. Im Gegensatz zu Theophrast rechnet er sie nicht mehr der Pflanzenwelt zu, sondern macht aus ihnen ein Produkt des ›Wärmeprinzips‹ der Erde, ohne daß dieser Herkunft etwas ausgesprochen Abwertendes anhaftet, wie es bei den späteren Autoren dann der Fall ist; es scheint vielmehr einfach ein Hervorbrechen von Leben gemeint zu sein, eine Art von ›Urzeugung‹, bevor dieser Begriff geprägt wurde. Außerdem besteht kein Zweifel, daß die Pilze schon zu jener Zeit zu Speisezwecken dienten, da er Ratschläge für das Einsammeln erteilt und besonders solche empfiehlt, die unter Feigenbäumen wachsen.

Dennoch muß man auf Dioskorides (1. Jh.) und besonders auf Plinius den Älteren (32–79) – seine Schriften erschienen etwas später, da er sich auf die Werke des Dioskorides bezieht – warten, um eine Gesamtdarstellung des Reiches der Pilze aus antiker Sicht zu erhalten. Trotz ihrer Lobgesänge auf die kulinarischen Vorzüge der Pilze haben diese in den Augen der Poeten einen krankhaften Ursprung. Sie können (so bei Nicander) vom ›Erdschlamm‹ herrühren (d. h. von einem Wärmeprinzip, das hier eindeutig zu einem Ferment, einer Ursache von Abbau oder Fäulnis geworden ist), aber auch von so etwas wie einer Entartung, bei der sich Baumsäfte eindicken – die späteren Autoren sprechen von ›Schleim‹ –, oder gar von einer Befruchtung der Erde durch den Himmel mittels eines Blitzstrahls.

Die Erklärung der Beobachtungen geht schon viel mehr ins einzelne; sie unterscheidet holzbewohnende Pilze – aus dem Schleim der Bäume hervorgegangen – von bodenbewohnenden Arten, betont den Zusammenhang zwischen warmer bzw. kalter Witterung einerseits (ganz besonders den Gewitterperioden) und dem verstärkten Pilzwachstum andererseits usw. Man begegnet wieder, eingestreut, den Ratschlägen eines Nicander zum Sammeln, mit Abwandlungen (der Feigenbaum wird zum verdächtigen Baum), vor allem aber soll man sich hüten vor Arten, die mit Rost oder Fäulnis in Berührung kamen, sowie solchen, die rings um Schlangenlöcher wachsen. Die Artbeschreibungen sind schon genauer abgefaßt, besonders bei Plinius, aber immer noch verbunden mit einer Menge medizinischer Angaben und verschiedener Beobachtungen, von denen einige durchaus zutreffend erscheinen wie jene, derzufolge Plinius versichert, man könne Trüffeln in einem Gelände zum Wachsen bringen, wenn man es mit Wasser begieße, das durch eine trüffelreiche Zone geflossen sei.

Die Schriftsteller späterer Zeit, wie Galenus (131–210) oder Paulus von Ägina (gegen 600–650) beschränken sich darauf, Plinius zu wiederholen, und steuern kaum etwas anderes bei als Ratschläge auf arzneilichem Gebiet. Galenus läßt sich ein wenig über die kulinarischen Eigenschaften der Pilze aus, rät aber kaum zu ihrer Verwendung und warnt sogar vor dem Kaiserling, der nach zu reichlichem Genuß krankmachen könne.

Es folgt nun eine sehr lang während Periode, während der der Umgang mit Pilzen als gesundheitsschädlich galt und oftmals mannigfachen Erschwernissen ausgesetzt war; daher sind auch die wenigen Schriften, in denen Pilze erwähnt werden, mit vollem Bedacht nichts weiter als Abschriften aus den Werken der alten Autoren, im wesentlichen Plinius und Dioskorides. Wir müssen bis zum 16. Jahrhundert warten, um auf einige wirklich selbständige Beobachtungen zu stoßen. Einzelne Autoren, wie Valerius Cordus (1540) oder selbst Hieronymus Bock (1552), folgen immer noch wie blind den Alten, doch tauchen Angaben über neuartige Beobachtungen auf, so bei Leo Africanus (1540), der als erster unzweideutig von den Terfezien spricht, einer Art Trüffeln aus dem Mittelmeergebiet (auf die man a posteriori einige Angaben lateinischer Schriftsteller bezogen hat), oder bei Hadrianus Junius (1564), der die ersten Phallales beschreibt. Mit den Schriften von Hermolaius (1526), Ruellius (1536), Matthiolus (1562) und Cesalpino (1583) werden Versuche sichtbar, die auf die Erarbeitung selbständigerer Klassifikationssysteme abzielen, aber es sind besonders, am Ende des Jahrhunderts, Lobelius (1590), Dodonaeus (1590) und, in erster Linie, Carolus Clusius, die durch ihre Werke die Blütezeit der Mykologie (Pilzkunde) einleiten.

Als ganz neue Wissenschaft muß sie noch fast zwei Jahrhunderte zuwarten, bis sie ihren Adelsbrief erhält. Nach dem Erscheinen vielfältiger Werke, deren bedeutendste Verfasser Bauhin (1623), Loesel (1654), Sterbeek (1675),

Ray (1686), Tournefort (1698), Dillenius (1719), Vaillant (1727), Micheli (1729), Gleditsch (1753), Battara (1755), Schaeffer (1772), Scopoli (1772), Jacquin (1773), Batsch (1783), Bulliard (1783) und Paulet (1793–1808) waren, sollte die Mykologie erst mit Persoon (1755–1837) und Fries (1794–1878) zum Rang einer wirklichen Wissenschaft aufsteigen.

Sie ist seitdem in rascher Entwicklung begriffen und erweitert vor allem ständig ihre Einflußsphäre. Während die Kenntnisse über die großwüchsigen Pilze ständig zunehmen, erfährt auch das Studium der mikroskopischen Pilze, als dessen Begründer Micheli anzusehen ist, einen außerordentlichen Aufschwung. Noch vor zweieinhalb Jahrhunderten ganz oder fast unbeachtet, werden sie uns allmählich immer vertrauter, da sie als Forschungsobjekte um so gründlicher untersucht werden, je mehr ihr Einfluß, ob nützlich oder schädlich, im Wirtschaftsleben eine entscheidende Rolle spielt.

In der Tat, überschaut man das Gebiet der unmittelbaren Verwertung mikroskopischer Pilze, so erweist sich ihre Tätigkeit seit dem Altertum als Grundlage eines Großteils der Nahrungsmittelerzeugung; aber erst sorgfältige Erforschung der Grundvorgänge und vertiefte Kenntnisse in der Mykologie haben es ermöglicht, in weitem Ausmaß die Zufälligkeiten bei der Fabrikation auszuschalten. In einem weiteren Zeitabschnitt konnten dann aufgrund der gewonnenen Ergebnisse neue Produktionsverfahren ausgearbeitet werden.

Ein in dieser Beziehung besonders lehrreiches Beispiel ist das der Anwendung alkoholischer Gärungsvorgänge. Zahlreiche Pilze – der meistverwendete, Saccharomyces cerevisiae, ist ein Ascomycet, besser bekannt unter seinen Volksnamen ›Bierhefe‹ oder ›Backhefe‹ – entwickeln sich bei ungehindertem Luftzutritt auf zucker- oder stärkehaltigen Stoffen rasch, indem sie dabei normal atmen; leben sie auf den gleichen Substraten dagegen bei eingeschränkter Luftzufuhr, so wird ihr Wachstum verlangsamt; sie verbrauchen noch den Zucker, um am Leben zu bleiben und ihre eigene lebende Substanz aufzubauen, scheiden dann aber als hauptsächliche Abfallprodukte Alkohol und Kohlendioxid aus. Diese Abfallstoffe wurden übrigens auf dem Wege reiner Erfahrung zumindest schon seit der Zeit nutzbar gemacht, da der Mensch durch Schriftzeichen oder bildliche Darstellungen Aufzeichnungen hinterlassen hat: tatsächlich hätte es ohne die Mitwirkung des Hefepilzes weder Brot noch Wein, die Symbole der elementarsten menschlichen Bedürfnisse, jemals gegeben. Auf der Ansammlung von Alkohol, dem erstgenannten Abfallprodukt in vergorenen Flüssigkeiten, beruht die Herstellung verschiedener Getränke (Wein, Obstmost, Bier usw.), die man erhält, wenn sich Saccharomyces cerevisiae in Fruchtsäften (von Weintrauben, Äpfeln usw.) oder in wassergelöstem Gerstenmalzextrakt vermehrt. Der Alkohol bleibt im Nährmedium zurück, während das entweichende Kohlendioxid über der Saftoberfläche eine die Atmung hemmende und damit die Hefe im Gärzustand erhaltende Decke bildet. Bei der Brotherstellung macht man sich vor allem das Entweichen des Kohlendioxids zunutze: man vermischt den Brotteig mit einer Kultur von Saccharomyces, die wie im vorigen Fall weiterhin Alkohol und Kohlendioxid erzeugt. Letzteres führt beim Freiwerden in dem noch kompakten Teig zur Bildung unzähliger Bläschen (man sagt, der Teig ›geht‹); der entstandene Alkohol wird während des Backvorgangs ausgeschieden. Wenn die Gärungsvorgänge nicht richtig abliefen, sei es infolge fehlerhafter Entwicklung der Hefe oder unerwünschter Vermehrung anderer Mikroorganismen, dann gab es bei diesen empirisch gewonnenen Herstellungsverfahren immer wieder leidige Fehlschläge, wie falsch vergorenen Wein oder mißratenes Brot. Man bewahrte übrigens den ›Sauerteig‹ sorgfältig

1 FULIGO SEPTICA, Lohblüte (im Plasmodiumzustand) ▶

Klasse: MYXOMYCETES (Schleimpilze)
Ordnung: PHYSARALES

Fuligo septica ist ein Myxomycet (s. S. 7), ein Organismus, der in Gestalt eines Plasmodiums lebt; das ist eine weiche Masse (hier gefärbt), ohne Membran, aber mit zahlreichen Kernen und zu einer geringen Eigenbewegung fähig. Im Augenblick der Fruktifikation wandelt sich das Plasmodium in ein Sporangium oder deren mehrere um; darin befinden sich die Sporen, die oft von untereinander verflochtenen, das ›Capillitium‹ bildenden Fäden umgeben sind. Die Myxomyceten sind keine echten Pilze.
Fuligo septica erscheint im Lauf seiner vegetativen Entwicklung als schleimige Masse, ohne bestimmte Form, in einem schönen, lebhaften Gelb (mitunter creme-ockerfarben, weißlich bis grünlichgelb).
Der Fruchtzustand ist durch bräunlichockerfarbene, braune bis violettliche oder auch weißliche Töne gekennzeichnet, mit einer dünnen, brüchigen Hülle, in der die Masse der Sporen und des Capillitiums eingeschlossen ist.
Vorkommen: Man trifft die Lohblüte über Blättern oder abgestorbenen Ästchen im Unterholz, besonders unter Eichen und Buchen, auch sehr häufig auf altem Holz, mit Vorliebe auf Lohehaufen, woher der deutsche Name rührt, oder gelegentlich auf Komposthaufen, in Warmhäusern usw.

auf, einen übriggelassenen und beim nächsten Backen dem Brotteig zugesetzten Rest, in dem der Saccharomyces reichlich Zeit hatte, sich zu vermehren: die Übertragung von Sauerteig in den frischbereiteten Teig stellte nichts anderes dar als dessen Beimpfung mit einer Pilzkultur.

Heutzutage besser bekannt und dadurch der Steuerung zugänglich geworden, haben diese Verfahren zum großen Teil ihren Zufallscharakter verloren und können auf halbindustrieller Stufe durchgeführt werden. Dabei zeigte sich, daß die bisher nur für Gärvorgänge genutzten Hefen in sauerstoffreichem Milieu üppig und rasch wachsen können: sie erzeugen in diesem Fall also große Mengen lebender Substanz, das heißt Proteine, die zur tierischen und selbst menschlichen Ernährung verwendbar sind. Daraufhin wurden belüftete Kulturen zur Gewinnung von ›Nährhefe‹ angelegt, wobei verschiedene Abfallprodukte, die in der Lebensmittel- und jetzt sogar auch in der Erdölindustrie anfallen, verwertet werden.

Dazukommt, daß man mit dem Fortschreiten der mykologischen Wissenschaft in gewissen Produktionszweigen Saccharomyces durch herausgezüchtete Organismen anderer Art ersetzen konnte; diese sind großenteils in der Natur weniger häufig und daher der Praxis nicht unmittelbar zugänglich, wohl aber bestimmten Anforderungen der Industrie besser angepaßt. So benützt man zur Erzeugung von Nährhefe die weniger aufdringlich schmeckende Torulopsis utilis; bei der industriellen Herstellung von Alkohol geht man von stärkehaltigen Stoffen anstatt von Zuckersäften aus und ersetzt Saccharomyces durch niedere Pilze (Mucor und vor allem Rhizopus), die ebenfalls imstande sind, Zucker zu vergären, und die zudem die vorher erforderliche Umwandlung von Stärke in Zucker (amylolytischer Abbau) mit höherem Nutzeffekt selbst besorgen können.

Wie in den ebengenannten Beispielen gelingt es in zahlreichen anderen industriellen Zweigen der Pilzverwertung allmählich, die störenden Zufälligkeiten auszuschalten, so in der Käsefabrikation, die einerseits das Penicillium caseicolum, einen bei der Camembert- und Briekäseherstellung beteiligten Ascomyceten, wie andererseits Penicillium roqueforti für die Sorten Roquefort und Bleu d'Auvergne verwendet. Auch die Edelpilzzüchter bedienen sich jetzt ausgelesener und in Laborverfahren keimfrei vermehrter Pilzbrut.

Zahlreiche chemische und pharmazeutische Anwendungen beruhen auf der Tätigkeit von Pilzen, abgesehen von ihrer Nutzbarmachung für die menschliche Ernährung. Lange Zeit wurden, um nur einige Beispiele anzuführen, Zitronensäure, Vitamine der Gruppe B (vor allem Riboflavine), Antibiotica (Penicillin usw.) ausschließlich — und teilweise noch jetzt im Wettbewerb mit synthetischen Verfahren — auf der Grundlage von Pilzkulturen hergestellt.

Schließlich gründet sich auf den Fortschritt unserer Kenntnisse über diese Lebewesen eine neue Wissenschaft, die ›Phytopathologie‹; sie erforscht die Pflanzenkrankheiten und die Abbauerscheinungen bei Obst und Getreide. Wir wollen uns hier nicht länger bei den mit dem Thema ›Pilze als Pflanzenparasiten‹ angeschnittenen Problemen aufhalten, da sie in einem besonderen Kapitel behandelt werden.

DIE ASCOMYCETEN

Wir haben im Lauf unserer Beschäftigung mit den Pilzen gesehen, daß sie in zwei große Gruppen eingeteilt werden können, die Ascomyceten und die Basidiomyceten. Wir wenden uns zunächst den *Ascomyceten* (Schlauchpilze) zu; sie sind in ihrer Gesamtheit ungeheuer zahlreich und formenreich und, wie wir bereits wissen, ausgezeichnet durch die Ausbildung besonderer Fortpflanzungszellen, der ›Asci‹ (Schläuche), in welchen sexuelle Sporen (›Ascosporen‹) entstehen.

Die vegetative Phase eines Ascomyceten beginnt mit der Keimung einer Ascospore und setzt sich fort mit dem Auswachsen verzweigter, mehr oder weniger untereinander querverbundener Fäden, die das Mycelium aufbauen; bei einigen von ihnen (besonders den Hefen) können sie sich voneinander ablösen, um von da an unabhängig weiterzuleben.

In dieser Wachstumsphase vermehren und verbreiten sich die Ascomyceten häufig dadurch, daß sie auf verschiedene Weise ungeschlechtliche Sporen erzeugen und absondern, ohne daß dabei Geschlechtsvorgänge eintreten. Es gibt unter ihnen solche, bei denen derartige Fruktifikationstypen viel häufiger vorkommen können als die sexuell bedingten, wobei letztere nur selten oder mitunter sogar so gut wie gar nicht mehr auftreten; in diesem Extremfall handelt es sich um ›Fungi imperfecti‹ (s. S. 10).

Heterothallie und Homothallie bei den Ascomyceten. Sobald ein geeignetes Entwicklungsstadium erreicht ist und die Umweltbedingungen dafür günstig sind, tritt der Pilz in die Phase der geschlechtlichen Fortpflanzung ein. Viele Ascomyceten müssen jedoch, damit diese ablaufen kann, nicht nur ihre Geschlechtsorgane ausbilden (sie sind oft zwittrig, d. h. sie besitzen zugleich männliche und weibliche Organe), sondern danach außerdem zwei geschlechtsverschiedene Zellkerne zur Verschmelzung bringen: in diesem Fall sagt man, sie seien ›heterothallisch‹. Die Heterothallie gehört hier einem einfachen bipolaren Typus an: jeder Pilz besitzt einen Erbfaktor für die sexuelle Verschmelzung, der als Faktor A oder a vorhanden sein kann (solche Faktoren heißen ›Allele‹).

Diese *Allele* befinden über die sogenannte ›Kompatibilität‹ (›Vereinbarkeit‹), indem sie festlegen, ob eine sexuelle Verbindung zwischen zwei zur Fortpflanzung bereiten Pilzen möglich ist oder nicht: zwei Zwitter mit verschiedenen Allelen (der eine A, der andere a) können miteinander fruchtbare Verbindungen eingehen; besitzen beide das gleiche Allel, sei es A oder a, so können sie es nicht. Während Heterothallie mit vielfachen Allelen, bipolar oder tetrapolar, bei den Basidiomyceten weit verbreitet ist, kennt man sie bei den Ascomyceten nicht, abgesehen von einigen, noch nicht voll bestätigten Ausnahmen.

Heterothallische Vorgänge herrschen bei den Ascomyceten nicht ohne Ausnahmen. Gewisse Arten sind ›homothallisch‹, was besagt, daß sie alle ihre Sexualvorgänge ohne vorangehende geschlechtliche Differenzierung ablaufen lassen können: alle Individuen sind untereinander ›kompatibel‹ (verbindungsfähig) und können sich, falls sie Zwitter sind, fortpflanzen, ohne auf einen Partner zu treffen. Schließlich wäre anzumerken, daß gewisse Ascomyceten nach außen hin homothallisch erscheinen, in Wirklichkeit aber heterothallisch sind, insofern als jede Ascospore und mithin das aus ihr entstehende Mycelium im gewöhnlichen Zellplasma Kerne mit A und mit a enthält; es sind dies die Vertreter der ›sekundären Homothallie‹.

Die geschlechtliche Fortpflanzung der Ascomyceten. Wir haben gesehen, daß im typischen Fall ein Ascomycet Elemente männlicher Art und gleichzeitig solche weiblicher Art bilden kann.

Erstere, *Spermatien* genannt, erscheinen als kleine, am Ende von ›spermatogenen Fäden‹ erzeugte Sporen, die entweder direkt am Mycel (Fig. 3) oder auf bzw. in deutlicher differenzierten Organen, den Spermogonien, entstehen. Die Rolle der Spermatien besteht in der Befruchtung der am selben Mycelium erzeugten weiblichen Zellen, falls das möglich ist (Selbstbefruchtung bei homothallischen Pilzen), andernfalls der an einem anderen Thallus erzeugten Zellen (Kreuzbefruchtung); sie vermögen aber in der

◄ 2 NECTRIA CINNABARINA, Rotpustelpilz
(ungeschlechtliche Pusteln und Fruchtkörper mit Ascosporen)

Klasse: ASCOMYCETES (Schlauchpilze)
Ordnung: SPHAERIALES (Kugelpilze)

Nectriaarten sind Ascomyceten mit kleinen, kugeligen, hohlen Fruchtkörpern, Perithecien genannt, in deren Innerem die Schläuche (Asci) entstehen (s. S. 40).
Nectria cinnabarina kommt parasitisch auf Holz vor, wo sie zuerst ungeschlechtliche, wie kleine Kissen aussehende, rosafarbene Fruchtkörper entwickelt. Die geschlechtlichen Fruchtformen sind zinnoberrot, im Alter noch dunkler, oft untermischt mit den vorigen.
Vorkommen: Man findet diesen Pilz auf dem Holz verschiedener Bäume (Buche, Esche, Nußbaum, Pappel, Apfel- und Birnbaum, Flieder usw.), auf dem er fast das ganze Jahr hindurch reichlich fruchtet.

Regel nicht unmittelbar zu einem neuen Mycelium auszukeimen, wie es für die ungeschlechtlichen, während der vegetativen Wachstumszeit abgegliederten Sporen zutrifft.

Auch in diesem Falle läßt das Schema Ausnahmen zu und wird nicht immer streng eingehalten. Zahlreich sind die Ascomyceten, denen Spermatien fehlen: ihr Beitrag zur Befruchtung, d. h. die Überführung eines männlichen Kerns in das weibliche Organ, kann dann von den spermatogenen Fäden übernommen werden, indem sie bis an das weibliche Organ heranwachsen, oder von asexuellen Sporen, ja sogar von gewöhnlichen Mycelzellen, welche die Befruchtung direkt durchführen.

Die weiblichen Organe ihrerseits bestehen im Prinzip aus einer vergrößerten Zelle, dem ›Ascogon‹, dem eine zweite, das ›Trichogyn‹ (Fig. 3) aufsitzt. Die männlichen Kerne werden von den Spermatien (oder, falls sie fehlen, mittels des sie stellvertretenden Organs) in das Trichogyn befördert, das sie durchwandern, um mit dem Ascogon in Verbindung zu treten; einer dieser Kerne vollzieht dann die Befruchtung, d. h. er dringt in das Ascogon ein und verbleibt hier neben dem Ascogonkern; die Befruchtung geschieht damit durch ›Trichogamie‹.

Es kommen noch zahlreiche weitere Varianten vor. In besonderen Fällen fehlt das Trichogyn ganz; dann vollzieht sich die Befruchtung von der Basis des Ascogons her, indem die männlichen Kerne durch den Zellfaden wandern, dem das Ascogon ansitzt (›Somatogamie‹); bei homothallischen Arten kann das Ascogon seine Entwicklung sogar unmittelbar, einfach durch Vermehrung seiner Kerne, vollziehen, ohne daß männliche Kerne herangebracht werden (›Apogamie‹).

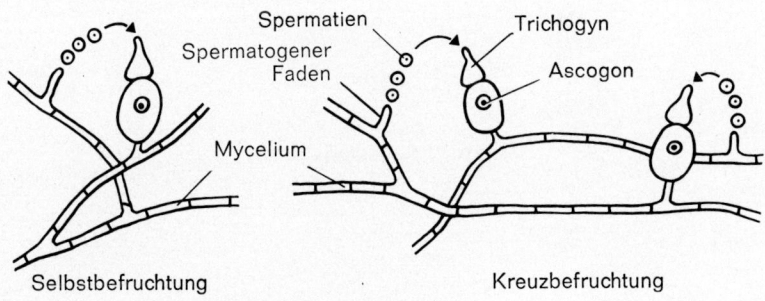

Fig. 3 Die Befruchtung bei den Ascomyceten

Das sekundäre Mycelium. In welcher Weise auch immer das Ascogon befruchtet wird, die beiden Kerne verschmelzen doch niemals sogleich darauf miteinander, wie denn dieser Vorgang im Gegensatz zu dem, was für gewöhnlich im Tier- und Pflanzenreich vor sich geht, bei den Pilzen stark abgewandelt ist. Die Befruchtung führt in einem ersten Zeitabschnitt zur Bildung mehrkerniger Zellelemente, in welchen Kerne beiderlei Geschlechts nebeneinander zu liegen kommen und sich unabhängig voneinander vermehren. Doch währt dieser ungeregelte Zustand nicht lange, und über kurz oder lang erzeugen diese vielkernigen Elemente Zellen, die durchweg zwei Kerne besitzen, einen von jedem der beiden elterlichen Typen. Von diesem Stadium ab erfahren die beiden Kerne jeder Zelle (das ›Dikaryon‹) genau gleichzeitige (konjugierte) Teilungen, ohne jemals zu verschmelzen.

Diese paarkernigen *Dikaryonten* stellen in ihrer Gesamtheit das ›Sekundärmycel‹ dar, leicht kenntlich am Vorkommen von ›Schnallen‹, die an jeder, zwei benachbarte Paarkernzellen trennenden Querwand ausgebildet werden. Ihre Aufgabe ist es, einem der Tochterkerne während der Zellteilung den Übertritt aus der Endzelle in die unmittelbar nachfolgende Zelle zu ermöglichen (Fig. 4).

◄ 3 ALEURIA SARRACINII, Sarrazins Becherling (in reifem Zustand)

Klasse: ASCOMYCETES (Schlauchpilze)
Ordnung: PEZIZALES (Schüsselpilze)

Die Arten von Aleuria, ebenso die von Galactinia (Aleuria sehr nahestehende Pilze, von ihnen im wesentlichen durch wäßrige oder weiße, bei Bruch austretende Milch verschieden), werden oft in derselben Gattung vereinigt. Es sind Becherlinge mit sehr kurzem oder praktisch fehlendem Stiel, bei denen sich die Ascusspitzen (s. S. 40) blau färben, wenn man sie in eine wäßrige Lösung von Jod-Jodkalium taucht.

Vorkommen: Aleuria sarracinii erscheint häufig auf der von verkohlten Resten durchsetzten Erde an Brandstellen und bildet hier sitzende Becher von 3–4 cm Durchmesser, innen bräunlichgrau, außen heller, mehr graulich.

Anmerkung: Auf Kohleplätzen findet man gleichfalls einen weiteren Becherpilz, der ihm ähnelt, Peziza echinospora, oft etwas größer, ebenfalls sitzend, innen braun, außen hellgrau, aber mit mehr oder weniger gezähneltem oder eingerissenem Becherrand.

Die Bildung der Asci. Nach einer Wachstums- und Entwicklungszeit des Sekundärmycels, die je nach Pilzart verschieden lange dauert, wird die endständige Paarkernzelle zu einer ›ascogenen Zelle‹ (Ascusmutterzelle). Es ist nebenbei darauf hinzuweisen, daß die Entwicklung des Sekundärmycels bei den Ascomyceten nie den Umfang annimmt wie bei den Basidiomyceten (davon später mehr); sie kann sich in gewissen Fällen sogar auf die ersten, aus vielkernigen Zellen hervorgegangenen Paarkernzellen beschränken, von denen jede unmittelbar einen Ascus liefert.

Erst in der ascogenen Zelle kommt es zur Verschmelzung der beiden ›haploiden‹ Kerne (haploide Zellen enthalten nur ein einziges Chromosom von jeder Sorte, z.B. wie in der Schemafigur 5a ein rundliches und ein stäbchenförmiges Chromosom). Die Kernvereinigung führt zu einem einzigen ›diploiden‹ Kern (Fig. 5b), welcher demgemäß die doppelte Chromosomenzahl erhält. Der Kern wandert hierauf in einen Auswuchs an der Spitze der ascogenen Zelle: dieser Auswuchs stellt die erste Anlage des jungen Ascus dar. Man beobachtet in der Folge eine Reihe von verwickelten Vorgängen, die wir so einfach wie möglich in schematischer Darstellung zu fassen versuchen, damit ihr umfassender Mechanismus verständlich wird, auf die Gefahr hin, manche Einzelheiten nicht ganz ohne Verzerrung wiedergeben zu können.

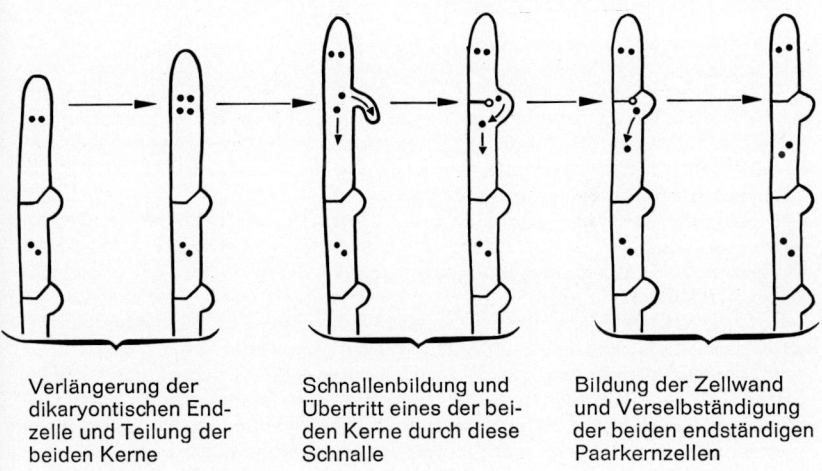

Verlängerung der dikaryontischen Endzelle und Teilung der beiden Kerne

Schnallenbildung und Übertritt eines der beiden Kerne durch diese Schnalle

Bildung der Zellwand und Verselbständigung der beiden endständigen Paarkernzellen

Fig. 4 Wachstum des Sekundärmycels

4 GANODERMA APPLANATUM, Flacher Lackporling (in Entwicklung) ▶

Klasse: Basidiomycetes, Ständerpilze
Ordnung: Aphyllophorales, Nichtblätterpilze

Dieser Lackporling (s. S. 110) ist eine großwüchsige Art ohne Stiel, deren Hut unmittelbar, wie eine Konsole, dem von ihm befallenen Holz ansitzt. Er ist von einer lackartigen Kruste bedeckt; diese ist sehr hart, zimtbraun, am Rande weiß, solange er sein Wachstum noch nicht beendet hat, mit dem Alter dunkler und alsbald mit einem braunen Staub bedeckt, der nichts anderes ist als die Masse der Sporen (oft setzt er diese auch auf den Blättern von Pflanzen in seiner Nachbarschaft ab, hier auf einigen Efeublättern).
Die Poren unter dem Hut sind weißlich, bekommen aber beim Berühren braune Flecken oder werden mit dem Alter mehr oder minder gänzlich schmutzigbraun. Schneidet man die Fruchtkörper dieses Porlings durch, dann sieht man unter der Lackkruste sein braunes, korkiges Fleisch, dessen Unterseite eine oder mehrere Lagen geschichteter Röhrchen trägt.
Vorkommen: Er ist ein in Laubwäldern häufiger Pilz; hier besiedelt er geschlagene oder noch stehende, aber altersschwache Baumstämme, auch Stümpfe, deren Holz er energisch angreift, so daß es weißlich und mürbe wird (Weißfäule, s. S. 242).

5 AMANITA CITRINA, Gelblicher Knollenblätterpilz (ausgewachsen) ▶

Klasse: BASIDIOMYCETES (Ständerpilze)
Ordnung: AGARICALES (Blätterpilze)

Der Gelbliche Knollenblätterpilz zeigt einen gelben Hut, der bisweilen grünlich getönt oder, bei der Varietät alba, ganz weiß ist, mit einem Durchmesser von 5–10 cm. Er ist mit unregelmäßigen, leicht abwischbaren, weißlichen oder bräunlichen Warzen oder Fetzen bedeckt. Diese Fetzen sind Reste der brüchigen allgemeinen Hülle, die sich in Stücke aufteilt, wenn der Pilz heranwächst (s. S. 99). Die gedrängt stehenden Lamellen sind weiß, das Fleisch sondert einen an Rettich oder rohe Kartoffel erinnernden Geruch ab.
Der Stiel, dessen Länge gewöhnlich die Hutbreite übertrifft, ist weiß oder schwach gelblich getönt und besitzt eine weiße, häufiger gelbliche Manschette. Er ist unten zu einer rundlichen Knolle verdickt, deren oberer Teil von einem dicken Wulst begrenzt wird.
Vorkommen: In Wäldern auf wasserzügigen Sandböden. Der Pilz ist bei uns unter Kiefern, doch auch bei Laubhölzern eine der häufigsten Arten.
Anmerkung: Keineswegs giftig, wie man lange infolge Verwechslung mit dem Grünen Knollenblätterpilz (s. S. 201) glaubte, doch wegen seines wenig angenehmen Geschmacks nicht verwendbar. Vom Grünen Knollenblätterpilz unterscheidet er sich leicht durch seinen Geruch und besonders den Knollenfuß mit den Resten der allgemeinen Hülle, die einen zerreiblichen Wulst bilden, während der Stielgrund des Grünen von einer lappigen Hautscheide eingefaßt ist.

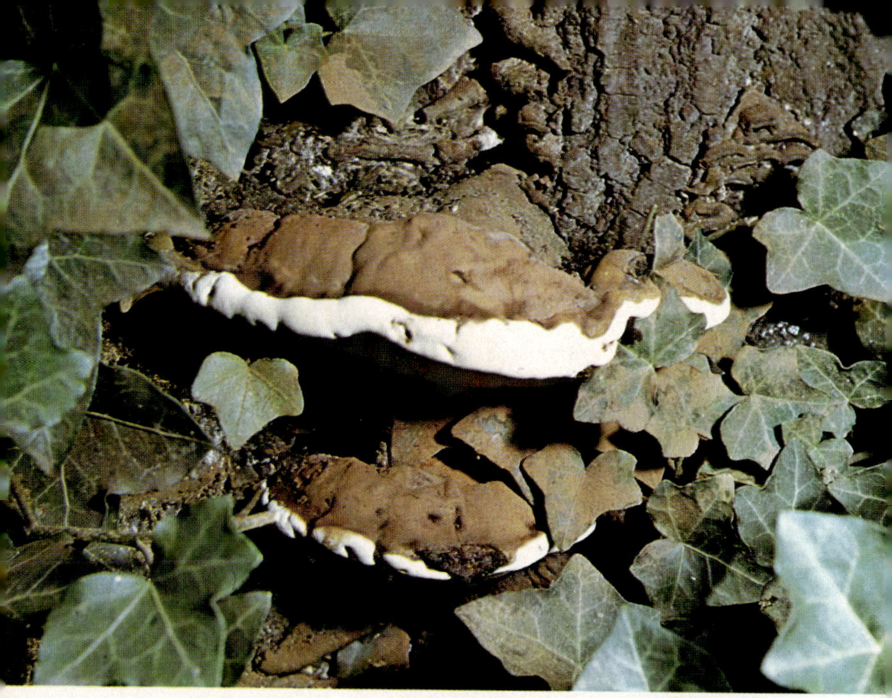

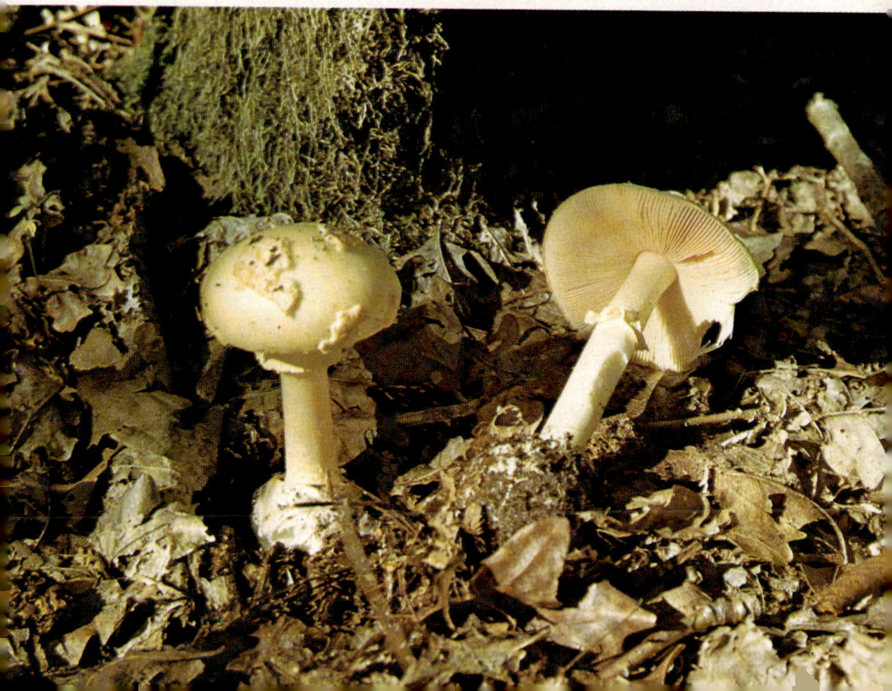

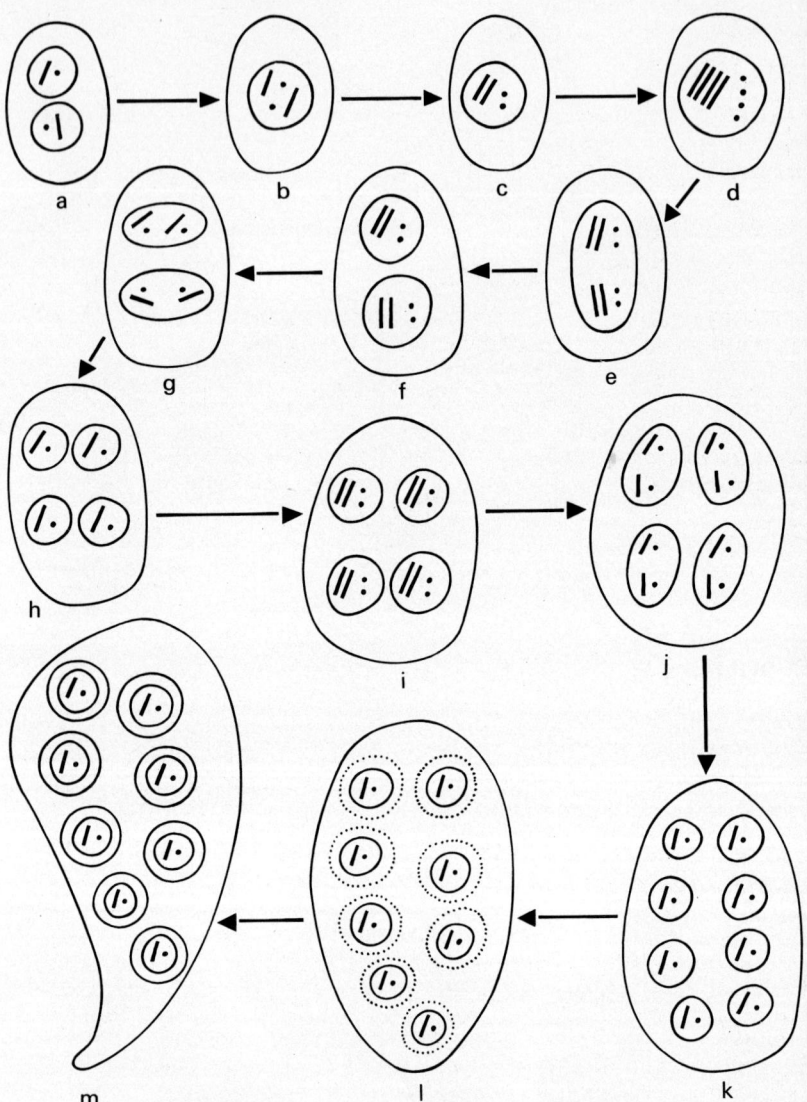

Fig. 5 Verhalten der Zellkerne im Verlauf der sexuellen Fortpflanzung bei den Ascomyceten (Schema)

Zunächst treten die Chromosomen im Verschmelzungskern zu homologen Paaren zusammen (Fig. 5c), dann teilt sich jedes Chromosom in zwei auf (Fig. 5d). Der immer noch in Einzahl vorhandene Kern enthält in diesem Stadium 4 Chromosomen von jeder Sorte und läßt durch zwei aufeinanderfolgende Teilungen (Fig. 5e, f, g, h) vier Tochterkerne entstehen, alle wieder haploid, wie es die beiden ursprünglichen Kerne der ascogenen Zelle gewesen waren. Schließlich bringt eine dritte Kernteilung unter Halbierung der Chromosomenzahl die Gesamtzahl der Kerne im jungen Ascus auf acht (Fig. 5i, j, k).

Um diese 8 Kerne sieht man hierauf sich ebenso viele Zellplasmamassen abgrenzen (Fig. 5l, m); sie stellen die ersten Anlagen für die Schlauchsporen dar, während das übrigbleibende Zellplasma später als Nahrung und Schutz dient.

Offensichtlich wird dieses theoretische Schema nicht immer eingehalten. So kann mitunter das Ausbleiben der dritten Kernteilung (Fig. 5i, j, k) zu Schlauchzellen führen, die anstelle der 8 nur 4 Sporen enthalten, oder es können auch Kerne degenerieren, wodurch die Sporenzahl auf 4 oder gar

6 BOLETUS ERYTHROPUS, Flockenstieliger Hexenpilz (junges Exemplar) ▶

Klasse: BASIDIOMYCETES (Ständerpilze)
Ordnung: BOLETALES (Röhrenpilze)

Ein Röhrling mit dickem, fleischigem, braunem Hut mit olivlicher Tönung. Unter dem Hut erscheinen die Poren rot oder orangerot, im Alter olivrot; diese Poren sind nur die Mündungen von eng zusammenstehenden, gelben oder grünlichgelben Röhren (leicht zu sehen, wenn man den Hut auseinanderbricht) und laufen blau an, wenn man sie reibt, wie auch das Fleisch dieses Röhrlings beim Anbruch blaut. Der Stiel ist in der Form recht verschieden, mitunter fast zylindrisch, häufiger jedoch bauchig; er zeigt gelbe Töne, ist gegen den Grund mehr bräunlich und von zahllosen roten, dicht gedrängten Flöckchen punktiert.
Vorkommen: Im Sommer und Herbst vor allem in Laubwäldern an freieren Plätzen, oft nicht weit weg von Wegen oder in der Nähe von Waldlichtungen.
Anmerkung: Trotz seines Blauanlaufens, das manche Sammler von Röhrenpilzen erschreckt, ist er ein guter Speisepilz. Der etwas ähnliche Netzstielige Hexenpilz (Boletus luridus) unterscheidet sich leicht durch das rote Netz (anstatt der roten Punkte), das seinen gelben Stiel schmückt. Sein Fleisch ist unter den Röhren orangefarben und nicht gelb wie das des Boletus erythropus. Er ist ein ausgezeichneter Speisepilz.

7 XYLOSPHAERA POLYMORPHA, Vielgestaltige Kernkeule ▶
(fast reife, Ascosporen bildende Fruchtkörper)

Klasse: ASCOMYCETES (Schlauchpilze)
Ordnung: SPHAERIALES (Kugelpilze)

Xylosphaera polymorpha ist ein Kernpilz (Pyrenomycetes, s. S. 43), der auf Baumstümpfen dicke, schwarze Fruchtkörper bildet, oft in Form von Keulen oder verbogenen Fingern, von unterschiedlicher Größe. Diese Fruchtkörper sind Lager, ›Stromata‹, in denen die fruchtbaren Teile, genannt Perithecien, enthalten sind. Es handelt sich dabei um kleine, kugelige Organe, deren Höhlungen von den Asci (s. S. 46) ausgekleidet werden. Bei dieser Kernkeule kann man dort, wo die Perithecien eingesenkt sind, oft schon äußerlich kleine Vorsprünge wahrnehmen. Durch ihre nadelstichfeinen Mündungen sieht die schwarze Oberfläche des Stromas wie getüpfelt aus.

Anmerkung: Wenn man das Stroma durchschneidet – es ist stets viel massiger als das der Xylosphaera hypoxylon (Abb. 98) –, dann sind die Perithecien leicht zu sehen; sie bilden eine sehr regelmäßige, unmittelbar unter der schwarzen Rinde gelegene Schicht und sind von dem hier weißen Fleisch umgeben. Man kann dieses ziemlich feste Fleisch spaßeshalber roh essen; sein Geschmack ist aber wenig ausgeprägt und nicht besonders angenehm.

8 TRICHOGLOSSUM HIRSUTUM, Rauhhaarige Erdzunge ▶
(in reifem Zustand)

Klasse: ASCOMYCETES (Schlauchpilze)
Ordnung: HELOTIALES (Erdbecherpilze)

Wie bei den Kernkeulen sind die Fruchtkörper (hier 2–4 cm hoch) keulig verdickt. Doch sind die Trichoglossumarten Discomyceten (Scheibenpilze), deren ungedeckelte Schläuche (s. S. 49) zu einem Hymenium vereinigt sind, das die Oberfläche des Fruchtkörpers überzieht. Die Schläuche werden also nicht in Perithecien erzeugt. Die Fruchtkörper nehmen auch hier verschiedenste Formen an, oft mit einem ziemlich deutlichen, verbreiterten und verflachten Hut, der das von steifen Härchen striegelige Hymenium trägt; der Stiel ist schwächer entwickelt, nur wenig samtig und ebenfalls schwarz.

Vorkommen: Trichoglossum hirsutum erscheint oft in bisweilen sehr gedrängten Trupps auf der Erde in Brachfeldern, Waldwiesen, Gebüschen und mitunter sogar auf Rasenplätzen. Die Art ist im Spätsommer ziemlich häufig.

Anmerkung: An den gleichen Standorten wächst Geoglossum ophioglossoides, die Trockene Erdzunge; sie bildet ebenfalls schwarze, abgeflacht-keulige Fruchtkörper und unterscheidet sich von Trichoglossum durch das Fehlen von Härchen im Hymenium.

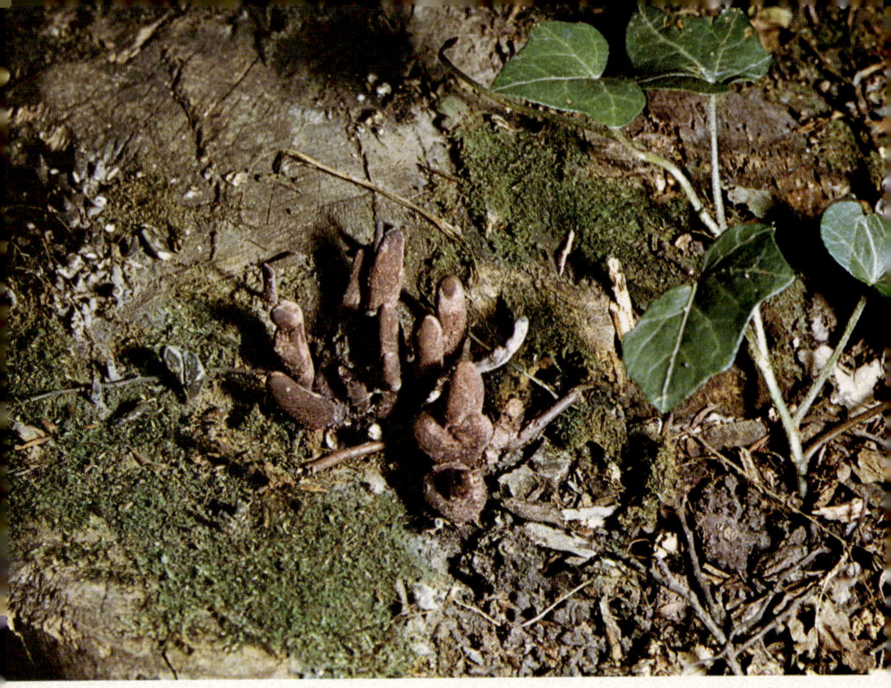

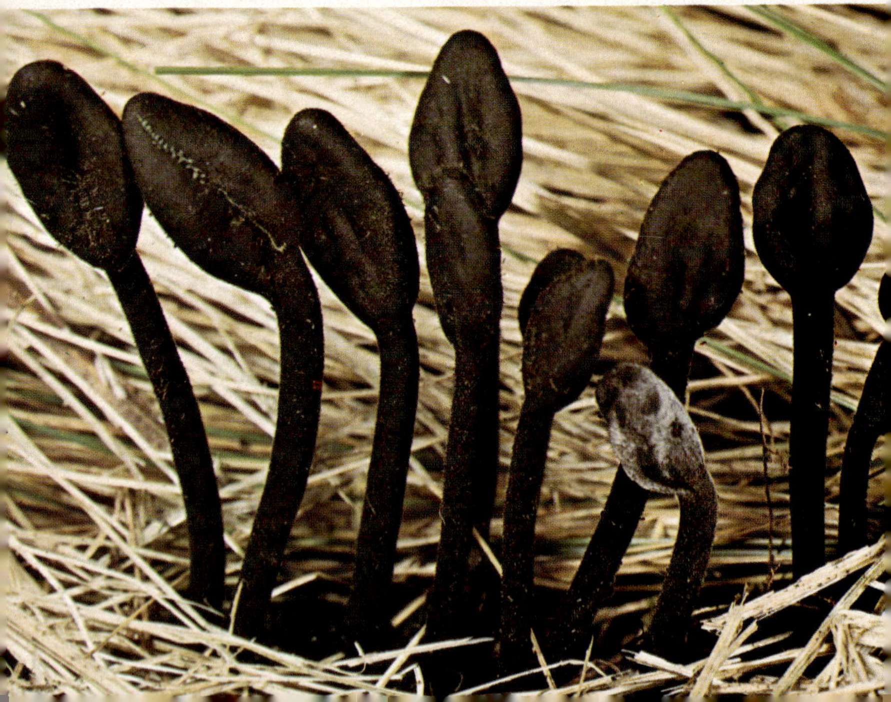

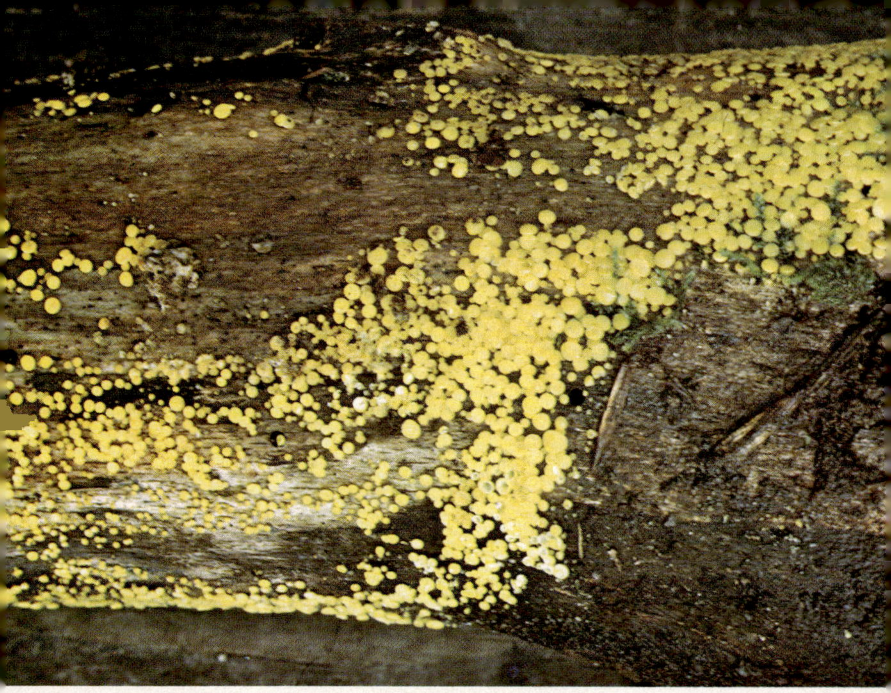

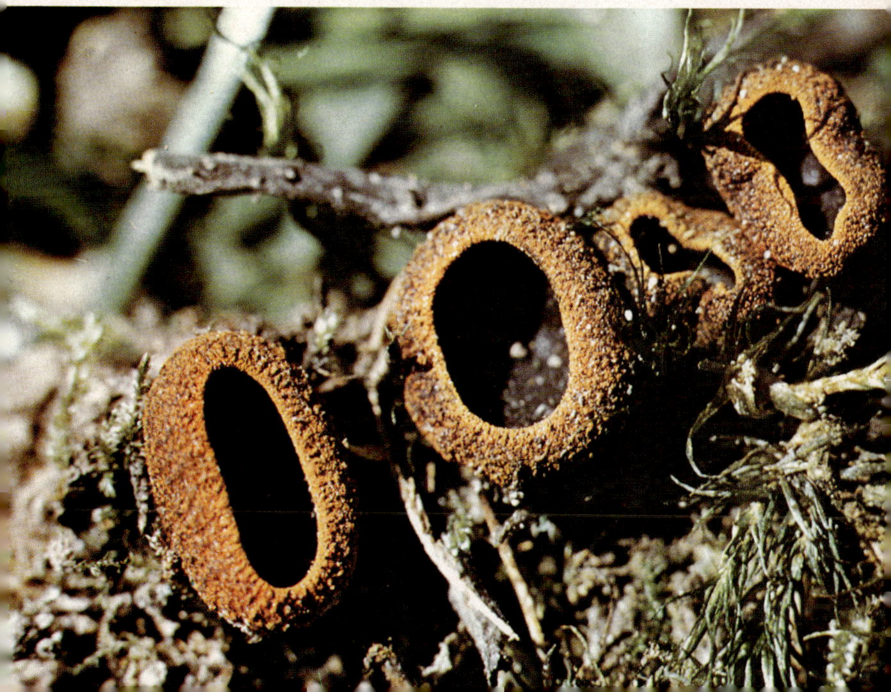

◄ 9 CALYCELLA CITRINA, Zitronengelber Zwergbecherling
(Fruchtkörper in allen Altersstufen)

Klasse: ASCOMYCETES (Schlauchpilze)
Ordnung: HELOTIALES (Erdbecherpilze)

Auch diese Art gehört zu den Scheibenpilzen mit Schläuchen ohne Deckel (inoperculate Discomyceten, s. S. 48). Die Fruchtkörper dieses Zwergbecherlings sind klein (2–3 mm), aber regelmäßig geformt. Sie erscheinen zunächst als sitzende, flache Schälchen, später, im Reifezustand, als kaum vertiefte Scheiben, deren Oberfläche vom Hymenium, der Fruchtschicht, überzogen ist.

Vorkommen: Dieser schön lebhaft gelb gefärbte Pilz kommt zur Herbstzeit in oft sehr zahlreichen Gruppen an abgefallenem, totem Astholz vor, manchmal sogar auf noch nicht ganz abgestorbenem Holz; man trifft ihn auf Eiche, Buche, Haselnuß, Erle usw. an.

◄ 10 URNULA MELASTOMA, Schwarzbrauner Kelchbecherling
(fast sporenreif)

Klasse: ASCOMYCETES (Schlauchpilze)
Ordnung: PEZIZALES (Schüsselpilze)

Die Kelchbecherlinge, Becherpilze mit gedeckelten Schläuchen (operculate Discomyceten), besitzen dunkelfarbige (olivbraune bis schwarze) Fruchtkörper von hübscher Kelchform, deren Stiel einem Filz von ebenfalls dunklen Fäden aufsitzt. Der Kelch, in dem besonders um den Rand rötliche bis orangerote Körnchen eingelagert erscheinen, ist fein samtig und von schwärzlichbrauner Färbung.

Vorkommen: Wächst im Frühling, nicht sehr häufig, am Boden auf Pflanzenresten, besonders in Hecken, an Waldrändern und in offenen Gehölzen.

Anmerkung: Der wohl etwas häufigere Schwarze Kelchbecherling, Urnula craterium, ist größer (5–8 cm) und ganz schwärzlich.

11 OTIDEA ONOTICA, Eselsohr (fast ausgewachsen) ▶

Klasse: Ascomycetes (Schlauchpilze)
Ordnung: Pezizales (Schüsselpilze)

Dieser Pilz heißt wegen seiner Form Eselsohr; sie erinnert tatsächlich ein wenig an das Ohr eines Esels. Er besitzt eine eigelbe Farbe, innen mehr oder weniger rosa getönt, und erreicht bis zu 10 cm Höhe. Der für die Becherlinge typische Kelch wird hier zu einer unsymmetrischen, bis zum Grunde aufgeschlitzten Tüte; unten setzt er sich in einen sehr kurzen, weißlichen, durch weiße Haare striegeligen Stiel fort.

Vorkommen: Das Eselsohr kommt im Sommer und besonders im Herbst häufig in Laubwäldern (vor allem unter Eichen) vor.

Anmerkung: Es ist eßbar, aber von sehr mäßiger Qualität.

12 HELVELLA CRISPA, Herbstlorchel (erwachsen) ▶

Klasse: Ascomycetes (Schlauchpilze)
Ordnung: Pezizales (Schüsselpilze)

Die Herbstlorchel weist wie alle Lorcheln (s. S. 53) einen dünnen, verbogenen, in Lappen aufgeteilten Hut auf. Bei ihr besteht er aus 3 mehr oder minder über den Stiel herabgeschlagenen Lappen und ist durchweg schmutzigweiß, auf der Unterseite hellocker. Auch der feste, mehr oder weniger tief grubig gefurchte Stiel ist weißlich bis leicht gelblich.

Vorkommen: Ein ziemlich häufiger Herbstpilz, der in lichten Wäldern, an Wegrändern und auch längs der Holzabfuhrwege wächst.

Anmerkung: Die Herbstlorchel ist in gut gekochtem Zustand eßbar, wenn auch etwas zäh und von mittelmäßigem Wert, darf jedoch nie roh, auch nicht in ungenügend gekochtem Zustand verzehrt werden (s. S. 221). Die Grubenlorchel (Helvella lacunosa) unterscheidet sich von der an den gleichen Wuchsorten vorkommenden Herbstlorchel leicht durch den dunklen, grauschwärzlichen Hut und einen Stiel von derselben, wenn auch oft etwas weniger dunklen Tönung.

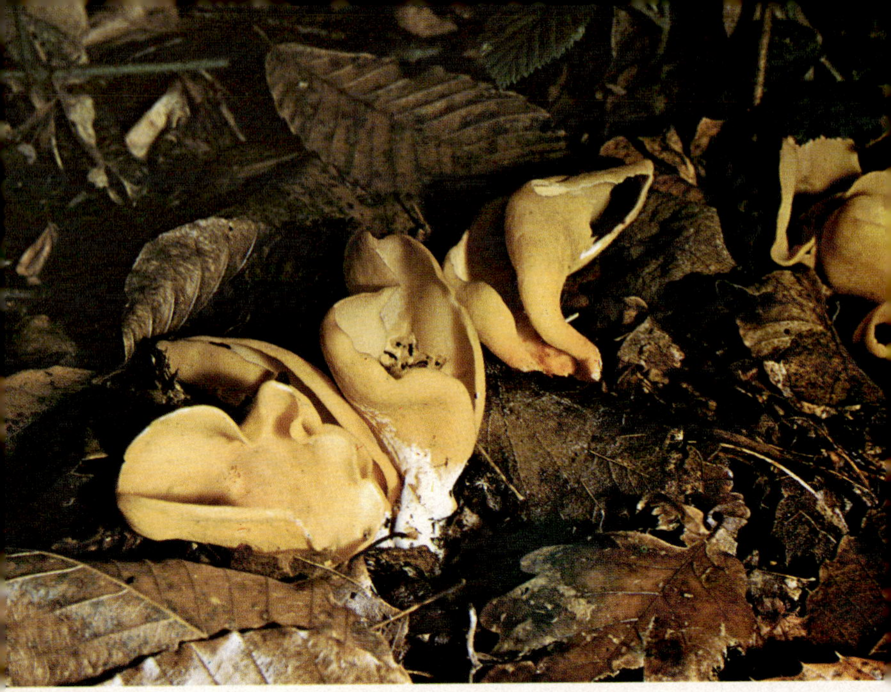

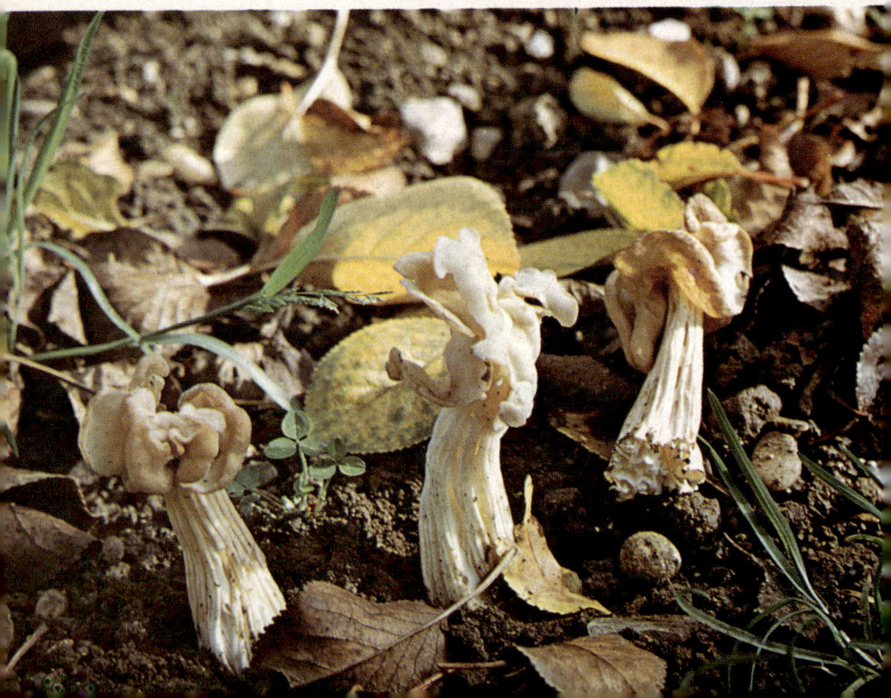

2 verringert wird. In anderen Fällen führen umgekehrt zusätzliche Teilungen zu Sporenzahlen, die ein Mehrfaches von 8, also 16, 32, 64 usw. betragen. Die *Asci (Schläuche)*. Nach einer Periode der Entwicklung und der Reifung, denen Asci und Ascosporen unterliegen, enthält der Fruchtkörper reife, zur Sporenentleerung bereite Asci (Schläuche). Die Ascusmembran ist dann doppelwandig, bestehend aus zwei übereinanderliegenden Wandschichten, deren äußere gewöhnlich dünn bleibt. Die innere (›Tunica‹) kann dick sein, von der anderen verschieden erscheinen und sich bei der Reife von ihr ablösen (ein solcher Ascus wird ›bitunikat‹ genannt), oder sie bleibt dünn und ist dann von der äußeren nicht unterscheidbar (der Ascus ist ›unitunikat‹). An der Ascusspitze bildet sich ein für gewöhnlich kompliziert gebautes ›Apikalsystem‹. Unter äußerster Vereinfachung und mit Beschränkung auf die für die Systematik der Ascomyceten maßgeblichen Organe sei lediglich Folgendes ausgeführt: In einem ›Apikal-

◄ 13 MORCHELLA CONICA, Spitzmorchel
(fast reife Pilze, rechts ein etwas jüngerer Pilz)

Klasse: ASCOMYCETES (Schlauchpilze)
Ordnung: PEZIZALES (Schüsselpilze)

Die Morcheln haben einen gehirnartig gebauten Hut mit zahlreichen Alveolen, deren jede wie die Becher bei Becherpilzen vom Hymenium ausgekleidet ist. Die Spitzmorchel zeigt einen stets mehr oder weniger kegeligen, bräunlichgelben, oft etwas olivlichen Hut mit im großen ganzen in senkrechten Reihen angeordneten, Wabenzellen gleichenden Alveolen.
Der Stiel ist ziemlich brüchig, weißlich, bei reifen Exemplaren oben immer verbreitert (im Bild links), wo er dann fast so breit wie der Hut wird.
Vorkommen: An gebüschigen Orten und in Tannenwäldern, im Tiefland spärlicher, in den Wäldern der mittleren Höhenlagen dagegen häufiger. Sammelzeit ist wie für die anderen Morcheln das Frühjahr.
Anmerkung: Ein ausgezeichneter Speisepilz, jedoch weniger ergiebig als andere Arten, wie etwa die Speisemorchel (Morchella esculenta), von höherem Wuchs, mit kugeligem, gelblichbraunem oder ockerfarbenem Hut, oder die Schwarze Morchel (Morchella vulgaris) mit dunklerem Hut. Bei diesen beiden Morcheln sind außerdem die Hutvertiefungen unregelmäßig angeordnet, also nicht in senkrechten Reihen wie bei der Spitzmorchel.

gewölbe‹, das an seinem Grunde durch einen unterhalb des Ascusendes liegenden Wulst begrenzt wird, findet man entweder ein System von mehr oder weniger gegabelten und querverbundenen Stäbchen, einer Reuse vergleichbar, oder einen lichtbrechenden Ring, der ein röhrenartiges Gebilde, das ›Manubrium‹ umgibt. Mit wenigen Ausnahmen besitzen die Ascomyceten mit bitunikaten Asci nur die ›Reuse‹ ohne Ring und Manubrium (Apikalreusenstruktur), während die Arten mit unitunikaten Asci im Gegensatz dazu einen Apikalapparat besitzen, der mit einem zumeist vom Ring umgebenen Manubrium ausgestattet ist (Apikalringstruktur). Das gleichzeitige Vorkommen von Ring und Reuse beobachtet man fast nur bei den Lecanorales, d. s. Ascomyceten, die in Vergesellschaftung mit bestimmten Algen Flechten aufbauen.

Die ascosporale Fruktifikation (Fruchtkörper der Ascomyceten). Ebenso wie bei den Asci gibt es zahlreiche Varianten der Entstehung und des Aufbaus der Fruchtkörper, in deren Innerem die Asci ihren Ursprung haben und sich entwickeln (›Ascosporale Fruktifikation‹). Bei ihrem Auftreten in der freien Natur bieten sich uns die Ascomyceten in den mannigfaltigsten Formen und den verschiedensten Größen dar. Oft erscheinen sie dem bloßen Auge nur als Punkte oder Kügelchen, kaum mehr als stecknadelkopfgroß, schwarz oder verschieden gefärbt (Nectria, Abb. 2). Diese kleinen Gebilde können auf Blättern oder Ästen von allen möglichen lebenden oder toten Pflanzen zerstreut oder zu Krusten zusammenfließend auf den gleichen Substraten vereinigt sein. Andere, so die Kernkeulen (Abb. 7 und 98), bilden schwarze, lederzähe Körper auf alten moosigen, faulenden Baumstümpfen aus. Die Becherlinge (Abb. 3 und 10), Pilze von gefälligerem Aussehen, erscheinen als mehr oder weniger regelmäßige Scheiben

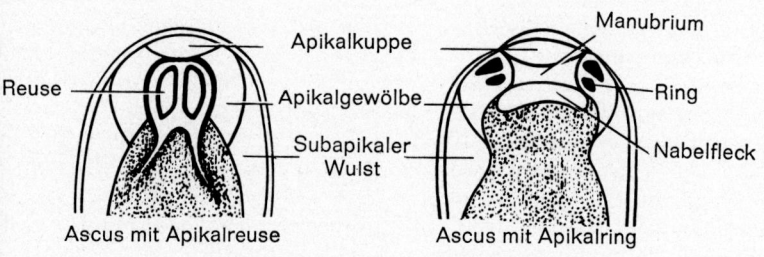

Fig. 6 Typen des Apikalsystems bei Ascomyceten
(Bau der Schlauchspitzen)

oder Kelche, die mehrere Zentimeter Durchmesser erreichen können; das Eselsohr (Abb. 11) ist ein Becherpilz, dessen unsymmetrischer Kelch das Organ vortäuscht, das ihm seinen Namen eingetragen hat. Die Morcheln (Abb. 13) schließlich, von den Pilzsammlern überaus geschätzte Pilze, erreichen noch beträchtlichere Größen. Aus dieser ersichtlich heterogenen Formenschar konnte schon bald eine ziemlich einheitliche Gruppe von Ascomyceten abgegrenzt werden, deren Fruchtkörper mehr oder weniger das Aussehen von Scheiben oder Bechern (genannt ›Apothecien‹) haben, auf oder in denen sich nebeneinander die Asci zwischen dünneren, sterilen Fäden (den ›Paraphysen‹) entwickeln. Diese fruchtbare, das Innere der Apothecien auskleidende Schicht nennt man ›Hymenium‹. Die ganze Gruppe erhielt den Namen *Scheibenpilze* (Discomycetes), zum Unterschied vom Rest der Ascomyceten, den *Kernpilzen* (Pyrenomycetes), deren kugelige Fruchtkörper (›Perithecien‹) geschlossen bleiben oder sich bei der Reife nur mit einer engen endständigen Mündung, dem ›Ostiolum‹, öffnen.

Die Plectomyceten

Ziemlich rasch hat man den Begriff der Pyrenomyceten weiter eingeschränkt, und zwar auf solche Ascomyceten, deren Perithecien mit einem Ostiolum versehen sind; diejenigen, deren Perithecien bei der Reife irgendwie verschlossen bleiben, wurden unter einem neuen Gesamtbegriff, nämlich dem der Plectomyceten, zusammengefaßt. Diese Gruppe erwies sich ihrerseits noch als uneinheitlich und wurde alsbald auf zwei Untergruppen verteilt:

Die *Eurotiales*. Bei diesen Pilzen verzweigen sich die ascogenen Hyphen, um in Reihen angeordnete Asci hervorzubringen, die sich bei beginnender Reife voneinander loslösen: sie erscheinen dann ohne jede Ordnung im Perithecium eingelagert (Fig. 7a). Hierher gehören sehr verbreitete Schimmelpilze, so die Vertreter von Aspergillus und Penicillium; bestimmte Arten von ihnen werden bei der Käseherstellung verwendet, wie wir schon sahen, andere erzeugen das allgemein bekannte Antibiotikum Penicillin, das ihnen seinen Namen verdankt. Elaphomyces (Abb. 105) weist einen Innenaufbau auf, der es gestattet, sie in die Nähe der Eurotiales zu stellen. Ihre unterirdischen, knolligen Fruchtkörper gleichen ein wenig den Trüffeln (Abb. 94) und heißen daher auch ›Hirschtrüffeln‹.

Die *Erysiphales*. Bei ihnen erscheinen die Asci nicht mehr regellos verteilt, sondern finden sich zu Büscheln vereint am Grunde des Perithecium

(Fig. 7 c). Es sind an Kultur- oder Wildpflanzen parasitierende Pilze, deren Mycel auf der Oberfläche der befallenen Organe verbleibt, jedoch Saugzellen entsendet, die in das Wirtsgewebe eindringen und so die Ernährung des Parasiten sicherstellen. Die Erysiphaceen, mit farblosem Mycel, rufen bei den befallenen Pflanzen als ›Mehltau‹ oder ›Oidium‹ bezeichnete Krankheiten hervor; die Meliolaceen sind dagegen dunkel gefärbte Arten mit einem Mycel, das mit einem schwarzen Pigment kräftig imprägniert ist und hauptsächlich auf Pflanzen in feuchtheißen Gebieten lebt.

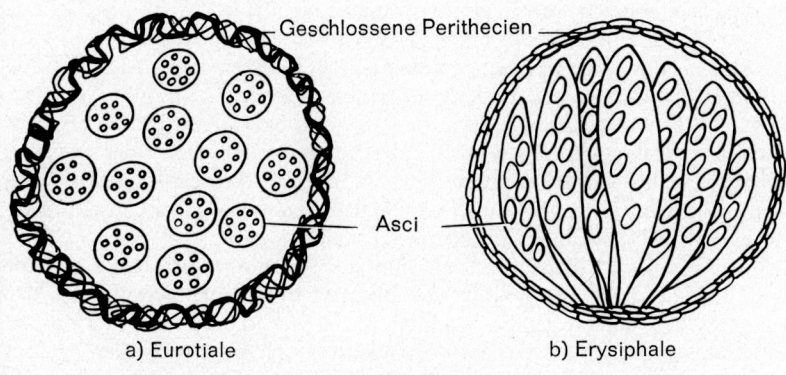

a) Eurotiale   b) Erysiphale

Fig. 7   Fruchtkörpertypen bei Plectomyceten

Die Pyrenomyceten

Es handelt sich hier um eine riesige Gruppe von Pilzen der verschiedensten Herkunft, in deren Bereich sich zwei große Untergruppen, die Ascoloculares und die Ascohymeniales, abgrenzen ließen. Bei den ersteren liegen die Asci bei der Reife in einfachen Höhlungen, die in einem massigen Körper, dem ›Stroma‹, verteilt sind. Dieses Stroma hüllt noch vor Abschluß der Ascusentwicklung unmittelbar die Asci oder Ascusgruppen ein, ohne daß für diese eine besondere Schutzschicht ausgebildet wird. Die verschiedenen, hierher gehörenden Pilze konnten in drei Ordnungen untergebracht werden:

Die *Myriangiales*. Es handelt sich um Ascomyceten, die kugelige, regellos in einem einheitlichen Stroma verteilte Asci ausbilden; jede Höhlung des Stromas enthält nur einen Ascus (Fig. 8). In der Mehrzahl sind es Pilze mit reduzierter Mycelentwicklung, die auf verschiedenen Pflanzen vorkommen, zumeist in den heißen Ländern der Mediterrangebiete und der Tropen.

Die *Pseudosphaeriales*. Ihre Asci sind gewöhnlich langgestreckt und, im Gegensatz zur vorigen Ordnung, im Stroma regelmäßig verteilt. Die Stromahöhlungen enthalten, wenigstens am Anfang, je nur einen einzigen Ascus und sind zu einer regelmäßigen, knapp unter der Stromaoberfläche gelegenen Schicht angeordnet. Die Familie der Dothioraceen enthält Pilze, die zumeist auf Ästen verschiedener Pflanzen leben; ihr kissenförmiges Stroma schließt eine Anzahl von Höhlungen ein, die in Form einer Palisade angeordnet sind und je nur einen Ascus enthalten (Fig. 9a).
Bei den Dothideaceen vereinigen sich die Höhlungen, um so Hohlräume größeren Ausmaßes zu bilden; in ihnen befinden sich mehrere Asci (Fig. 9b), die voneinander durch die Reste des zwischenliegenden stromatischen Geflechts getrennt werden. Dieses verschleimt mehr oder weniger, sobald der Fruchtkörper heranreift. Zu den Dothideaceen gehört eine Reihe von Pflanzenparasiten, wie die Gattungen Dothidella, Cucurbitaria, Botryosphaeria, um nur die wichtigsten aufzuführen.
In der Familie der Pleosporaceen sind die Stromata von kleiner Gestalt und hängen nicht miteinander zusammen; die durch Vereinigung der Kämmerchen entstandenen, je einen Ascus beherbergenden Höhlungen füllen das ganze Innere des Stromas aus, das sich auf eine dicke, die Asci einhüllende Schicht beschränkt (Fig. 9c). Man trifft hier auf weitverbreitete Pilze, wie Pleospora herbarum, die Arten von Leptosphaeria, Ophiobolus oder Venturia (letztere verursachen an Obstbäumen die als ›Schorf‹ bekannten Schäden). Es bleibt noch die Familie der Mycosphaerellaceen zu nennen, darunter die Gattung Mycosphaerella mit zahlreichen, überwiegend als Parasiten auf den verschiedensten Pflanzen vorkommenden Arten. Sie unterscheidet sich von den Pleosporaceen hauptsächlich durch die Anordnung der Asci im Fruchtkörper: sie stehen in Büscheln, nicht in ungefähr parallelen Reihen.

Die *Hemisphaeriales*. Ihr Stroma ist abgeflacht und besteht über den Asci aus einer harten, einem Schild vergleichbaren Kruste, die sich bei der Reife von der Mitte aus spaltet und aufbricht. Es sind parasitische Pilze, die vorzugsweise auf den Blättern von Tropenpflanzen leben.
Mit den ascohymenialen Pyrenomyceten kommen wir zu Ascomyceten, die

44

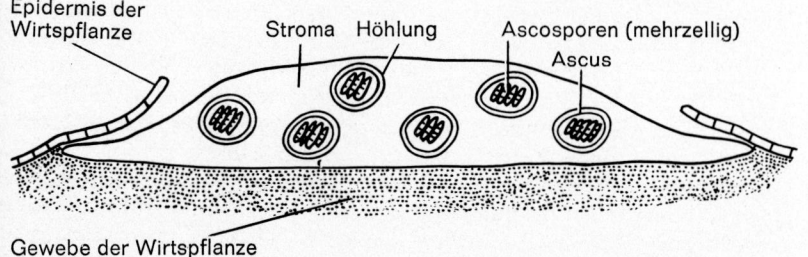

Fig. 8 Fruchtkörpertypus einer Myriangiale

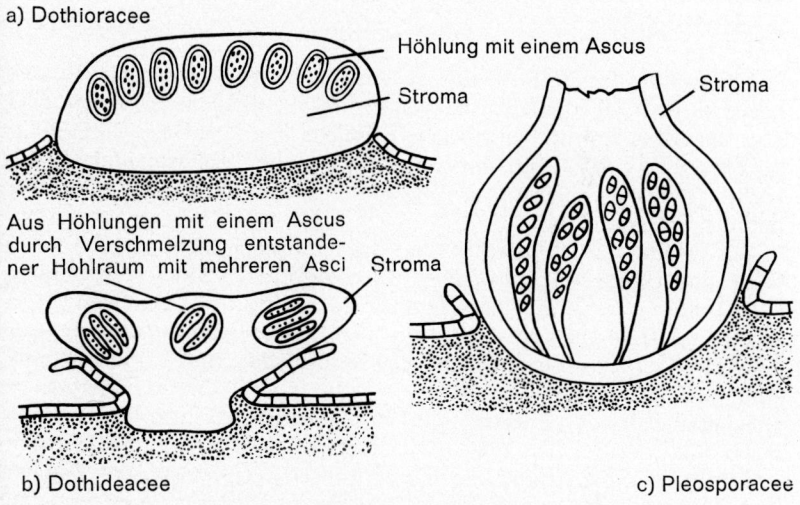

Fig. 9 Fruchtkörpertypen von Pseudosphaeriales

ihre Asci in einem einfachen Fruchtkörper ausbilden, dessen Wand nicht mehr ausschließlich aus dem Geflecht eines schon vor Bildung der ascogenen Hyphen vorhandenen Stromas aufgebaut wird. Bei diesen Pilzen verzweigt sich der als Träger des Ascogons (Fig. 3) dienende Faden, um ›Schutzhyphen‹ auszubilden, die sich reichlich teilen und dadurch die jungen Asci mit einer dichten, oft lederzähen Hülle umschließen. Diese

Hülle stellt das ›Perithecium‹ dar, ein Begriff, dessen Bedeutung jetzt gegenüber seiner anfänglichen Definition (s. S. 42) eingeschränkt wird, da er sich nach der gegenwärtigen Auffassung nicht mehr auf die Fruchtkörper der Ascoloculares bezieht. Diese sind ja, wie wir sahen, nichts anderes als einfache Höhlungen mit je einem Ascus (isoliert oder zu Hohlräumen vereinigt), die in ein Stroma eingelassen sind.

Dieses gewöhnlich kugelige Perithecium öffnet sich an seiner Spitze durch eine Mündung (das Ostiolum) von eigentümlicher, schon frühzeitig herausgebildeter Struktur (und nicht erst spät, vor der Reife, durch einfaches Zerreißen des Stromageflechts, wie es bei vielen Ascoloculares der Fall ist); in ihm sind nun die Asci in einer gleichartigen, konkaven Schicht angeordnet und mit sterilen Fäden (Paraphysen) untermischt; dies ist ein echtes Hymenium, nach Struktur und Herkunft identisch mit dem der Discomyceten (s. S. 42).

Die *Sphaeriales* besitzen die typischsten Perithecien, auf der ganzen konkaven Grundfläche mit den Asci ausgekleidet, welch letztere hier auch noch im reifen Zustand angewachsen bleiben (Fig. 11). Das Ostiolum des Peritheciums wird bei den Ophiostomataceen oben von einem sehr langen Halsteil überragt, ebenso in geringerem Grade bei den Melanosporaceen und den Sordariaceen.

In der Familie der Xylariaceen sind die Perithecien nicht mehr frei und voneinander unabhängig, sondern in knolligen, mehr oder minder kugeligen Lagern (Stromata) eingeschlossen (so z.B. bei den Gattungen Hypoxylon und Daldinia), oder die Lager sind unregelmäßig geformt, langgestreckt oder gar verästelt wie bei den Xylosphaeraarten (X. polymorpha, Abb. 7; X. hypoxylon, Abb. 98).

Die Familie der Hyponectriaceen umfaßt Arten, deren Perithecien von mehr oder weniger fleischiger Beschaffenheit und lebhaft rot oder gelb gefärbt sind. Die Diatrypaceen, oft parasitisch auf Zweigen von Bäumen und Sträuchern, vereinigen ihre Perithecien in oft abgeflachten Stromata und besitzen gekrümmte Ascosporen. Die Hypocreaceen endlich stellen eine heterogene Familie dar, in der Pilze mit fleischigen Perithecien von weißlicher, oft auch lebhafter Färbung (wie z.B. bei Nectria, Abb. 2) zusammengefaßt werden.

Die *Diaporthales* besitzen Perithecien, deren Hohlraum völlig mit oft sehr ungleich gestalteten, zwischen den verschleimenden Paraphysen eingesenkten Asci erfüllt ist. Die Asci verschleimen, wenigstens am Grunde, ebenfalls und geben ihre Ascosporen frei; bei der Reife werden sie in einer Art Gelee durch das Ostiolum ausgestoßen.

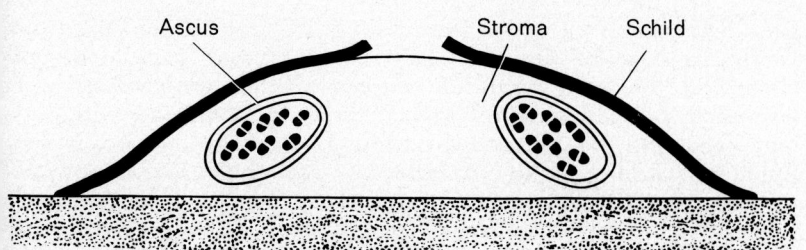

Fig. 10 Fruchtkörpertypus einer Hemisphaeriale

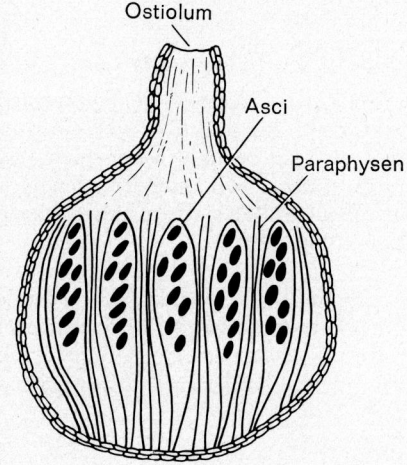

Fig. 11 Fruchtkörpertypus einer Sphaeriale

Die *Valsales* haben eine mit der der Diaporthales vergleichbare Struktur, doch sind ihre Ascosporen gekrümmt und somit vom selben Typ wie die der Diatrypaceen. Sie könnten etwa eine Zwischenstellung einnehmen und so eine Art Übergang zwischen den beiden Gruppen herstellen.

Die *Coronophorales* entwickeln nur ein kleines, auf die Basis beschränktes Stroma oder überhaupt keines. Auch diese Ordnung ist heterogen, da sie Pilze mit gestielten Asci und farblosen, gekrümmten Sporen umfaßt.

47

Die *Clavicipitales* zeigen demgegenüber oft wohlentwickelte, außen die Perithecien tragende Stromata. Unter ihnen begegnet man Arten der Gattung Epichloe, von denen eine den ›Spindelschimmel‹ hervorruft (der Name geht auf die Form ihres Stromas zurück, Abb. 107), oder der Gattung Claviceps (Abb. 106), deren sklerotische Dauermycelien sich in den Ähren von Wild- und Kulturgräsern entwickeln und ›Mutterkorn‹ genannt werden; das Mutterkorn bringt nicht unmittelbar Perithecien hervor: es ›keimt‹ im Frühjahr, um andersaussehende, fleischige Stromata zu erzeugen, in denen sich die Perithecien befinden. Die Cordycepsarten (Abb. 105), die sich auf Insektenleichen oder auf anderen Pilzen ansiedeln, bauen Stromata von ähnlicher fleischiger Beschaffenheit wie die von Claviceps auf.

Die Discomyceten

Bei diesen Ascomyceten weisen die Ascosporenfruchtkörper (Apothecien genannt) eine Organisation und Struktur auf, die praktisch übereinstimmen mit jenen der echten Perithecien, wie sie bei den ascohymenialen Pyrenomyceten beobachtet werden; die Apothecien unterscheiden sich von den Perithecien nur dadurch, daß sie weit offen sind, anstatt nur eine enge Mündung an der Spitze zu besitzen (Fig. 12).

Die *Ostropales* und die *Helotiales* enthalten oft saprophytisch lebende Arten, doch trifft man unter ihnen auch Parasiten. Das Apothecium kann bei ihnen mehr oder weniger typisch sein, besonders bei den Dermateaceen und den Helotiaceen (Calycella citrina, Abb. 9), oder linsenförmig (Pha-

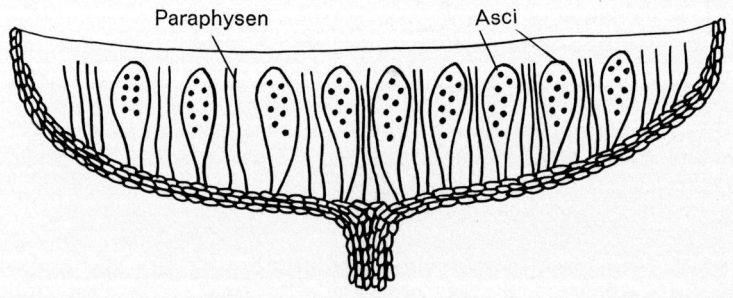

Fig. 12 Fruchtkörpertypus eines Discomyceten

cidiaceen), oder es kann das Aussehen keuliger oder kopfiger Gebilde annehmen: Dies trifft für die Geoglossaceen zu (Trichoglossum hirsutum, Abb. 8).

Die *Lecanorales* leben in engen Gemeinschaften mit gewissen Algen und bauen mit ihnen zusammen Flechten auf.

Die *Pezizales* besitzen ›operkulate‹ Asci, an deren Spitze sich zur Reifezeit ein Deckelchen (Operculum) mit oder ohne Scharnier abhebt. Die Apothecien, bei den Rhizinaceen und den Pyronemataceen noch von verhältnismäßig wenig ausgeprägter Gestalt, nehmen bei den Ascobolaceen und den Pezizaceen (Aleuria sarrazinii, Abb. 3; Urnula melastoma, Abb. 10) typischere Formen an, indem sie als Scheiben oder als mehr oder weniger gestielte Kelche auftreten. Der Orangenbecherling (Peziza aurantia) ist ein häufiger Pilz, den man im Herbst einzeln oder in gedrängten Herden antrifft. Er erscheint auf dem Erdboden, in offenen Wäldern, Parkanlagen oder an schattigen Wegen. Er sitzt dem Boden auf und sieht aus, als habe man eine kleine, zerbrechliche Schale, die übrigens ganz regelmäßig sein kann, auf den Boden gestellt; ihre Innenseite ist von einem schönen leuchtenden Orange, die Außenseite weiß mit fleischrotem Ton. Im Alter breitet sie sich flach aus und wird unregelmäßig mit wellig verbogenem Rand.

14 TREMELLA MESENTERICA, Goldgelber Zitterling ▶
(erwachsene Pilze, bei feuchtem Wetter)

Klasse: BASIDIOMYCETES (Ständerpilze)
Ordnung: TREMELLALES (Gallertpilze)

Die Zitterlinge sind gelatinöse Pilze, fähig auszutrocknen, um bei feuchter Witterung ihre weiche Beschaffenheit wieder anzunehmen. Sie besitzen häufig lebhafte Farben: die am weitesten verbreitete Art unter ihnen, der Goldgelbe Zitterling (s. S. 91), fällt im durchfeuchteten Zustand durch ihr schönes Gold- bis Orangegelb auf, wird beim Trocknen dunkelorange und zuletzt hornartig fest. Der Pilz erscheint als kleines rundliches Gebilde, faltet sich bald zu hin und her gebogenen Lappen, die schließlich gehirnartig aussehen.
Vorkommen: Überall im Herbst auf totem Holz verschiedener Laubbäume, oft an Ästen noch stehender Stämme, hält er den ganzen Winter durch und fruktifiziert auch noch im Frühling. Im Sommer kommt er viel seltener vor.
Anmerkung: Die verwandte Tremella encephala von blaßvioletter, im Alter etwas bräunlicher Farbe ist gelegentlich an Nadelholz zu finden.

◄ 15 PSEUDOHYDNUM GELATINOSUM, Zitterzahn, Eispilz
(Exemplare in verschiedenen Stadien)

Klasse: BASIDIOMYCETES (Ständerpilze)
Ordnung: TREMELLALES (Gallertpilze)

Trotz der Bestachelung unter dem Hut, nach der man den Pilz zu den Stachelin-
gen rechnen möchte, gehört er zur Gruppe der Gallertpilze (s. S. 91), deren weich-
gelatinöse Beschaffenheit er zudem aufweist. Sein Hut ist bräunlichfalb oder
grau, bisweilen selbst weißlich bis blaugrünlich und feinsamtig; er sitzt mit einem
kurzen, dicken Stiel oder, falls ein solcher fehlt, unmittelbar seitlich an faulenden
Nadelholzstümpfen. Auf der Unterseite befinden sich weiche, weiße, grünbläu-
lich schimmernde Stacheln. Sein glasig durchscheinendes Fleisch ist gelatinös,
aber doch ziemlich zäh.
Vorkommen: Dieser Pilz, in Nadelwäldern verhältnismäßig häufig, besiedelt
faulende Stümpfe oder im Walde liegengelassene Holzreste; er tritt besonders
im Herbst reichlich auf, vermag aber bis weit in den Winter hinein auszuhalten.

◄ 16 CALOCERA VISCOSA, Klebriger Hörnling
(fast erwachsene Exemplare, rechts ein ganz junges)

Klasse: BASIDIOMYCETES (Ständerpilze)
Ordnung: DACRYOMYCETALES (Gallerttränenpilze)

Die Hörnlinge haben gleich den Zitterlingen gelatinöses Fleisch, das hornhart
wird und trockene Zeiten überdauert.
Calocera viscosa (s. S. 91) bildet schlanke, aufrechte, ziemlich große (3–5 cm)
und verästelte Fruchtkörper, deren Äste oft ein wenig abgeflacht erscheinen. Der
Pilz ist gelb, nach orange hin, klebrig.
Vorkommen: Calocera viscosa kommt auf faulendem Nadelholz, besonders auf
Stümpfen, häufig vor.
Anmerkung: Kleiner und fast gar nicht verästelt ist Calocera cornea, die eben-
falls auf faulem Holz wächst. Die Caloceraarten sind holzzerstörende Pilze, die
sich aktiv am Abbau des toten Holzes, auf dem sie sich entwickeln, beteiligen.

52

(Der Pilz wird in manchen Gegenden roh genossen, überzuckert und mit Kirschwasser begossen, hat aber kaum irgendwelchen Wohlgeschmack, und die Qualität dieser Delikatesse dürfte im wesentlichen von der Qualität des Kirschwassers abhängen.)

Auch den brüchigfleischigen Blasigen Becherling (Peziza vesiculosa) trifft man gelegentlich an; seine Becherränder bleiben lange Zeit nach innen eingerollt. Er kommt häufig auf Miststätten und auf humusreichen Böden vor. Es gibt noch eine ganze Menge anderer Becherlinge, wie etwa Sarcosphaera coronaria, den Kronenbecherling, der im Frühjahr unter Kiefern erscheint, oder das Eselsohr (Otidea onotica, Abb. 11), das, von ockerrötlicher Innenfarbe, wie eine bis zum Grunde aufgeschlitzte Trompete aussieht.

Die hymeniale Oberfläche – bei den Pezizaceen die Auskleidung ihrer Becherinnenfläche – gewinnt bei den Helvellaceen allmählich eine immer größere Bedeutung; bei ihnen sieht man, wie aus dem Becher ein nach außen umgeschlagener faltiger Hut wird, der zugleich von einem mehr oder weniger deutlichen Stiel in die Höhe gehoben wird. Der Aderbecherling (Disciotis venosa), ein Frühlingspilz unter Hecken und an Waldrändern, beschränkt sich auf einen sehr kurzen Sockel am Bechergrund, während die graue, innen braune Acetabula vulgaris bereits einen oben auf weißlichem Fuß aufgesetzten Becher aufweist. Dieser Fuß ist mit Rippen und Furchen geziert, die sich als vorspringende Adern von der Basis des Bechers heraufziehen; im Frühjahr wächst die Art besonders in Wäldern auf Kalkboden. Cyathipodia macropus erhebt ihren Becher auf die Spitze eines langen, dünnen Stiels; dieser Langfußbecherling liebt sandige Wälder und erscheint im Sommer und Herbst.

Bei der Elastischen Lorchel (Leptopodia elastica) beginnt der Becher sich nach außen umzubiegen und nimmt dadurch das Aussehen eines kleinen weißlichen, von einem aufwärts gerichteten Stiel getragenen Sattels an. Man findet sie im Sommer und Herbst auf beschatteten, frischen Böden. Bei der Mehrzahl der Lorcheln behält der Hut seine Sattelform, so bei der Herbstlorchel (Helvella crispa, Abb. 12), deren Hut in drei mehr oder weniger aufgerichtete oder zum grubigen Stiel herabgeschlagene Lappen zerlegt erscheint, während die Gruben am Stiel durch miteinander verbundene Rippen zustande kommen. Bei der Verpel (Verpa digitaliformis) nimmt der Hut die Form eines Handschuhfingers oder eines das obere Stielende einhüllenden Fingerhutes an; der Pilz erscheint im Frühjahr in Hecken, Buchenwäldern und Gärten.

Das Höchstmaß seiner Ausgestaltung erfährt der Hut bei den Morcheln (Abb. 13); bei ihnen ist er durch Längs- und Querrippen unterteilt, die ein vorspringendes Netz von sterilen Kanten darstellen und aneinander-

17 HYDNUM REPANDUM, Semmelstoppelpilz ▶
(Exemplare in verschiedenen Entwicklungsstadien)

Klasse: BASIDIOMYCETES (Ständerpilze)
Ordnung: APHYLLOPHORALES (Nichtblätterpilze)

Ein bei vielen Pilzsammlern gut bekannter Pilz von sehr unterschiedlicher Größe (5–15 cm), mit festem, oft unregelmäßig buckeligem, trockenem und etwas samtigem Hut von heller blaßockergelber Farbe. Die Stacheln unter dem Hut brechen leicht ab, stehen dicht in großer Zahl und sind hell gefärbt, oft blasser als der Hut. Der Stiel ist kräftig, fest und brüchig, meist exzentrisch. Das Fleisch des Semmelstoppelpilzes ist kompakt, weiß und sehr fest, in frischem Zustand von bitterlichem Geschmack, der übrigens selbst, wenn man es kocht, nicht verschwindet.
Anmerkung: Mit ihm nahe verwandt, aber oft etwas kleiner, ist Hydnum rufescens. Er unterscheidet sich durch dunkleren, rötlichgelben Hut und schmächtigere Gestalt. Der Stiel ist oft fast mittelständig, das Fleisch leichter zu zerbröckeln als das des Semmelstoppelpilzes und wie dieses eßbar. Pilzsammler machen vielfach keine Unterschiede und sammeln beide gleichermaßen.

18 SARCODON IMBRICATUM, Habichtspilz (fast ausgewachsen) ▶

Klasse: BASIDIOMYCETES (Ständerpilze)
Ordnung: APHYLLOPHORALES (Nichtblätterpilze)

Das weißliche, später schmutzigbraune Fleisch des Habichtspilzes ist zäher als das des Semmelstoppelpilzes und deutlich bitter; es wird nur in jungem Zustand verwendet. Sobald der Pilz größer wird, schwindet sein Wohlgeschmack, und er nimmt einen unangenehmen Geruch an. Sein Hut ist dick, anfangs gewölbt, dann verflacht oder sogar etwas niedergedrückt; er kann größere Ausmaße erreichen als der Semmelstoppelpilz, ist wesentlich dunkler, mit breiten, bräunlichen Schuppen bedeckt und weist unterseits graubraune, gleichfalls sehr leicht abbrechende Stacheln auf. Auch der Stiel ist kräftig und gedrungen, grau, mit trockenem, in der Jugend weißlichem, dann graubräunlichem Fleisch.
Vorkommen: Man findet den Habichtspilz ziemlich häufig unter Nadelbäumen, besonders in Wäldern im Mittelgebirge.

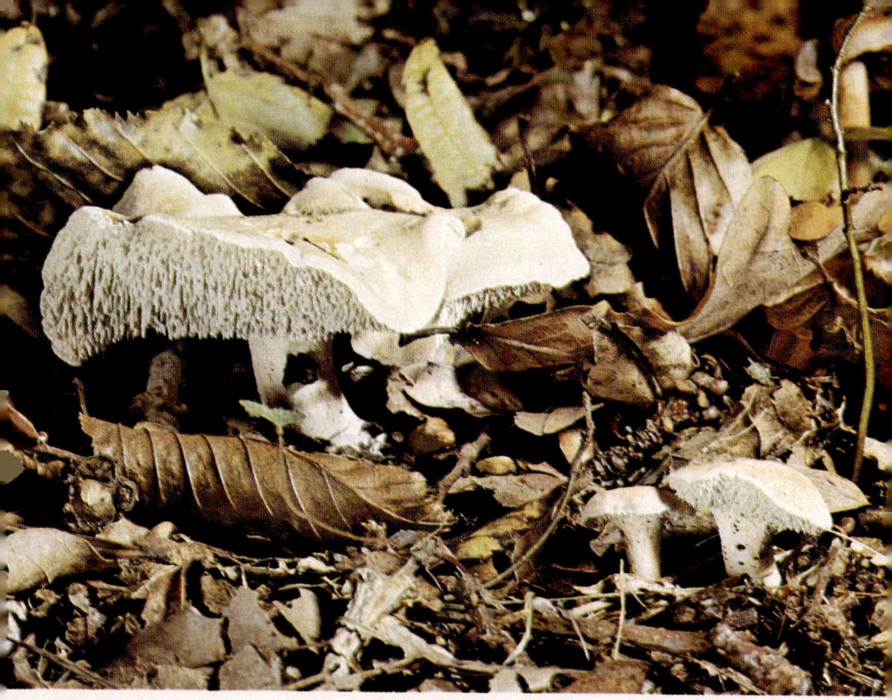

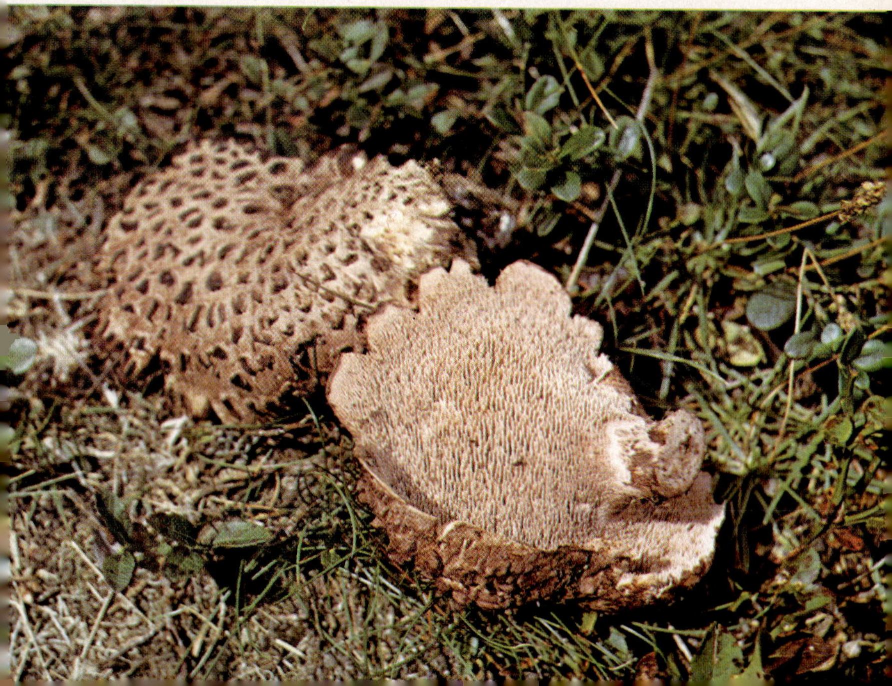

gedrängte, vom Hymenium ausgekleidete Höhlungen (Alveolen) begrenzen. Hier darf jede Alveole des Hutes als Äquivalent des einzelnen Bechers eines Becherpilzes gelten, wobei sie von jeder benachbarten durch einen von den verwachsenen Rändern dieser Becher gebildeten sterilen Grat getrennt wird.

Die *Tuberales* sind Discomyceten, deren unterirdische Lebensweise zu einer völligen Deformierung der Fruchtkörper geführt hat. Zu dieser Gruppe gehören die den Feinschmeckern bestens bekannten Trüffeln. Die wohlschmeckendste und gesuchteste ist die Perigordtrüffel (Tuber melanosporum, Abb. 94), doch gibt es auch noch andere schwarze Trüffeln von geringerer Güte, wie die Wintertrüffel (Tuber brumale), die Burgunder Trüffel (Tuber uncinatum), die Gekrösetrüffel (Tuber mesentericum) oder die Sommertrüffel (Tuber aestivum). Wenn ausschließlich die schwarzen Trüffeln (unter ihnen hauptsächlich die Perigordtrüffel) wichtige Handelsobjekte darstellen, so gibt es daneben noch gelbe oder braunrote Trüffeln, so die ›weiße‹ Piemonteser Trüffel (Tuber magnatum), eine dicke, schmutzigockerfarbene Trüffel mit rötlichgelbem, weißgeadertem und nach Lauch riechendem Fleisch, oder die ›Graue‹ Trüffel (Tuber rufum) mit hornartiger Außenwand und knorpeligem Fleisch.

Außer der Gesamtheit der Plectascomycetes (Eurotiales und Erysiphales, s. S. 42) besitzen drei Gruppen von Pilzen Asci oder solchen entsprechende Organe, ohne daß man sie jedoch den Pyrenomyceten oder den Discomyceten zuordnen könnte.

Die Laboulbeniomyceten

Sie stellen eine isolierte Gruppe von Außenparasiten an land- oder wasserlebenden Insekten dar. Ihr vegetativer Körperbau ist sehr reduziert. Wenn viele von ihnen monözisch sind (d. h. zugleich männliche und weibliche Fortpflanzungsorgane hervorbringen), wie es bei den Ascomyceten allgemein die Regel ist, so enthalten ganze Gattungen der Laboulbeniomyceten nur diözische Arten, bei denen die männlichen und weiblichen Organe getrennt auf verschiedenen Individuen ausgebildet werden.

Die Hemiascomyceten

Es handelt sich hier um Ascomyceten von sehr einfachem Bau, die niemals ansehnlichere Ascosporenfruchtkörper hervorbringen.

Die *Taphrinales* sind Pflanzenparasiten. Sie erzeugen freiliegende Asci, die mehr oder minder gedrängt in einer gleichartigen Schicht angeordnet, jedoch nie durch ein Stroma oder eine sonstige Umhüllung geschützt sind.

Die *Endomycetales* stellen nicht einmal mehr ihre Asci in Gruppen zusammen. Ihre Asci sind zerstreut, stehen aber immer noch auf einem ziemlich gut entwickelten Mycelium.

Die *Saccharomycetales* haben ihrerseits praktisch überhaupt kein Mycelium mehr. Die Zellen vermehren sich durch Sprossung und trennen sich in isolierte Glieder: es sind die Hefen, deren sexueller Fortpflanzungsmodus zur Bildung von Ascosporen führt. Die Bierhefe (Saccharomyces cerevisiae), von der wir bereits gesprochen haben, ist der bekannteste Vertreter dieser Gruppe.

Die Periascomyceten

Man faßt in dieser Gruppe verschiedene Pilze von noch unsicherer Stellung zusammen, deren Fortpflanzungsweise starke Analogien zu der der Ascomyceten aufweist, obwohl man in ihnen trotzdem keine typischen Ascomyceten sehen kann.

Bevor wir mit dem ungeheuren Formenreichtum der Ascomyceten zum Ende kommen, sind einige Bemerkungen angebracht. Gleich wie die Gruppe der Plectomyceten frühzeitig, wie wir gesehen haben, in Eurotiales und Erysiphales zerlegt wurde, so haben die Termini Pyrenomycetes und Discomycetes zunehmend die Tendenz, unscharf zu werden. Die erstgenannten wurden in zwei relativ recht einheitliche Gruppen aufgeteilt, nämlich die Ascoloculares und die Ascohymeniales. Bezüglich der Discomycetes, deren Grundbauplan nicht wesentlich von dem der Ascohymeniales abweicht, gibt es Bestrebungen, sie in die letzteren einzubeziehen, so daß diese zwei Untergruppen enthalten würden: die lagynocarpen Ascohymeniales (mit Perithecien) und die discocarpen Ascohymeniales (mit Apothecien).

Bereits aufgeteilt, verschwindet die Gruppe der Plectomycetes vollständig, wobei den beiden sie zusammensetzenden Ordnungen recht verschiedene Schicksale zuteil werden, obwohl es bei unserem gegenwärtigen Kenntnisstand unmöglich erscheint, sie der einen oder der anderen der beiden großen Ascomycetenabteilungen (Ascoloculares und Ascohymeniales) zuzuweisen. Bei den Erysiphales würde das Vorhandensein einer richtigen

Perithecienwand dafür sprechen, aus ihnen Ascohymeniales zu machen, aber ihre Perithecien bleiben geschlossen, und die büschelige Anordnung der Asci kann nicht auf eine Stufe mit einem echten Hymenium gestellt werden; sie bilden aufgrund dieser Tatsache eine eigene Gruppe. Was die Eurotiales betrifft, so kann man sie weder den Erysiphales noch den Ascoloculares, noch den Ascohymeniales anschließen. Zu den vier auf diese Weise abgegrenzten Serien kommen hinzu die der Laboulbeniomycetes, der Hemiascomycetes und der Periascomycetes.

Derartige Gruppierungen konnten wohl befriedigen, wenigstens in den großen Linien, vor allem, als sich herausstellte, daß die Ascoloculares bitunikate Asci mit Apikalreuse, die Ascohymeniales dagegen unitunikate Asci mit Apikalring besitzen. Dennoch erkannte man bald, daß die Stellung verschiedener Arten immer noch zweifelhaft geblieben war: so scheinen mehrere Pilze aus der heterogenen Gruppe der Coronophorales – hier bei den Ascohymeniales mitinbegriffen – Struktur und Aufbau von Ascoloculares zu haben, ihre Asci sind jedoch unitunikat und gehören dem Apikalringtypus an wie die der Ascohymeniales. Die Beispiele ließen sich vervielfachen.

Man hat daher einige Abänderungen zu diesem Schema vorgeschlagen. Die Pyrenomycetes könnten in ihrer Gesamtheit aufgeteilt werden in Dothideinae (= Ascoloculares), Coronophorinae (Arten von unsicherer Stellung zwischen Ascoloculares und Ascohymeniales), Sphaeriaceinae (= lagynocarpe Ascohymeniales im engen Sinne) und Clavicipitinae (= Clavicipitales, von den übrigen lagynocarpen Ascohymeniales getrennt aufgrund besonderer Merkmale ihrer Asci und Petithecien). Die ehemaligen Discomycetes (= discocarpe Ascohymeniales) werden aufgeteilt in Lecanorinae (Lecanorales), Helotiinae und Leotiinae (= Umordnung der früheren Einheiten der Helotiales und der Ostropales) und in Peziziinae (= Pezizales). Die isoliert stehenden Gruppen (Laboulbeniomycetes, Hemiascomycetes und Periascomycetes als autonome Gruppen; Erysiphales und Eurotiales bei den Pyrenomycetes; Tuberales bei den Discomycetes) bleiben im ganzen unverändert.

Trotz dieser Verbesserungen bleiben mehrfach dunkle Punkte übrig, besonders was die Verwandtschaftsbeziehungen zahlreicher Arten betrifft, und gewisse Einheiten müssen nach wie vor als künstlich gelten.

DIE BASIDIOMYCETEN

Wie wir schon wissen, besitzen diese Pilze als gemeinsames Merkmal ein Organ zur sexuellen Fortpflanzung, die *Basidie*, die ihre Sporen (›Basidiosporen‹) an kleinen Auswüchsen, ›Sterigmen‹ genannt, nach außen abschnüren. Ursprung und Gestaltung der Basidie bieten beträchtliche Unterschiede, und man konnte, wie wir noch sehen werden, die Kennzeichnung der großen Basidiomycetengruppen auf diese Unterschiede gründen.

Die typische Basidie oder ›Eubasidie‹ (Fig. 13g) entsteht wie die Asci am Sekundärmycel (mit charakteristischen Schnallenverbindungen und zweikernigen Zellen) und beginnt wie sie als ein von der Mutterzelle erzeugter Auswuchs, in den der aus der Verschmelzung der beiden elterlichen Kerne hervorgegangene einzige Kern übertritt. Die aufeinanderfolgenden Kernteilungsvorgänge stimmen ebenfalls mit den am Ascus zu beobachtenden überein, jedoch nur bis zu dem in Figur 5h wiedergegebenen Stadium. Tatsächlich unterbleibt die dritte Teilung, durch welche die Ascosporenzahl auf 8 gebracht wird, im allgemeinen in der Basidie, die ihrerseits im Normalfall nur vier Basidiosporen hervorbringt. Außerdem treten die vier Kerne, anstatt in der jungen Basidie zu verbleiben, in vier Ausstülpungen der letzteren (die jungen Sterigmen) und schließlich in die jungen Basidiosporen am Ende der Sterigmen über. Das Gegenstück dazu ist ein Basidientypus (Fig. 13a), den wir bei den Uredinales, den Ustilaginales und gewissen Auriculariales antreffen werden. Bei ihnen erzeugt das Sekundärmycel besondere Sporen, die ›Probasidien‹, in denen die Verschmelzung der beiden Kerne vor sich geht. Die Probasidie keimt zu einem kurzen Faden, dem ›Promycelium‹ aus, in dem die in Fig. 5c, d, e, f, g, h dargestellten Vorgänge ablaufen; hierauf teilt sich das Promycel in vier Zellen, deren jede einen der vier Kerne erhält.

Zwischen der Eubasidie und der einer Probasidie entsprossenen und durch Scheidewände abgeteilten Basidie gibt es alle Zwischenstufen. Die Gattung Septobasidium unter den Auriculariales enthält noch Arten mit und solche ohne Probasidien, wobei in diesem Fall die Basidie unmittelbar am Sekundärmycel entsteht. Die Auriculariaarten (Fig. 13b) erzeugen nie Probasidien, vielmehr ist die Basidie bei ihnen wie bei den Uredinales und den Ustilaginales durch Querwände unterteilt. Bei den Tremellales ist die Basidie in typischer Weise längsgeteilt (Fig. 13c), doch trifft man bei gewissen Arten noch schräg oder gar quer verlaufende Wände (Tremella steidleri), die in bezug auf die Zellwandbildung eine Art Übergang zwischen Auriculariales und Tremellales darstellen.

In den Dacryomycetales haben wir eine Gruppe vor uns, deren Basidie intermediär ist zwischen der Tremellalesbasidie und der Eubasidie; bei den Dacryomycesarten (Fig. 13d) ist sie tief gegabelt (bringt also nur zwei Basidiosporen hervor) und gilt deshalb als längsgeteilt; bei den Hörnlingen (Abb. 16) ist das Merkmal der Gabelung schon viel weniger deutlich (Fig. 13e), und gewisse Basidien der kleinen Gruppe der Tulasnellales, zu der die Gattung Galzinia (Fig. 13f) gehört, stehen morphologisch schon der charakteristischen Eubasidie großer Hutpilze (Fig. 13g) nahe.

Die Heterobasidiomyceten

Unter diesem Namen faßt man alle Basidiomyceten zusammen, deren Basidie mehrzellig oder geteilt ist (Fig. 13a, b, c, d, e). Wenn jede der unter diesem Sammelbegriff vereinten Ordnungen, wie wir bald sehen werden, in sich einigermaßen einheitlich ist, da die ihr zugehörenden Arten anatomisch und biologisch enge Analogien aufweisen, so verbindet diese Ordnungen untereinander praktisch nur das eine Merkmal der geteilten Basidien. Die Heterobasidiomyceten stellen in Wirklichkeit eine äußerst heterogene Gruppe dar, und es bleibt strittig, ob sie aufrechtzuerhalten ist.

Die *Uredinales* sind durchweg mikroskopisch kleine, auf Pflanzen parasitierende Pilze. Die Ordnung leitet ihren Namen von der alten Gattung Uredo ab, die dem gewöhnlichsten Erscheinungsbild ihrer Vertreter entspricht; sie verursachen die unter der Bezeichnung ›Rost‹ bekannten Krankheiten, und schon die römischen Schriftsteller nannten sie ›rubigo‹ oder häufiger ›uredo‹ und meinten damit den Rost oder Brand des Getreides.
Die Uredinales können in einem verwickelten Lebenszyklus nacheinander bis zu fünf Sporentypen erzeugen, sofern dieser Zyklus durchlaufen wird, ohne daß Stufen übersprungen werden (›macrocyclische‹ Uredinales im Gegensatz zu ›microcyclischen‹, bei denen eine oder mehrere der fünf Sporenformen ausfallen). Wenn die Basidiospore einer Uredinale keimt, entwickelt sie in den Geweben ihrer Wirtspflanze ein haploides Mycel, dessen Zellen je nur einen Kern von der Art des Basidiosporenkerns enthalten. Dieses Mycel geht unmittelbar zur Bildung des ersten der Sporentypen über:

1. Die *Spermatien*. Das sind kleine, haploide Sporen, die auf der Oberseite der befallenen Gewebe in kleinen, einfachen Behältern, den ›Spermogonien‹, erzeugt werden. Die Spermatien könnten einmal eine Rolle bei Befruchtungsvorgängen gespielt haben, wie dies für die Spermatien der Ascomyceten zutrifft, aber ihre Aufgabe ist nur ungenau bekannt, und es ist nicht erwiesen, daß sie noch funktionstüchtig sind.

Was die Spermogonien, Organe von wenig ausgeprägter Gestalt, angeht, so werden sie innerhalb der Gruppe zur systematischen Unterscheidung wenig herangezogen.

2. Die *Äcidiosporen* entstehen in ansehnlichen Behältern, den Äcidiosporenlagern (›Äcidien‹), an deren Basis die Verschmelzung von zwei gewöhnlichen haploiden Hyphen stattfindet; durch sie werden zweikernige Zellen ohne Inanspruchnahme besonderer Sexualorgane erzeugt: Die Äcidien, wie die Spermogonien vom haploiden Mycel aufgebaut, gliedern Ketten von zweikernigen Äcidiosporen ab. Die Äcidien gleichen Bechern, die im Wirtsgewebe eingesenkt (Fig. 14) und durch eine Membran (›Peridie‹) abgegrenzt sind; diese reißt oben auseinander, sobald die Äcidiosporen (auch Bechersporen genannt) reif geworden sind (Aecidiumtypus).

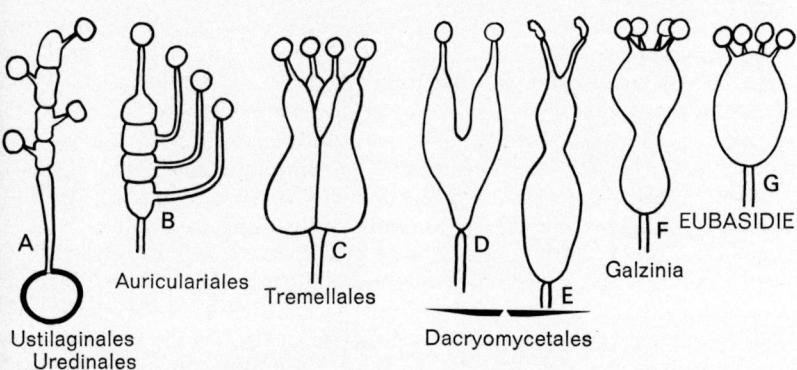

Fig. 13 Wichtigste Basidientypen

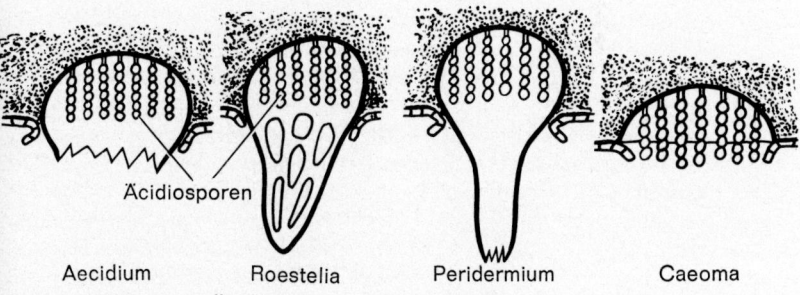

Fig. 14 Wichtigste Äcidientypen der Uredinales

Mitunter ist die Peridie stark entwickelt in Form eines mehr oder weniger kegeligen Organs, das sich bei der Reife durch seitliche Spalten öffnet und dann in seinem Aussehen etwas an ein Gitterwerk erinnert (Roestelia-typus, bezeichnend für die ›Gitterroste‹). In anderen Fällen sieht die als längliches, brüchiges Bläschen auch hier wohlentwickelte Peridie wie ein Fingerhut aus, der sich an der Spitze mit einer Spalte oder durch Zerreißen öffnet (Peridermiumtypus). Andererseits kann die Peridie praktisch ganz fehlen (Caeomatypus). Die freigewordenen, vom Wind verwehten Äcidio-sporen keimen entweder auf der gleichen Pflanzenart, der sie entstammen (autözische Uredinales), oder auf einer Pflanze ganz anderer Verwandtschaft (heterözische Uredinales). In beiden Fällen geht aus ihnen jedoch aus-nahmslos ein sekundäres Paarkernmycel hervor.

3. Die *Uredosporen* werden in den Uredosporenlagern (›Uredien‹) erzeugt, und zwar an dem aus einer gekeimten Äcidiospore oder einer anderen Uredospore erwachsenen Paarkernmycel. Wie die Äcidiosporen sind sie einzellig und zweikernig (da die Verschmelzung der beiden Kerne aus-bleibt), werden jedoch nicht in Ketten erzeugt: sie sitzen im typischen Fall in den Uredien nebeneinander, jede auf einem kleinen Stielchen (Fig. 15). In einigen seltenen Fällen (Gattung Coleosporium, Abb. 108) können Uredosporen in Kettenform abgegliedert werden, wie es bei den Äcidio-sporen der Fall ist. Die Uredien ihrerseits entwickeln sich unter der Epi-dermis der Wirtspflanze; bei der Reife bricht die Epidermis auf und legt das Uredosporenlager frei (Fig. 15 a). Seine übliche Färbung (Abb. 108) gab die Veranlassung dazu, die sichtbaren Merkmale der Erkrankung als ›Rost‹ zu bezeichnen (Uredotypus). Schließlich können die Uredosporen in den Lagern mit fädigen oder keuligen Paraphysen untermischt oder diese mehr randlich angeordnet sein.
Bei der Keimung geht aus den Uredosporen stets ein paarkerniges Mycel hervor, das weitere Uredosporenlager erzeugen kann: zahlreiche Uredi-nales bringen auf diese Weise mehrere, aufeinanderfolgende Generationen von Uredosporen hervor und verursachen damit ein epidemisches Ausmaß der von ihnen an Kulturpflanzen hervorgerufenen Rostkrankheiten.

4. Die *Teleutosporen* entstehen wie die Uredosporen an dem aus einer Äcidio- oder Uredospore erwachsenen Paarkernmycel. Sie können gestielt oder ungestielt sein. Gestielte Teleutosporen werden in Teleutosporen-lagern von ähnlichem Aufbau, aber dunklerer Farbe als die Uredosporen-lager erzeugt. Dasselbe Organ kann übrigens als Uredo- wie als Teleuto-lager funktionieren in der Weise, daß beide Sporensorten gleichzeitig und in Mischung auftreten (in diesem Fall zeigt dann das betreffende Lager

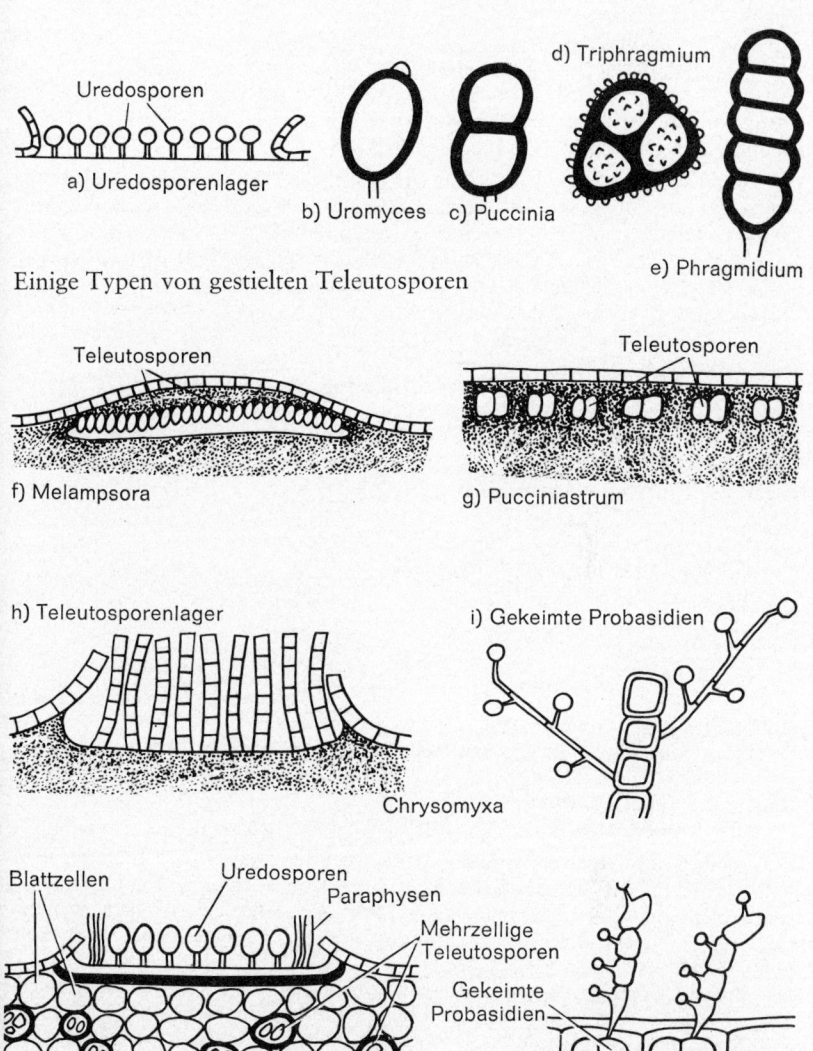

Uredosporen

a) Uredosporenlager

d) Triphragmium

b) Uromyces c) Puccinia

e) Phragmidium

Einige Typen von gestielten Teleutosporen

Teleutosporen

Teleutosporen

f) Melampsora

g) Pucciniastrum

h) Teleutosporenlager

i) Gekeimte Probasidien

Chrysomyxa

Blattzellen   Uredosporen   Paraphysen

Mehrzellige
Teleutosporen

Gekeimte
Probasidien

j) Uredinopsis

k) Calyptospora

Fig. 15 Uredo- und Teleutosporenlager von Uredinales

63

19 FISTULINA HEPATICA, Leberpilz, Ochsenzunge ▶
(jugendliches Exemplar)

Klasse: BASIDIOMYCETES (Ständerpilze)
Ordnung: APHYLLOPHORALES (Nichtblätterpilze)

Der Leberpilz (oder Ochsenzunge) ist ein fleischiger Pilz, der recht umfangreich und bis 15 oder 20 cm lang werden kann. Sein Fleisch ist dick, von etwas säuerlichem Geschmack und von rötlichem Saft durchtränkt.

Vorkommen: Der Pilz ist an Eichen und Edelkastanien anzutreffen und erscheint hier in Form einer dicken, blut- bis weinroten Zunge, oben samtig und zugleich körnig, die sich etwas klebrig anfühlt. Die gelbliche, später ins Rosarote übergehende, beim Reiben bräunende Unterseite besteht aus Poren von engen, aber voneinander unabhängigen freien Röhrchen.

Anmerkung: Der Leberpilz ist gekocht oder roh, als Salat, eßbar; doch behagt sein etwas säuerlicher Geschmack nicht jedem. Er ist ein sehr aktiver Holzzerstörer, der alte Eichen und Kastanien befällt und bei ihnen eine Braunfäule hervorruft (s. S. 242): Das Holz zerfällt in unregelmäßige Würfelchen von trockener, fester, nicht mürber Beschaffenheit.

20 CALOPORUS PES-CAPRAE, Ziegenfußporling ▶
(fast erwachsene Exemplare, rechts ein etwas jüngerer Pilz)

Klasse: BASIDIOMYCETES (Ständerpilze)
Ordnung: APHYLLOPHORALES (Nichtblätterpilze)

Caloporus gehört zu den Porlingen; das sind Pilze, deren Poren der unter dem Hut befindlichen Röhrchenschicht nicht voneinander frei, wie beim Leberpilz, sondern miteinander verwachsen sind. Unter den Porlingen zeichnet sich die Gattung Caloporus durch ihr Vorkommen auf dem Erdboden aus; sie enthält keine Holzbewohner.

Der Ziegenfußporling ist von mittlerer Größe, erreicht etwa 10 cm, und besitzt einen braunen, mit Schuppen bedeckten Hut und unterseits gleichmäßig angeordnete, ziemlich weite Poren. Der Stiel ist kräftig, das Fleisch weiß oder gelblich und saftigweich, nicht zäh.

Vorkommen: Ein in Nadelwäldern der mittleren und oberen Mittelgebirgslagen ziemlich häufiger Pilz.

Anmerkung: In Bergnadelwäldern trifft man an den gleichen Orten auf den Schafporling (Caloporus ovinus), der heller gefärbt ist und gelb anläuft.

64

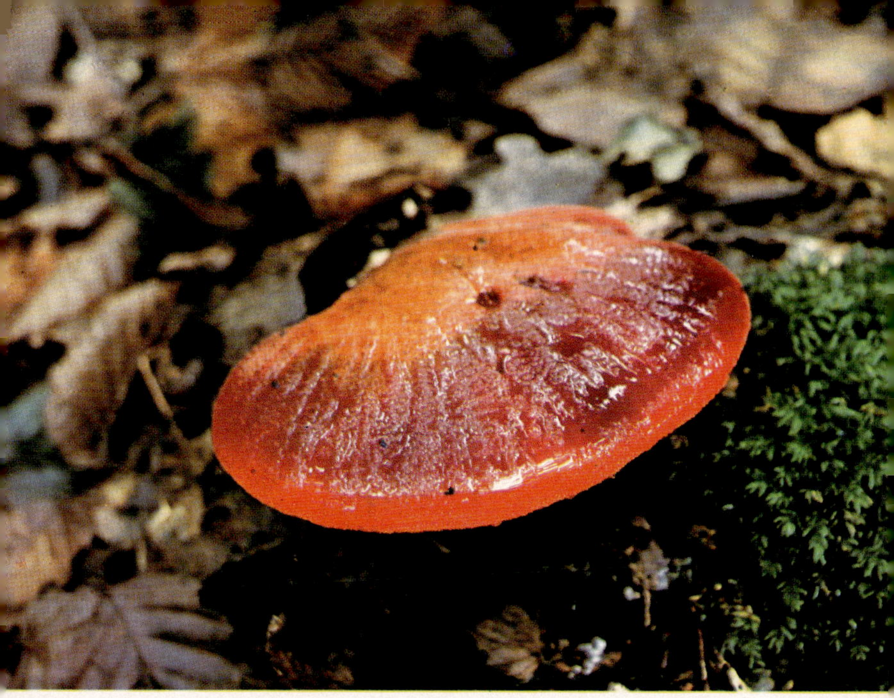

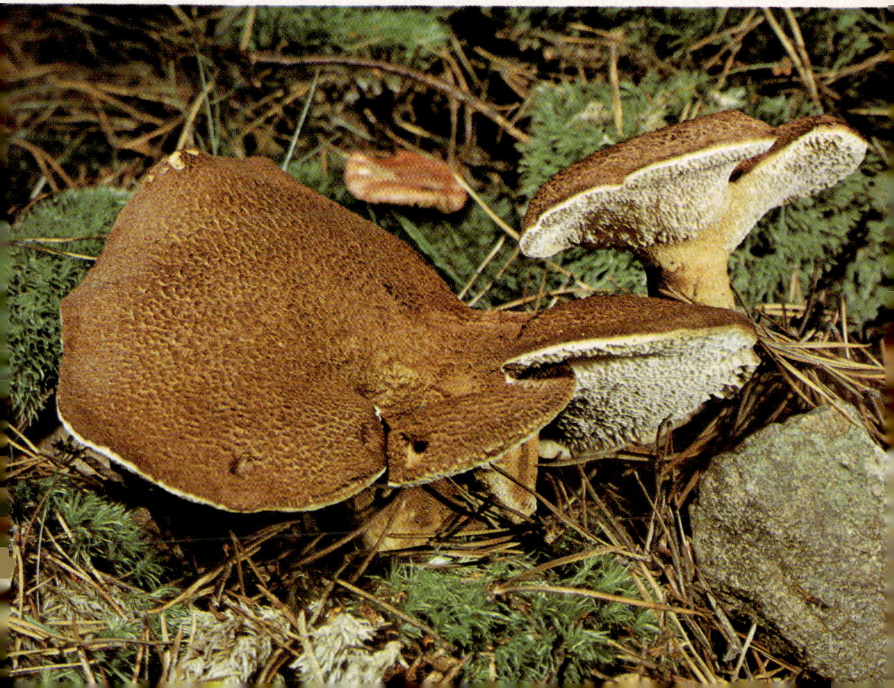

eine Mischfarbe) oder, was häufiger vorkommt, daß erst die Uredo-, dann die Teleutosporen erscheinen. Auch die Teleutosporenlager nehmen ihren Ursprung unter der Blattepidermis und werden durch deren Zerreißen sichtbar, aber es gibt Ausnahmen: Hemileiaarten z.B. bilden ihre Teleuto-(gleichwie die Uredo-)sporen an der Spitze verlängerter Stielchen, die aus den Spaltöffnungen der Wirtspflanze und nicht durch Aufreißen der Epidermis hervortreten. Endlich können die gestielten Teleutosporen einzellig sein (Uromyces, Fig. 15 b, Pileolaria, Hemileia oder Ravenelia, bei der sie zu Büscheln vereinigt sind, wobei jedes von einem aus mehreren gebündelten Fäden bestehenden Stiel getragen wird), sie können zweizellig sein (Puccinia, Fig. 15 c, und Gymnosporangium, wenn auch bei beiden Gattungen Teleutosporen mit mehr als zwei Teilzellen vorkommen können) oder vielzellig (Triphragmium, Fig. 15 d, Phragmidium, Fig. 15 e).

Falls es sich um sitzende Teleutosporen handelt, können sie unter der Epidermis verbleiben, indem sie dort Krusten bilden, die nur aus einer Schicht eng aneinander gepreßter oder zerstreut stehender Teleutosporen bestehen (Melampsora, Fig. 15 f, und Melampsoridium, bei dem sie einzellig sind, bzw. Pucciniastrum, Fig. 15 g, wo sie durch Längswände in 2 bis 4 Teilzellen zerlegt werden). In anderen Fällen setzen sich diese subepidermalen Krusten aus mehreren übereinanderliegenden Schichten von Teleutosporen zusammen, so daß das Fruchtlager die Form einer Linse annimmt (Phakopsora); außerdem kann man zu mehr oder weniger leicht zerfallenden Ketten angeordnete Teleutosporen beobachten (Chrysomyxa, Fig. 15 h, i; Cerotelium). Diese Ketten können sogar verkleben zu aufrechten, aus etwa 10 Reihen von Sporen bestehenden Säulchen (Cronartium). Zu allem hin gibt es ungestielte Teleutosporen, die nicht unter der Epidermis, sondern anderswo heranwachsen, sei es im Blattgewebe zwischen den Zellen (Uredinopsis, Fig. 15 j), sei es in den Epidermiszellen selbst (Melampsorella, Calyptospora, Fig. 15 k, Hyalopsora).
Sobald die stets zweikernigen Teleutosporen heranreifen, rücken die beiden Kerne in allen Fällen – unabhängig davon, wo und wie die Sporen gebildet worden waren – unter Deformierung nahe zusammen und vereinigen sich zu einem einzigen, diploiden Kern: die Teleutosporen verhalten sich wie Probasidien (s. S. 59). Sind die Teleutosporen mehrzellig, dann laufen während ihrer Entwicklung so lange Teilungen der beiden Kerne ab, bis die Zahl der Kernpaare mit der der nachmaligen Zellen oder Kammern übereinstimmt; es bilden sich die inneren Scheidewände aus und teilen die Kammern ab, worauf in jeder Kammer die Kerne verschmelzen: jede der Teleutosporenkammern entspricht also einer Probasidie.

21 GRIPHOLA SULFUREA, Schwefelporling (fast ausgewachsen) ▶

Klasse: BASIDIOMYCETES (Ständerpilze)
Ordnung: APHYLLOPHORALES (Nichtblätterpilze)

Griphola gehört noch zu den saftigfleischigen Porlingen, ist aber Holzbewohner mit nicht mehr einfachen, sondern mehrfächerigen Fruchtkörpern. Die des Schwefelporlings können erhebliche Ausmaße erreichen (mehr als 30 cm) und bestehen aus zahlreichen, mehr oder minder dachziegeligen Hüten, die gemeinsam einem verdickten Grund entspringen und mit diesem dem befallenen Baumstamm ansitzen. Oberseits sehen die Hüte cremegelb, häufig in orange spielend aus, verblassen aber mit dem Alter und verlieren die Farbe. Die Unterseite zeigt kleine, gedrängte, schwefelgelbe Poren. Das Fleisch dieses Porlings ist kompakt und gelblich getönt. In ganz jungem Zustand kann es als eßbar, aber mittelmäßig gelten, wird dann allerdings rasch ungenießbar.

Anmerkung: Wie der Leberpilz ist der Schwefelporling ein gefährlicher, die Laubbäume und manche Nadelhölzer angreifender Holzzerstörer. Er ruft eine rötlichbraune Fäule vom Würfeltyp hervor (s. S. 242) wie die vom Leberpilz verursachte. Das faule Holz nimmt dabei eine lockere, durchfeuchtete Beschaffenheit an und spaltet in unregelmäßige Würfel auf, während das weiße Mycelgeflecht des Pilzes allmählich in die Spaltflächen eindringt.

22 GRIPHOLA UMBELLATA, Eichhase (fast erwachsen) ▶

Klasse: BASIDIOMYCETES (Ständerpilze)
Ordnung: APHYLLOPHORALES (Nichtblätterpilze)

Wie beim Schwefelporling sind auch hier die Fruchtkörper verästelt, je aus zahlreichen gestielten Hütchen zusammengesetzt; diese sitzen einem dicken gemeinsamen Strunk an. Das Ganze stellt einen umfangreichen Fruchtkörper dar. Jedes der Hütchen ist verbreitert, oft ein wenig vertieft, bräunlich bis schwärzlichgrau oder auch gelbbräunlich bis ockertonblaß, auf der Unterseite mit kleinen, weißlichen Poren, die weit am Stiel herablaufen. Die Tönung des Stiels stimmt mit derjenigen der Porenfläche überein.

Vorkommen: Griphola umbellata, ein nicht sehr häufiger Pilz, wächst auf Stümpfen, vor allem auf Stümpfen alter Eichen und Buchen.

Anmerkung: Im Jugendzustand ist der Eichhase eßbar.

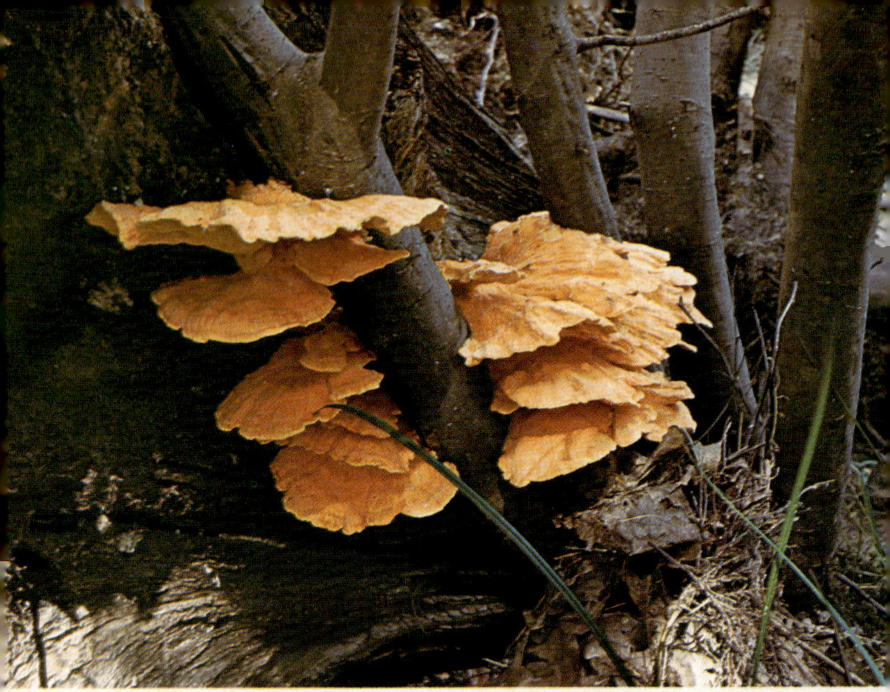

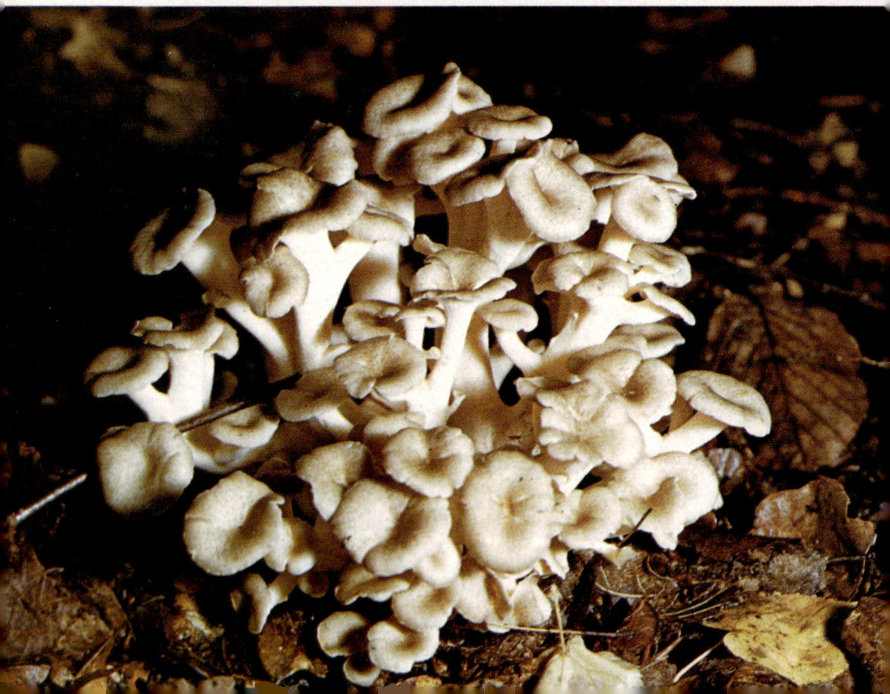

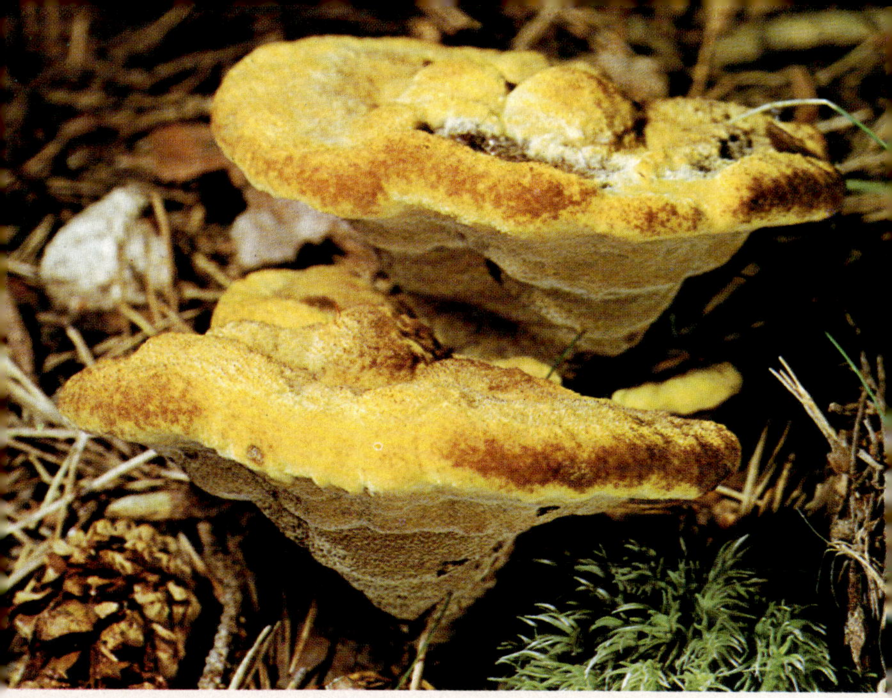

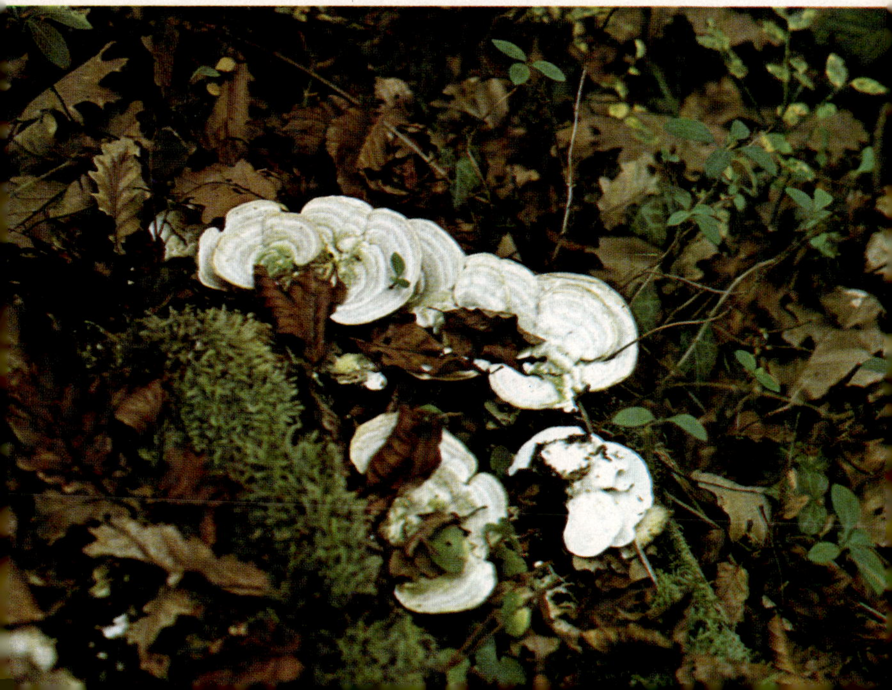

◄ 23 PHAEOLUS SCHWEINITZII, Kiefern-Braunporling
(fast ausgewachsen)

Klasse: BASIDIOMYCETES (Ständerpilze)
Ordnung: APHYLLOPHORALES (Nichtblätterpilze)

Der ansehnliche Pilz kann 20, ja selbst 30 cm erreichen; er ist gedrungen, kompakt, mit gelbem, falbem, später rost- bis dunkelbraunem unebenem Hut, gelben, dann braunen, unregelmäßig wabenartigen Poren, die zur mehr oder weniger verjüngten Basis herabziehen. Dieser Porling besitzt zu Anfang ein schwammigweiches Fleisch, das austrocknet und hart wird, aber seine faserige Struktur beibehält.

Vorkommen: In Nadelwäldern, besonders mit Kiefern und Tannen, ist er häufig und erscheint hier auf den Stümpfen oder nicht selten auf verdeckten Wurzeln.
Anmerkung: Dieser Pilz greift das Holz an, bei dem er eine Rotfäule vom Würfeltyp hervorruft (s. S. 242): Das Holz nimmt eine bräunlichrote Farbe an, zerfällt in unregelmäßige Würfelchen und bietet einem filzigen Mycel Gelegenheit zur Entfaltung in den engen Spalten. Als gefährlicher Holzzerstörer kann er auch lebende Bäume befallen, deren Kernholz er abbaut. Die Folge davon ist, daß die Bäume bei starkem Wind brechen oder entwurzelt werden. Einmal im Stamm eingenistet, kann er sich nach dem Fällen darin noch lange halten unter fortschreitender Zerstörung des ganzen nicht mit Fungiziden behandelten Holzes.

◄ 24 TRAMETES GIBBOSA, Buckelporling (in erwachsenem Zustand)

Klasse: BASIDIOMYCETES (Ständerpilze)
Ordnung: APHYLLOPHORALES (Nichtblätterpilze)

Dieser Pilz besitzt eine korkigzähe, weiße Substanz, in die die Röhren eingetieft erscheinen, ohne eine von der Hutsubstanz deutlich abgesetzte Schicht zu bilden; ein Schnitt durch den Fruchtkörper macht dies deutlich.
Der Buckelporling sitzt ohne Stiel unmittelbar mit dem Hut den Stümpfen und Stämmen, deren Holz er abbaut, an. Der weiße oder weißliche samtige Hut ist buckelig und in der Mitte dicker (oft wird er teilweise von mikroskopisch kleinen Grünalgen besiedelt, wodurch die Mitte grünfleckig wird). Die Poren unter dem Hut sind nicht rundlich, sondern in die Länge gezogen, mitunter sogar etwas lamellig, und sind ebenfalls weiß.
Vorkommen: Ein sehr verbreiteter Pilz, auf Stümpfen und an Stämmen verschiedener Laubhölzer, an denen man ihn fast das ganze Jahr hindurch finden kann.

5. Die *Basidiosporen* werden von dem aus den Probasidien (einzelligen oder mehrkammerigen Teleutosporen) hervorgegangenen Promycel erzeugt, und zwar den bereits (S. 59) beschriebenen Vorgängen entsprechend. In einigen, ziemlich seltenen Fällen (Gattung Coleosporium) sind die jungen Teleutosporen einzellig, mehr oder weniger zylindrisch verlängert und an den Enden zugespitzt; es erfolgt eine Kernverschmelzung, die Probasidie liefert jedoch kein Promycel: sie teilt sich vielmehr in vier übereinanderliegende Zellen, deren jede an einem langen Sterigma eine einzelne Spore sprossen läßt (›inneres‹ Promycelium). Die Gattung Endophyllum schließlich besitzt eine nur ihr zukommende Eigentümlichkeit: es sind mikrozyklische Uredinales, die weder Uredo- noch Teleutosporen ausbilden. Ihre typisch ausgebildeten Äcidien bringen zweikernige Äcidiosporen hervor, deren beide Kerne aber bei der Keimung verschmelzen, worauf das entstehende Promycel vier Basidiosporen abgliedert: es sind hier also die Äcidiosporen und nicht die Teleutosporen, die als Probasidien funktionieren.

Die *Ustilaginales* haben unverkennbar einen viel einfacheren Entwicklungsgang als die Uredinales, auch wenn noch manches dunkel bleibt, was unsere Kenntnisse darüber anlangt. Das Mycel dieser Pilze wächst gewöhnlich in den Geweben der Wirtspflanzen heran (wie die Uredinales sind die Ustilaginales durchweg Pflanzenparasiten), indem es zweikernige Hyphen aussendet. Oft dringt das Mycel mit der Geschwindigkeit der fortwachsenden Pflanze vor, ohne den Sproßgipfel zu erreichen; in den älteren Pflanzenteilen scheint das Mycel rasch zugrunde zu gehen: es ist nur gerade unterhalb der Wachstumszonen zu sehen. In einem gewissen Entwicklungsstadium verdichten sich die Mycelialelemente zu einem ›Sorus‹ und gelangen hier zur Bildung dunkler Sporen; oft verschwinden sogar die Hyphen, und es bleibt nur eine pulverige schwarze Sporenmasse übrig (Abb. 109): darauf geht der Name ›Brand‹ zurück, mit dem man die von den Ustilaginales hervorgerufenen Krankheiten bezeichnet (vom lateinischen ustulare oder ustilare, was langsam verbrennen, brandig werden bedeutet).
Diese gewöhnlich dunkelgefärbten und einkammerigen, isoliert, paarweise oder in Häufchen auftretenden Sporen sind den Teleutosporen der Uredinales homolog: sie verhalten sich in der Folge wie Probasidien; ihre beiden Kerne verschmelzen zu einem einzigen, der in das Promycel übertritt, sich dort zweimal teilt, wodurch vier Basidiosporen entstehen können.
Bei den Ustilaginales gibt es zwei Typen von Promycelien, auf die man eine Einteilung dieser Gruppe in zwei Familien gegründet hat: Bei den Ustilaginaceen unterteilt sich das Promycelium, sobald die vier haploiden

25 GANODERMA LUCIDUM, Lackporling (sporenreifer Pilz)

Klasse: BASIDIOMYCETES (Ständerpilze)
Ordnung: APHYLLOPHORALES (Nichtblätterpilze)

Lackporlinge sind Pilze, deren Hut mit einer glänzenden, sehr harten, wie lackiert oder gefirnißt aussehenden Kruste bedeckt ist; die Röhren bilden eine von der Substanz wohlgeschiedene Schicht und sehen nicht wie eingebohrt aus wie bei gewissen anderen Porlingen (Trametes). Außerdem ist das Fleisch stets gefärbt.

Ganoderma lucidum besitzt einen rundlichen, flachen, dem Ende eines seitlichen Stieles aufsitzenden Hut (nicht alle Ganodermaarten sind gestielt, vgl. Ganoderma applanatum, Abb. 4); dieser ist mit einer glänzenden, mahagonibraunen Kruste überzogen und bleibt so lange weißlich oder gelblich hell gerandet, als er sein Wachstum noch nicht beendet hat. Die Poren sind klein, sehr regelmäßig, weißlich, dann hellbraun, stets glanzlos. Der Stiel ist mit der gleichen Lackkruste wie der Hut bedeckt, buckelig und mehr oder weniger verdreht, nie gleichmäßig zylindrisch.

Vorkommen: Ganoderma lucidum ist in Laubwäldern nicht eben selten und wächst auf faulenden Stümpfen oder auf unterirdischen toten Wurzeln.

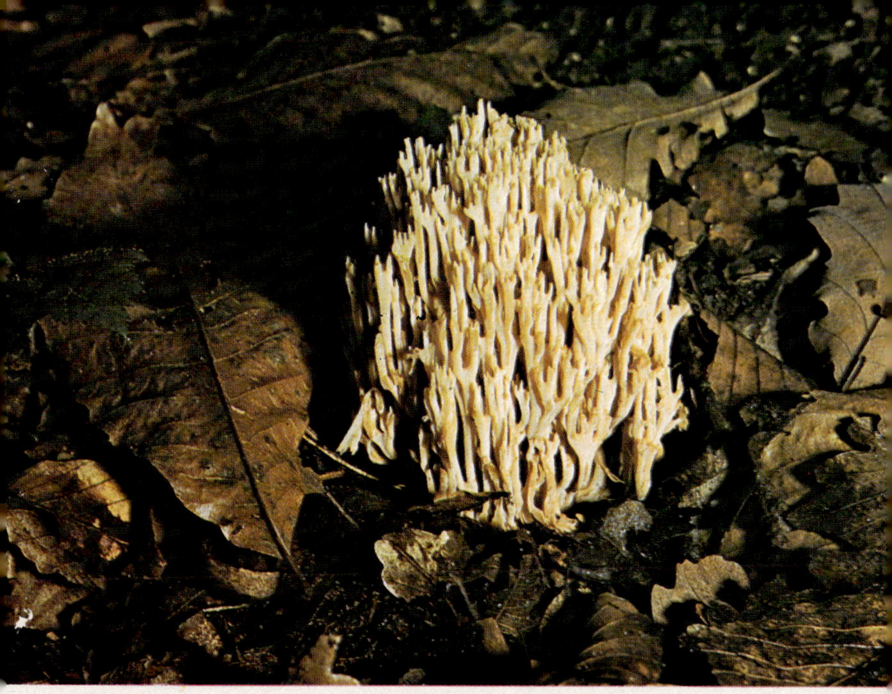

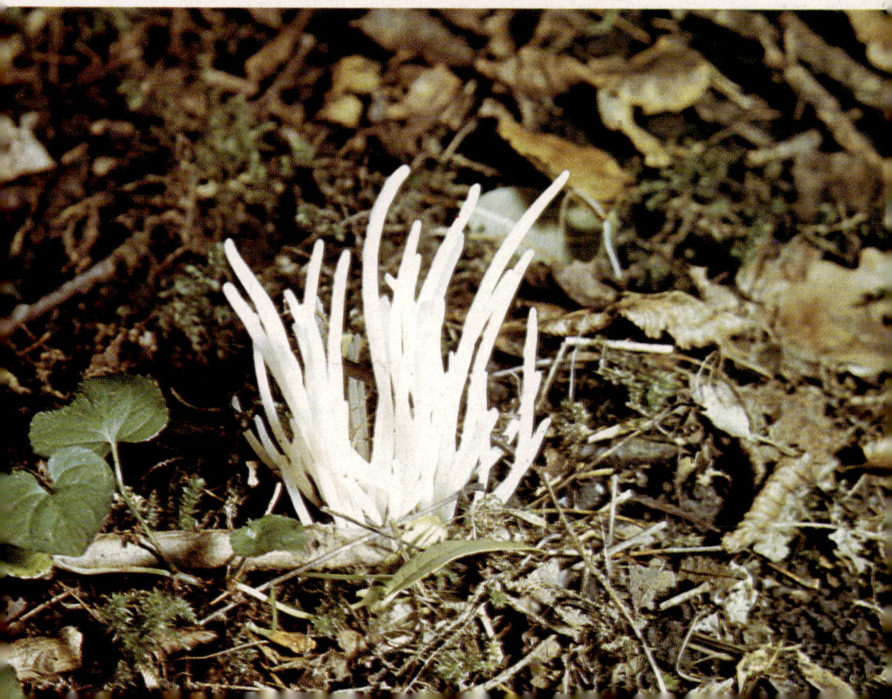

◄ 26 RAMARIA STRICTA, Steifer Ziegenbart (fast erwachsen)

Klasse: BASIDIOMYCETES (Ständerpilze)
Ordnung: APHYLLOPHORALES (Nichtblätterpilze)

Ein großer (5–10 cm), in Äste geteilter Keulenpilz mit ziemlich dünnem, falb-rötlichem Strunk. Die Äste sind bei Ramaria stricta gerade aufrecht, sehr zahl-reich und eng gedrängt, untereinander etwa parallel, erscheinen steif und be-sitzen schmutzige Ockerfarbe, während die Spitzen bei jungen Pilzen gelb sind. Die Oberfläche wird durch Reiben braun, das Fleisch ist blaß und schmeckt bitter und zugleich etwas pfefferig scharf.

Vorkommen: Man trifft diesen Keulenpilz auf faulenden Stümpfen, alten Wur-zeln, an toten Holzresten usw.

Anmerkung: Es gibt andere großwüchsige Ramariaarten, die auf der Erde wach-sen und einen viel dickeren Strunk haben, so Ramaria botrytis, weißlich mit rosa-roten Astenden, Ramaria formosa, bald rosa mit gelben Enden, Ramaria aurea mit gelblichweißem Strunk und gelben, im Alter ocker verfärbenden Ästen, usw.

◄ 27 CLAVARIA VERMICULARIS, Wurmförmige Keule (fast erwachsen)

Klasse: BASIDIOMYCETES (Ständerpilze)
Ordnung: APHYLLOPHORALES (Nichtblätterpilze)

Es handelt sich hier um einen kleinen unverzweigten Keulenpilz, nicht verästelt wie Ramaria und manche Clavariaarten (Clavaria cristata, s. S. 111, oder Cla-varia cinerea mit weißlichem Fuß und aschgrauen Zweigen), die in der Unter-gattung Clavulina zusammengefaßt werden und stets schmächtiger sind als die Ramariaarten.

Clavaria vermicularis ist (abgesehen von den gilbenden oder mit dem Alter etwas bräunenden Spitzen) gänzlich weiß, zierlich und gebrechlich. Gewisse Formen, wie hier im Bild vorgestellt, die stets gebüschelt wachsen und ein wenig ab-gerundete Enden zeigen, werden mitunter als Varietät fragilis von Clavaria vermicularis unterschieden.

Vorkommen: Die Wurmförmige Keule kommt einzeln oder in kleinen Büscheln auf Wiesen und Rasenplätzen vor.

Anmerkung: Andere einfache und büschelige Clavarien sind nicht weiß, sondern lebhaft gelb (Clavaria fusiformis, ziemlich häufig an offenen, grasigen Plätzen), wachs- oder lehmgelb (Clavaria argillacea) oder selbst grau (Clavaria fumosa, eine ziemlich seltene Art).

28 CLAVARIA PISTILLARIS, Herkuleskeule ▶
(Pilze in verschiedenen Stadien, rechts ein altes Exemplar)

Klasse: BASIDIOMYCETES (Ständerpilze)
Ordnung: APHYLLOPHORALES (Nichtblätterpilze)

Wie die vorige Art einfach keulenförmig, ist die Herkuleskeule von sehr kräftiger Gestalt, gelber bis ockerrötlicher Farbe, leicht und unregelmäßig längsgefurcht, nach oben hin mehr oder weniger angeschwollen; das Ende ist aber immer abgerundet. Ihr Fleisch ist weiß, schwammig, genießbar, auch wenn es frisch bitter schmeckt.

Vorkommen: Im Herbst, nicht selten, in Laubwäldern einzeln oder in Gruppen wachsend.

Anmerkung: Eine nahestehende Art, Clavaria truncata, kommt in Nadelwäldern vor und unterscheidet sich von der Herkuleskeule leicht durch den abgestutzten Gipfel und die deutlichere Runzelung; ihr Fleisch schmeckt süßlich.

29 SPARASSIS CRISPA, Krause Glucke (fast ausgewachsen) ▶

Klasse: BASIDIOMYCETES (Ständerpilze)
Ordnung: APHYLLOPHORALES (Nichtblätterpilze)

Die Krause Glucke ist ein gewichtiger, 30 cm erreichender Pilz mit kurzem, sehr festem Strunk, von dem zahlreiche abgeflachte Verzweigungen ausgehen; diese gleichen ein wenig welligen, verschlungenen und stellenweise miteinander verwachsenen Bändern.

Vorkommen: Die gänzlich blaßgelben Fruchtkörper erscheinen im Herbst in Nadelwäldern, oft am Fuß oder in nächster Nähe der Stämme.

Anmerkung: Die Krause Glucke ist in jugendlichem Zustand eßbar, aber das weiße Fleisch wird bald zäh. Sparassis laminosa steht ihr sehr nahe, unterscheidet sich von ihr durch aufgerichtete Verzweigungen und ist jung ebenfalls eßbar.

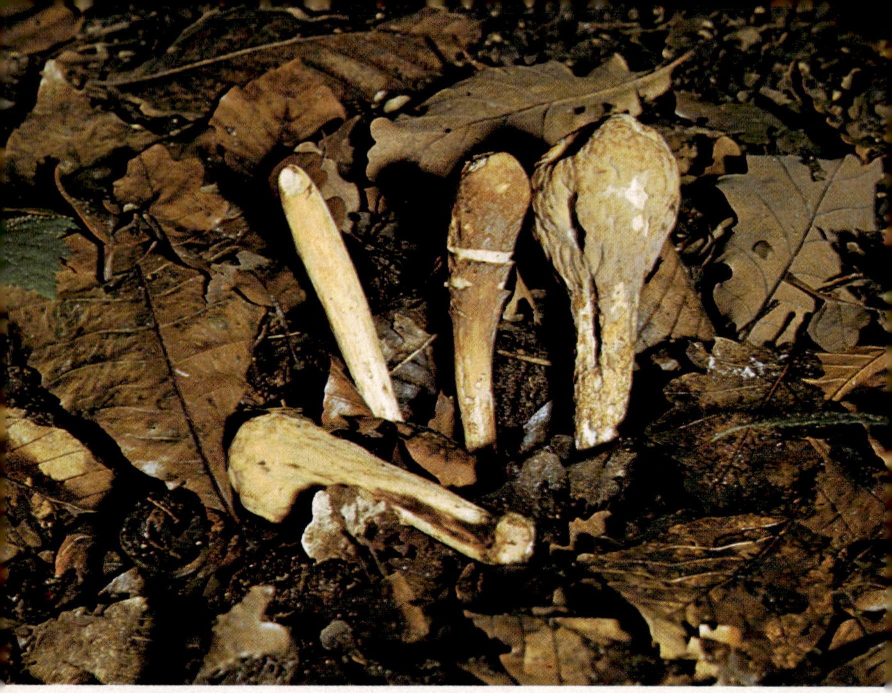

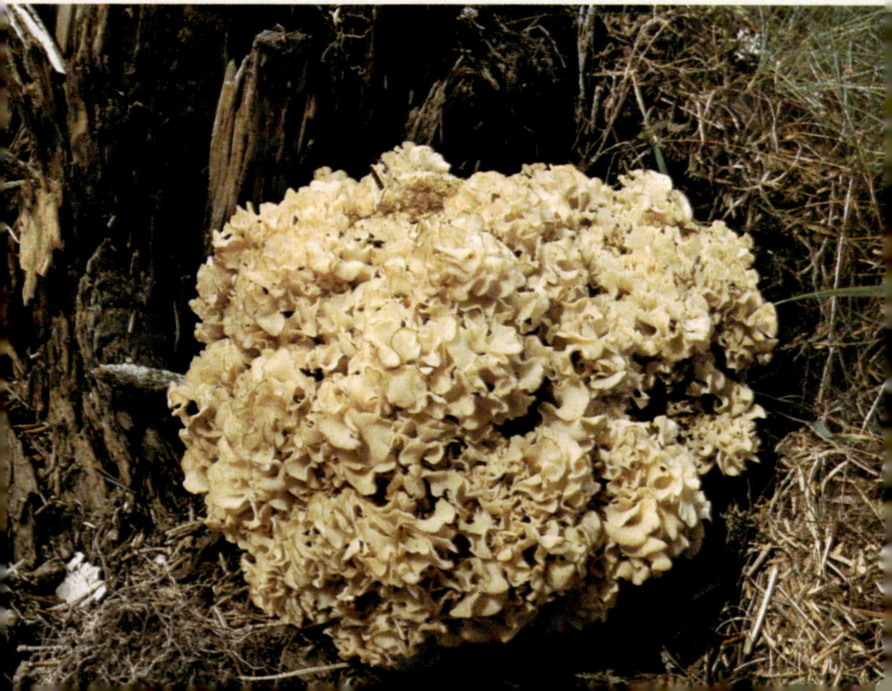

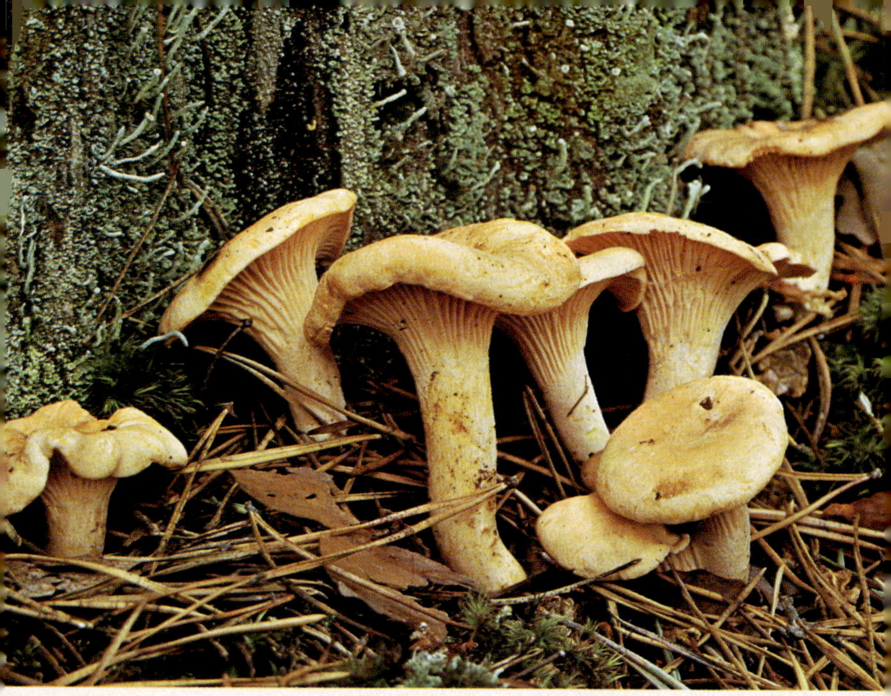

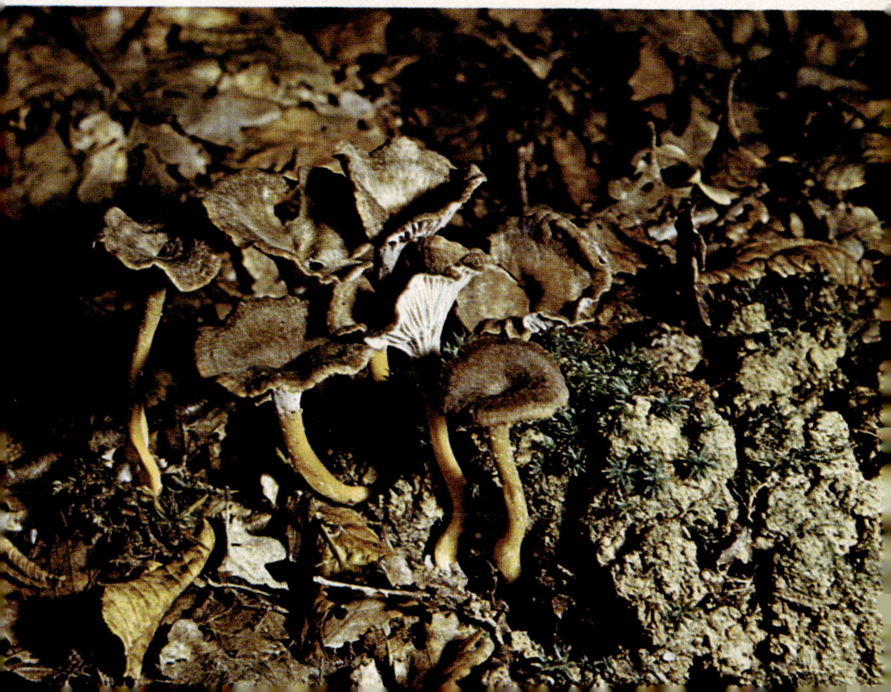

◄ 30 CANTHARELLUS CIBARIUS, Pfifferling, Eierschwamm, Rehling
(in erwachsenem Zustand)

Klasse: BASIDIOMYCETES (Ständerpilze)
Ordnung: APHYLLOPHORALES (Nichtblätterpilze)

Der Pfifferling ist ein allgemein bekannter Pilz, den man leicht an seinem ei-gelben, etwas zu Orange neigenden, bald niedergedrückten Hut erkennt. Unten trägt er statt echter Lamellen unregelmäßige, am Stiel weit herablaufende Falten von der gleichen Farbe wie der Hut. Sein Fleisch ist fest und blaßgelb.

Vorkommen: Der Pfifferling, ein Marktpilz, ist ein ausgezeichneter Speisepilz, den man vom Sommer bis in den Herbst in Wäldern antrifft. Im Flachland häufig unter Laubbäumen, kommt er, vor allem im Gebirge, auch unter Nadelhölzern vor.

Anmerkung: Man beachte, daß es Pfifferlinge von viel blasserer, bleichgelber, wie ausgewaschener Tönung gibt; es handelt sich dennoch um den gleichen Pilz.

◄ 31 CANTHARELLUS TUBAEFORMIS, Trompetenpfifferling
(fast ausgewachsen)

Klasse: BASIDIOMYCETES (Ständerpilze)
Ordnung: APHYLLOPHORALES (Nichtblätterpilze)

Ebensohäufig wie der echte Pfifferling, zeigt dieser Pilz einen weniger fleischigen, grauen bis bräunlichen, ebenfalls niedergedrückten Hut, der auf seiner Unter-seite vorspringende, ausgeprägte Falten trägt; diese gehen von gelben in graue Töne über und laufen wie beim Pfifferling an dem zylindrischen, hohlen, gelb-gefärbten Stiel herab. Der Name des Trompetenpfifferlings geht auf die Form seines Hutes zurück, der wie der Trichter einer Trompete aussieht.

Vorkommen: Cantharellus tubaeformis kommt in Wäldern stellenweise massen-haft vor.

Anmerkung: Der Trompetenpfifferling ist ein guter Speisepilz, aber nicht so er-giebig wie der Pfifferling. Unter Nadelbäumen im Gebirge häufiger ist Cantha-rellus lutescens mit ausgesprochen orangefarbenem Stiel; die Falten unter dem Hut zeigen die gleiche Farbe, die stets freudiger wirkt als bei Cantharellus tubae-formis.

78

32 CRATERELLUS CORNUCOPIOIDES, Herbsttrompete, Totentrompete ▶
(Pilze in verschiedenen Stadien)

Klasse: BASIDIOMYCETES (Ständerpilze)
Ordnung: APHYLLOPHORALES (Nichtblätterpilze)

Dieser düstere Pilz ist unter dem Namen Totentrompete bekannt; er gleicht einem Trichter mit weit abstehendem, oft lappig eingeschnittenem Rand. Die Fruchtschicht, das Hymenium, ist nur schwach gerunzelt, der Stiel ist hohl. Das Fleisch duftet aromatisch, ist aber nur wenig ergiebig und etwas zäh. Trotzdem ist der Pilz bei den Sammlern recht beliebt, auch wenn sein Aussehen wenig verlockend ist.
Vorkommen: Er kann in den Laubwäldern sehr zahlreich auftreten, dichtgedrängte Trupps bildend; jedoch erscheint er in den einzelnen Jahren ungleichmäßig.
Anmerkung: Die Kraterellen stehen den Leistenpilzen mit hohlem Stiel aus der Gruppe des Cantharellus tubaeformis viel näher als dem echten Pfifferling.

33 GOMPHUS CLAVATUS, Schweinsohr (fast ausgewachsen)   ▶

Klasse: BASIDIOMYCETES (Ständerpilze)
Ordnung: APHYLLOPHORALES (Nichtblätterpilze)

Im Aussehen erinnert dieser kräftige Pilz an die Pfifferlinge; der Fruchtkörper erscheint oben abgestutzt und nimmt hier im Alter Ockerfarbe an, während die Falten der Fruchtschicht und der Stiel ihre violetten Töne beibehalten. Das weiße Fleisch ist gleich dem des Pfifferlings dick und fest, aber die Sporen sind wie bei Ramaria ocker und nicht farblos (in Masse weiß) wie die der Leistenpilze (Cantharellus) oder der einfachen Keulenpilze (Clavella und Clavariadelphus, s. S. 111).
Vorkommen: Man trifft das Schweinsohr, oft in Kreisen wachsend, besonders unter Tannen an; in den Wäldern mittlerer Höhenlagen ist die Art nicht gerade selten.
Anmerkung: Gomphus clavatus gehört zu den guten Speisepilzen.

Kerne vorhanden sind, in vier Zellen (Kammern), aus deren jeder eine Basidiospore hervorgeht (Fig. 16a). Das Promycel verhält sich genau wie das der Uredinales.

Bei den Tilletiaceen wird das Promycelium nicht unterteilt (Fig. 16b), liefert aber an seiner Spitze vier Basidiosporen (oder ein Vielfaches von vier, falls überzählige Kernteilungen stattfinden).

In beiden Fällen sind die Basidiosporen haploid, scheinen sich aber von Art zu Art recht verschieden zu verhalten. Bei bestimmten Ustilaginales können die Basidiosporen paarweise kopulieren, solange sie noch am Promycel sitzen: die nachfolgende Keimung führt direkt zu einem Paarkernmycel. In anderen Fällen können aus den Basidiosporen Hefezellen vergleichbare Zellformen hervorgehen, die kein Mycel entstehen lassen, sondern sich voneinander trennen: Dann sieht man, wie je zwei Zellen verschmelzen, um nun zu einem Paarkernmycel auszuwachsen. Desgleichen kennt man Verschmelzungen einkerniger, von Basidiosporen abstammender Mycelzellen und vielfältige andere Abwandlungen, bei denen wir uns hier nicht aufhalten können.

Zahlreiche Ustilaginales befallen hauptsächlich die Gewebe des Eiapparats, die zerstört und mehr oder weniger vollständig bei der Reife durch einen schwarzen Sporenhaufen des Pilzes ersetzt werden (Sphacelotheca, Sorosporium, Tilletia, Neovossia, gewisse Ustilagoarten); wenn alle Gewebe, Same und Samenschale, zerstört werden, handelt es sich um die als ›Flugbrand‹ bezeichnete Krankheit, wenn allein der Same, nicht aber seine Hülle zerstört wird, hat man einen ›Schmierbrand‹ vor sich; schließlich, wenn die kohlige Masse im Sameninneren lokalisiert bleibt, so daß das äußere Bild des Samenkorns noch einigermaßen wenig verändert erscheint, dann spricht man von ›Steinbrand‹.

Andere befallen vornehmlich die Blätter (Entyloma), Blätter und zusätzlich Stengel (Tuburcinia) oder mehr oder weniger wahllos alle oberirdischen Teile (Thecaphora, Melanotaenium). Demgegenüber sind gewisse andere enger an Wurzeln (Entorhiza) oder ausschließlich an die unterste Region von Blütenständen (Cintractia) gebunden. Innerhalb der Gattung Ustilago selbst ist diese Variabilität beim Befall von Pflanzenorganen besonders auffallend: man kennt solche, die alle Gewebe der Blüte befallen (U. nuda und U. avenae, die ›Flugbrand‹ bei Gerste und Hafer verursachen), oder die die Samenschale unversehrt lassen (U. hordei und U. levis, die ›Schmierbrand‹ bei denselben Getreidearten auslösen), oder solche, die ihre Schädigung allein auf die Staubfäden beschränken (U. violacea); U. longissima verursacht Schadstellen auf Blättern, während Befall durch U. maydis die Entstehung dicker kohligbrandiger Geschwülste (Abb. 109) an verschiedenen Organen beim Mais nach sich zieht. Zum Schluß sei noch das Beispiel Ustilago esculenta angeführt: ihre Wirkung macht sich durch eine Überentwicklung des Stammgrundes ihrer Wirtspflanze, Zizania aquatica (einer nahen Verwandten des Reises), bemerkbar, an der sich daraufhin eine Art Knollenorgan entwickelt, das im Fernen Osten gegessen wird und im Geschmack an den von Schwarzwurzeln erinnert.

Die *Auriculariales*. Wie bei den Uredinales und den Ustilaginales findet man hier wieder eine quergeteilte Basidie (Fig. 13b). Die Arten von Septobasidium wachsen nur als faserige, mitunter zähe, an Ästen verschiedener Bäume und Sträucher fest anhaftende Krusten; diese stehen mit der Entwicklung von Schildläusen in Zusammenhang, sind aber nicht direkt Parasiten auf dem Holz, das ihnen als Unterlage dient. Sie erzeugen ihre Basidien, die aus Probasidien oder, bei einigen Arten, unmittelbar aus dem Mycel hervorgehen, an der Oberfläche. Es sind Pilze heißer Regionen, in den Tropen weit verbreitet, in Europa seltener und hier auf das Mittelmeergebiet beschränkt. Auch Helicobasidium baut aus gefärbten Hyphen Stromata auf, die eine Schicht stark gekrümmter Basidien tragen, aber keinerlei biologische Beziehung zu Schildläusen haben; es sind polyphage (in der Nahrung nicht wählerische) Pilze, die auf verschiedenen Pflanzen in warmen Ländern vorkommen, doch ist eine Art, H. purpureum, in Europa nicht selten.

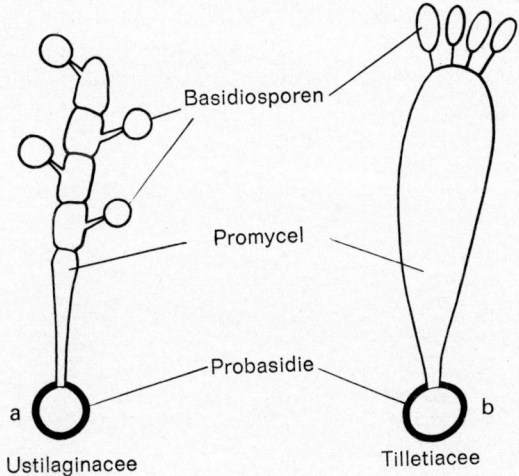

Fig. 16

Die Ohrlappenpilze (Gattung Auricularia) sind zweifellos die bekanntesten Vertreter dieser Gruppe in Europa, wo zwei Arten, A. auricula-judae (das Judasohr) und A. mesenterica, auf abgestorbenem oder altersschwachem Holz allgemein verbreitet sind. Es sind Pilze mit verbogenem Hut

▲ 34 BOLETUS RUFUS, Rotkappe (fast erwachsen)

Klasse: BASIDIOMYCETES (Ständerpilze)
Ordnung: BOLETALES (Röhrenpilze)

Die Rotkappe gehört zu den Röhrlingen; das sind Pilze mit fleischigem Hut, unterseits mit Röhren, die sich nach außen durch Poren öffnen (s. S. 113).
Boletus rufus, auch Rothautröhrling genannt, hat einen dicken, halbkugeligen, orangeroten Hut und blasse, weißliche Poren. Der Stiel ist ebenfalls weißlich, aber von schwarzen Schüppchen bedeckt. Das Fleisch ist im Hut weich, im Stiel dagegen viel fester.
Vorkommen: Boletus rufus ist im Herbst in grasigen Wäldern häufig anzutreffen.
Anmerkung: Die Rotkappe ist eßbar, aber weniger delikat als viele andere Röhrlinge. Sie ist leicht zu erkennen und wird daher viel gesammelt.

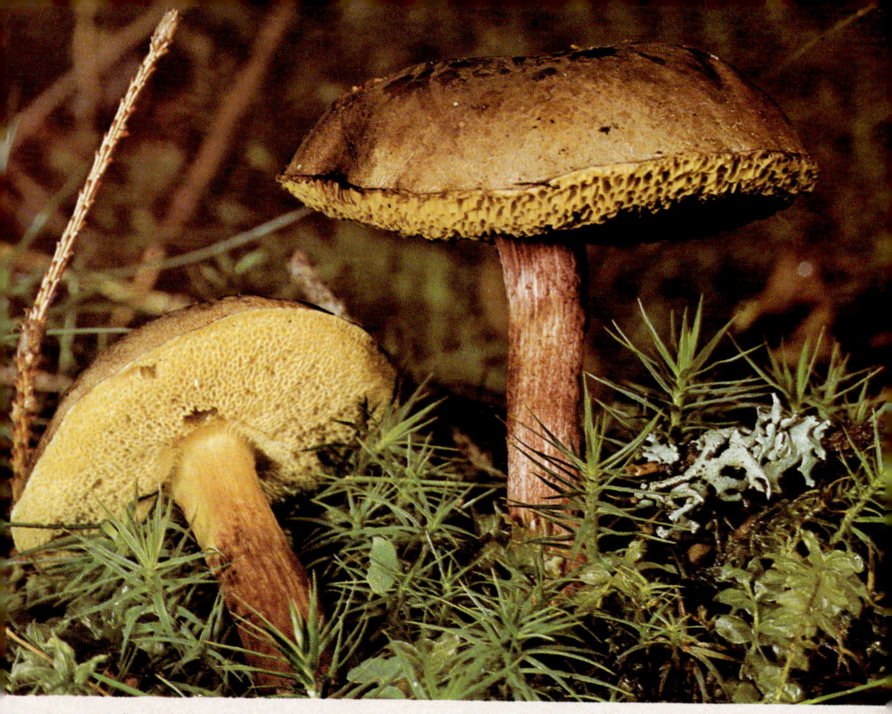

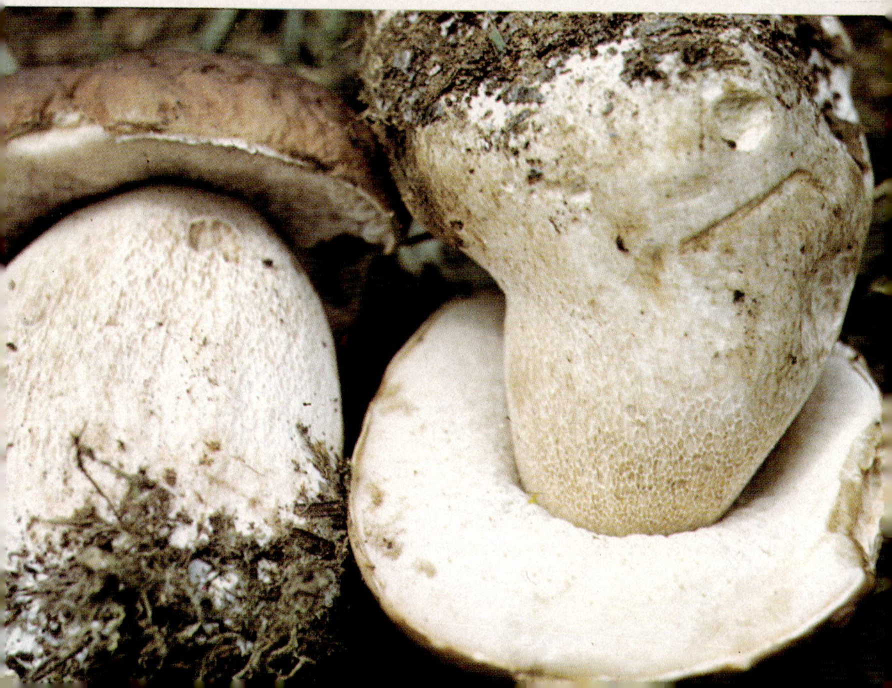

◄ 35 BOLETUS CHRYSENTERON, Rotfußröhrling
(in erwachsenem Zustand)

Klasse: BASIDIOMYCETES (Ständerpilze)
Ordnung: BOLETALES (Röhrenpilze)

Bei diesem Röhrling reißt der mehr oder weniger dunkelbraune, filzige Hut oft oberflächlich in Felder auf, wobei sich die Risse deutlich rot färben. Die Poren gehen vom anfänglichen Gelb ins Grünlichbraune über; sie sind weit und unregelmäßig. Der schlanke, feste Stiel ist gelb, aber fast immer durch auffälliges Rot ausgezeichnet.
Vorkommen: Er ist im Herbst in Wäldern überaus häufig, wird aber auch schon im Sommer angetroffen.
Anmerkung: Die Ziegenlippe (Boletus subtomentosus), gleichfalls in Wäldern häufig, steht dem Boletus chrysenteron nahe, unterscheidet sich von ihm aber durch ihr bräunliches, nicht rotes Fleisch unter der Huthaut. Beide Arten sind nur sehr mittelmäßige Speisepilze.

◄ 36 BOLETUS EDULIS, Steinpilz, Herrenpilz (fast ausgewachsen)

Klasse: BASIDIOMYCETES (Ständerpilze)
Ordnung: BOLETALES (Röhrenpilze)

Dieser am meisten gesuchte Röhrling hat einen großen, rotbraunen bis kastanienbraunen Hut mit weißlichen, dann gelblichen, oft grünlich getönten Poren. Der dicke, blasse Stiel ist mit einem hübschen weißen Netz geziert, das im oberen Teil immer gut zu erkennen ist.
Vorkommen: Man trifft diesen erstklassigen Speisepilz besonders an lichteren Waldstellen und an Wegrändern. Den ganzen Herbst hindurch kommt er vor, erscheint jedoch oft schon am Ende des Sommers; die ersten Ernten fallen nie so reichlich aus wie die gegen Ende der Saison. Er wird eifrig gesammelt und auf allen Märkten verkauft.
Anmerkung: Mit dem gewöhnlichen Steinpilz nächstverwandt ist der Schwarze Steinpilz (Boletus aereus), der sich leicht durch dunkleren Hut und einen Stiel von oft ockerrötlicher Färbung und mit bräunlichem Netz unterscheidet; sein festeres Fleisch macht ihn zu einem noch mehr geschätzten Speisepilz, als es der gewöhnliche Steinpilz ohnehin schon ist.

37 BOLETUS PINICOLA, Kiefern-Steinpilz (junges Exemplar) ▶

Klasse: BASIDIOMYCETES (Ständerpilze)
Ordnung: BOLETALES (Röhrenpilze)

Vom gewöhnlichen Steinpilz wird dieser Röhrling wegen seiner großen Ähnlichkeit oft nicht unterschieden (beide werden gleichermaßen gesammelt und miteinander verkauft). Er läßt sich aber unschwer an seinem rotbraunen Hut und dem stets auf etwas rötlichem Grund weißgenetzten Stiel erkennen. Die anfangs cremegelben Poren werden bei alten Pilzen olivgelb.
Vorkommen: Er ist im Sommer und Herbst nicht selten unter Nadelbäumen anzutreffen, kommt aber ebenso, entgegen seinem Namen, unter Laubholz vor. In manchen Gegenden fehlt er jedoch fast ganz.

38 BOLETUS BADIUS, Maronenpilz ▶
(links ein altes, rechts ein jüngeres Exemplar)

Klasse: BASIDIOMYCETES (Ständerpilze)
Ordnung: BOLETALES (Röhrenpilze)

Der Maronenpilz ist ein guter Speisepilz, obgleich oft unterbewertet, denn seine gelben oder etwas grünlichen Poren werden auf Fingerdruck hin rasch grünblau. Er zeigt einen kräftigen, feinsamtigen, bei feuchtem Wetter etwas zum Klebrigwerden neigenden Hut von rotbrauner Farbe mit einem weichen, im Anbruch leicht grünblau anlaufenden Fleisch. Der Stiel ist ziemlich schlank, weniger dunkel als der Hut, hellbraun bis gelblich getönt, vor allem in seiner oberen Partie.
Vorkommen: Dieser Röhrling ist vom Sommer bis zum Herbst häufig in Nadelwäldern anzutreffen.

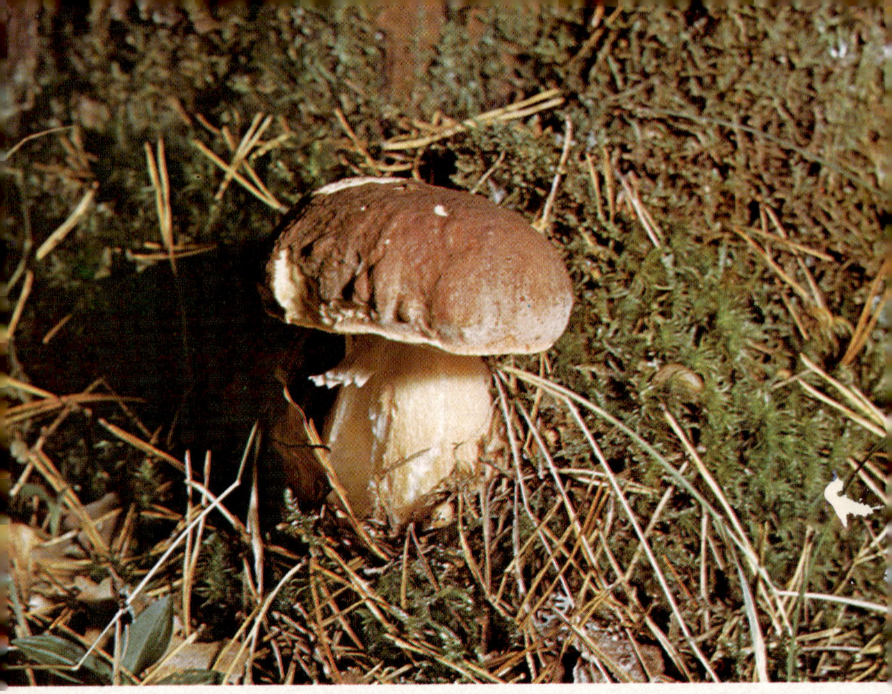

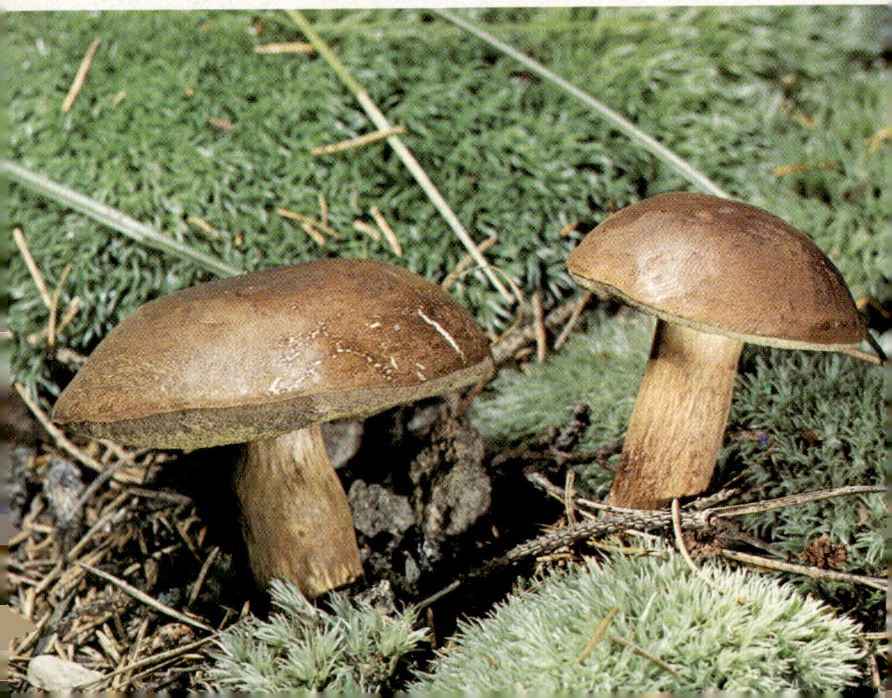

39 BOLETUS LUTEUS, Butterpilz
(links noch jung, rechts in älterem Zustand)

Klasse: BASIDIOMYCETES (Ständerpilze)
Ordnung: BOLETALES (Röhrenpilze)

Der Name Butterpilz geht auf den bei Regenwetter schmierigen fettigglänzenden Hut zurück, der eine dunkelkastanienbraune, im Alter etwas hellere Farbe hat. Der Stiel ist hellgelb, von einem erst weißen, etwas violettlichen Ring umgeben; dieser verhüllt und schützt die jungen Röhren, wird später bräunlich und hängt bei alten Pilzen herab.
Vorkommen: Boletus luteus kommt unter Nadelbäumen häufig vor.
Anmerkung: Der Butterpilz gilt mit Recht als ausgezeichneter Speisepilz. Die schmierige Huthaut läßt sich leicht abziehen. Der nur unter Lärchen wachsende Goldröhrling (Boletus elegans), ein Pilz von geringerem Speisewert, besitzt einen gelben Hut und wie der Butterpilz einen häutigen Stielring. Der Schmerling (Boletus granulatus) hat dagegen keinen Ring; sein Hut ist ocker bis bräunlich, klebrig wie der des Butterpilzes, und seine Röhren lassen besonders bei feuchtem Wetter kleine Tropfen austreten. Auch er ist, besonders jung, nach Abziehen der klebrigen Oberhaut ein guter Speisepilz.

40 PAXILLUS INVOLUTUS, Kahler Krempling (in erwachsenem Zustand)

Klasse: BASIDIOMYCETES (Ständerpilze)
Ordnung: BOLETALES (Röhrenpilze)

Den Röhrlingen nahestehend, sind die Kremplinge fleischige Pilze mit weichen, weit am Stiel herablaufenden und leicht abtrennbaren Lamellen (s. S. 120). Der Kahle Krempling ist ein düsterer, erdfarben falbbrauner Pilz mit einem oft etwas klebrigen Hut, dessen Rand, im jungen Zustand nach unten eingerollt, später ausgebreitet ist. Der Stiel ist gedrungen.
Vorkommen: Er wächst am Boden in Wäldern, vor allem unter Kiefern und Birken, an Waldgräben entlang und sogar auf Ameisenhaufen.
Anmerkung: P. involutus, ein sehr häufiger Pilz, steht im Geschmack den meisten Röhrlingen nach. Roh oder ungenügend gekocht ist er jedoch giftig (s. S. 222).

(daher ihr Name ›Ohrlappenpilze‹) von zähgallertiger Beschaffenheit und mehr oder weniger deutlich samtiger Oberfläche. Sie werden in Ostasien als Speisepilze hochgeschätzt. In Europa stehen sie hauptsächlich auf den Speisekarten chinesischer und vietnamesischer Restaurants unter der Bezeichnung ›Schwarze Pilze‹ in einer Mischung von Auricularia auricula-judae mit einigen in Europa unbekannten Arten (A. polytricha und auch A. porphyrea).

Die *Tremellales*. Die Basidie ist hier in zwei oder vier Kammern längsgeteilt (Fig. 13c). Die Zitterlinge (Gattung Tremella) bilden auf Holz gallertige, gegenüber denen der Ohrlappenpilze weichere Fruchtkörper, die einfach (T. foliacea) oder stark wellig verbogen (T. mesenterica, Abb. 14), gelappt und oft lebhaft gefärbt sein können. Bei Pseudohydnum überzieht die hymeniale Fruchtschicht der Hutunterseite wie bei den Stachelpilzen kleine Stacheln, ihre Basidien gleichen aber denen der Tremellales, wie sie auch deren bezeichnende gallertige Konsistenz besitzen; Pseudohydnum gelatinosum (Abb. 15) mit mattem, weißem bis bräunlichem Gallerthut auf exzentrischem Stiel ist auf alten Nadelholzstümpfen in Europa sehr häufig.
Guepinia helvelloides zeigt hingegen glatte oder nur adrige Fruchtkörper von lebhaft braunroter Farbe, die wie Spatel oder halbierte Trichter aussehen; der Pilz ist in ganz Europa verbreitet, kommt aber in der Tiefebene seltener vor. Sebacina incrustans wächst häufig in Wäldern in Form zähgallertiger Krusten, die am Boden Ästchen und krautige Pflanzenteile überziehen. Schließlich sei noch die Gattung Exidia angeführt, deren Arten als kleine Knöpfe oder annähernd kugelige Gebilde an abgestorbenem Holz erscheinen.

Die *Dacryomycetales*. Diese kleine Gruppe vereinigt Pilze von ebenfalls gallertartiger Beschaffenheit, aber mit nicht mehr bis zum Grunde geteilten Basidien; sie sind nur sehr schmal und dazu tief eingeschnitten (Fig. 13 d, e), Dacryomycesarten bilden auf totem Holz kleine Knötchen oder unregelmäßig gestaltete Klümpchen, die mitunter kleinen Tremellen (Zitterlingen) gleichen.
Die Hörnlinge (Calocera) kommen ebenfalls auf Holz vor, wo die beiden in unserem Gebiet häufigen Arten aufrechte, schön gelbe, stets ins Orange neigende, einfache, hörnchenartige (Calocera cornea) oder oben in Ästchen zerteilte (Calocera viscosa, Abb. 16) Fruchtkörper bilden.

Die *Tulasnellales*. Eine kleine Gruppe, die wir übergehen wollen, trotz des wissenschaftlichen Interesses, das die Basidien ihrer Vertreter beanspruchen können. Eine Würdigung der darauf bezüglichen Betrachtungen würde uns zu weit führen und den Rahmen dieses Buches überschreiten. Nur soviel sei gesagt, daß sie im wesentlichen darauf hinauslaufen, verwandtschaftliche Beziehungen der Tulasnellales zu den Tremellales, Dacryomycetales, Aphyllophorales (Corticieen und Clavariaceen), ja sogar, obwohl dies schon mehr Hypothese ist, zu den Ascomycetes aufzuzeigen.

Die Homobasidiomyceten

Sie stellen aufgrund ihrer Basidienstruktur (Eubasidie, Fig. 13g) eine homogene Gesamtgruppe dar. Zu ihr gehören die vielen auffälligen Hutpilze, die vom Sommer bis zu den Winterfrösten für den buntfarbigen Schmuck auf dem Waldboden sorgen. Wie bei den Heterobasidiomyceten finden wir bei ihnen eines der Hauptmerkmale der Basidiomyceten wieder: Auch sie leben während des größten Teils ihrer vegetativen Phase als Sekundärmycel mit zweikernigen Zellen.

Die *Heterothallie der Homobasidiomyceten*. Die Erscheinungen der Heterothallie, die wir schon in unserer gedrängten Betrachtung bei den Ascomyceten behandelt haben, stellen sich hier viel verwickelter dar, da sie nun nicht mehr von zwei Allelen A und a und einem einzigen Kompatibilitätsfaktor bestimmt werden (einfach-bipolare Heterothallie, s. S. 20). Bei den Homobasidiomyceten ist die Zahl dieser Allele sehr groß (und kann anscheinend, wenigstens in einigen Fällen, 100 erreichen); diese können zudem nur einen einzigen Faktor A betreffen, der bei den einzelnen untersuchten Individuen als Allel A_1, A_2, A_3, A_4... auftreten kann (bipolare Heterothallie mit multipler Allelie). Wenn zwei haploide Mycelien verschmelzen und ein lebens- und fruktifizierfähiges Paarkernmycel liefern sollen, müssen sie unterschiedliche Allele besitzen. Die Verschmelzung eines Myceliums A_1 mit einem Mycelium A_2 oder A_3 oder A_4 erweist sich als fruchtbar, eine solche von A_2 mit A_3 ebenfalls; nicht so zwei Mycelien A_1 oder A_2 oder A_3: sie können keine fruchtbare Verschmelzung eingehen. Wenn man nun eine Verschmelzung von einem Mycelium A_1 mit einem Mycelium A_2 ins Auge faßt, so erhalten wir das Paarkernmycel A_1A_2, das später über die entstehenden Basidien zwei Sporen A_1 und zwei Sporen A_2 erzeugen wird.

Außerdem kann ein zweiter Faktor B vorliegen, der seinerseits in vielfachen Allelen, B_1, B_2, B_3, B_4..., aufzutreten vermag und dessen Einfluß den des Faktors A überlagert (tetrapolare Heterothallie). Mycelverschmelzung (Fusion) von A_1B_1 mit A_1B_1 bleibt demnach unfruchtbar, ebenso mit A_1B_2,

41 PAXILLUS ATROTOMENTOSUS, Samtfußkrempling (ausgewachsen) ▲

Klasse: BASIDIOMYCETES (Ständerpilze)
Ordnung: BOLETALES (Röhrenpilze)

Dem Empfindlichen Krempling nahestehend, zeigt er einen bräunlichen, stets trockenen, gewöhnlich exzentrisch oder seitlich stehenden Hut. Wie bei Paxillus involutus bleibt der Hutrand lange eingerollt. Man erkennt den Pilz leicht an seinem oft kurzen, sehr stämmigen, samtigen, dunkelbraunen bis schwärzlichen Stiel.

Vorkommen: In Nadelwäldern am Fuß der Stämme oder an Stümpfen, bisweilen sogar auf ihnen.

Anmerkung: Für die Küche ist der Samtfußkrempling wertlos. Er ist zwar genießbar, jedoch nicht schmackhaft.

A_2B_1, A_1B_3, A_3B_1 usw. Andererseits sind Fusionen vom Typus A_1B_1 mit A_2B_2, A_2B_4 oder A_6B_9... fruchtbar, ebenso von A_2B_4 mit A_6B_9 usw. Was die Fusion eines Mycels A_1B_1 mit einem Mycel A_2B_2 betrifft, so ergibt sie ein Paarkernmycel $A_1A_2B_1B_2$, das befähigt ist, vier Typen von Basidiosporen zu erzeugen, nämlich A_1B_1, A_1B_2, A_2B_1 und A_2B_2.

Nach übrigens sehr unvollständigen, vor etwa 20 Jahren durchgeführten Schätzungen würde sich ergeben, daß nur 10–15% der Homobasidiomyceten homothallisch wären; etwa 35% wären bipolar heterothallisch mit multiplen Allelen, 50–55% tetrapolar heterothallisch. Genauere Untersuchungen haben ergeben, daß den Faktoren A und B unterschiedliche Rollen zufallen und daß in gewissen Fällen jeder von ihnen in zwei erbverschiedene Untereinheiten zerlegt werden muß. Bei dieser schematischen und vereinfachten Darstellung der Heterothallie der Homobasidiomyceten bleibt schließlich darauf hinzuweisen, daß wir nur Mycelfusionen erwähnt haben, ohne von Sexualorganen zu sprechen, wie wir es bei der Beschreibung der Ascomyceten getan haben. In der Tat gibt es praktisch überhaupt keine solchen bei den Basidiomyceten, da ihre Aufgabe durch die Fusion gewöhnlicher, ein- oder paarkerniger Hyphen übernommen wird; die Paarkernigkeit im letzteren Fall (›Buller-Phänomen‹) wird erreicht, indem ein einkerniges, haploides Mycelium mit einem schon zweikernig gewordenen verschmilzt und von diesem nur Zellkerne eines einzigen Typs bezieht.

Die Bildung der Fruchtkörper. Das paarkernige, an seinen Mycelschnallen leicht erkennbare Sekundärmycel baut, nachdem es seinen Ursprung von einem dieser Fusionsvorgänge genommen hat, den vegetativen Organismus des Pilzes auf. Ihn entdeckt man beim Abheben der Fallaubdecke oder beim Abtrennen der Borke von vermodernden Baumstümpfen. Er verbleibt oft, fein zerteilt, im Zustand mehr oder minder unabhängiger Hyphen; man sieht dieses Mycel aber auch sich zusammenschließen, um vegetative Gebilde von besonderer Gestalt hervorzubringen. So kann es sich zu Strängen (›Rhizomorphen‹) oder zu ›Spalieren‹ verdichten. Es kommt sogar zur Bildung von kompakteren Massen verschiedener, oft mehr oder weniger kugeliger Form (›Sklerotien‹), die wie die Sklerotien von Claviceps (s. S. 48) zur Keimung und Fruchtkörperbildung befähigt sein können.

Man sieht außerdem, wie ein solches Mycelium kleine kugelige Verflechtungen anlegt, die ›Primordien‹ der künftigen Fruchtkörper. Sie sind es, die – oft sich rasch vergrößernd – zu den dicken, allgemein bekannten Pilzfruchtkörpern werden, welche aus eng verflochtenen, differenzierten Hyphen aufgebaut sind. Auf ihre Struktur können wir hier allerdings nicht

42 RUSSULA LEPIDA, Harter Zinnobertäubling ▶
(erwachsen, Stiel durch Trockenheit aufgesprungen)

Klasse: BASIDIOMYCETES (Ständerpilze)
Ordnung: ASTEROSPORALES (Stachelsporenpilze)

Die oft buntfarbigen Täublinge haben mürbes, brüchiges Fleisch. Diese Eigentümlichkeit ist beim Anbrechen, etwa des Stieles, leicht wahrnehmbar und läßt die Asterosporales mühelos von den Agaricales unterscheiden.
Der Harte Zinnobertäubling besitzt einen schön hellroten, manchmal rosenroten, etwas samtigbereiften Hut, der bei trockenem Wetter aufspringt. Der Stiel ist fest, stets teilweise rosa oder hellrot getönt. Das Fleisch ist sowohl im Hut als auch im Stiel hart und brüchig.
Vorkommen: Man findet ihn oft in Laubwäldern, in denen er im Herbst, doch auch schon im Sommer häufig vorkommt.
Anmerkung: Er ist eßbar, aber nur von mäßiger Qualität, von geringem Wohlgeschmack, auch in gekochtem Zustand.

43 RUSSULA AZUREA, Azurblauer Täubling ▶
(ausgewachsene Pilze, in der Mitte ein junger)

Klasse: BASIDIOMYCETES (Ständerpilze)
Ordnung: ASTEROSPORALES (Stachelsporenpilze)

Der Azurblaue Täubling hat einen blauen, manchmal nach Lila spielenden, am Rand leicht matt bereiften Hut. Seine wie bei den allermeisten Täublingen leicht zersplitternden Lamellen sind reinweiß; auch der etwas keulige Stiel ist weiß.
Vorkommen: Dieser Täubling kommt nur zerstreut vor, am meisten noch in bergigen Nadelwäldern.
Anmerkung: Russula azurea hat einen angenehmen, nußkernähnlichen Geschmack und gehört zu den guten Speisepilzen. Eine sehr ähnliche, häufigere Art ist der amethystfarbene Jodoformtäubling (Russula amethystina). Seine Lamellen werden frühzeitig creme-, dann dottergelb; der Stielgrund nimmt im Alter einen charakteristischen Geruch nach Jodoform an, der sich beim Kochen verliert.

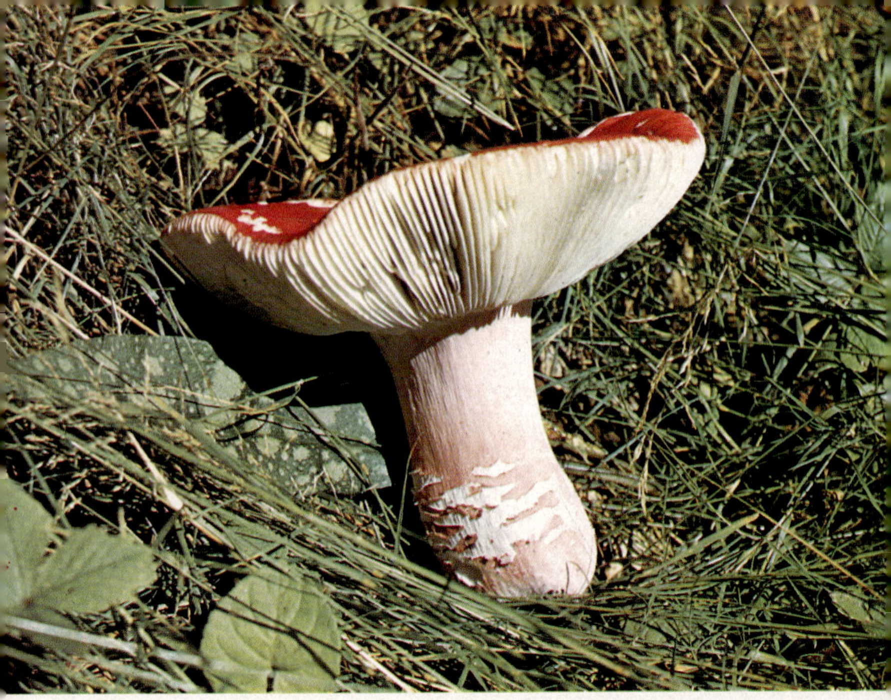

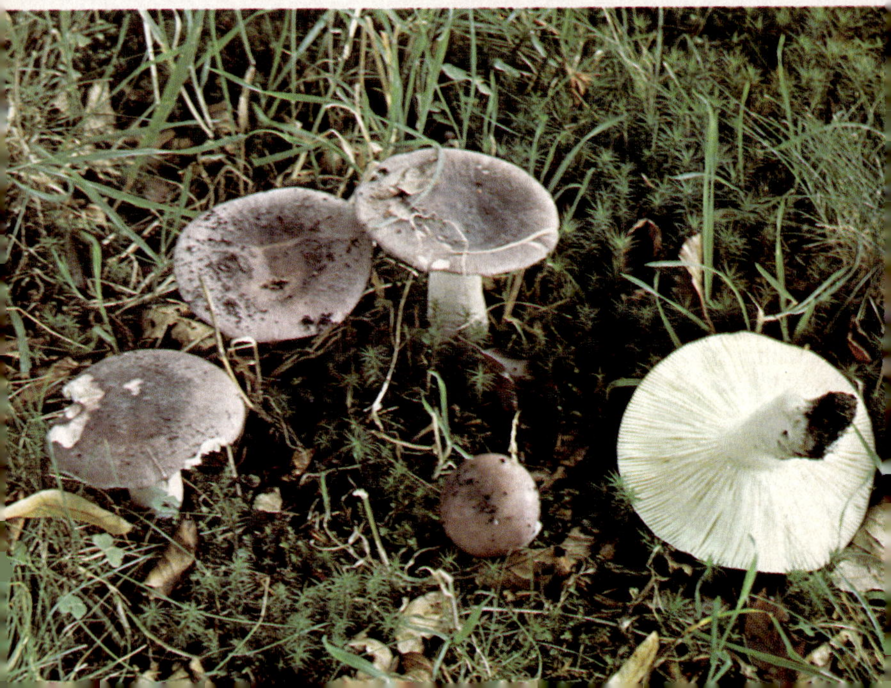

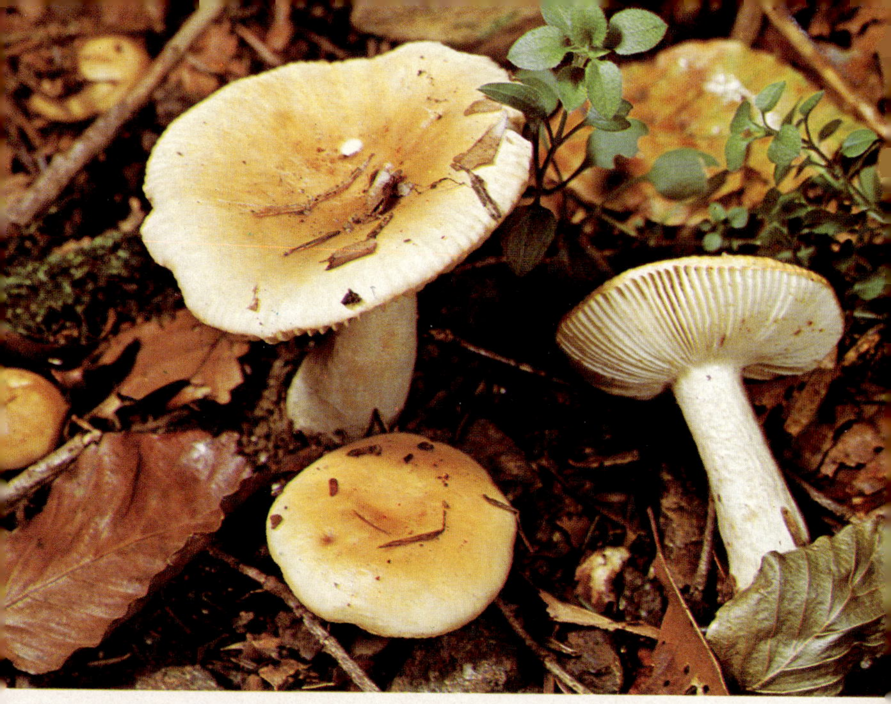

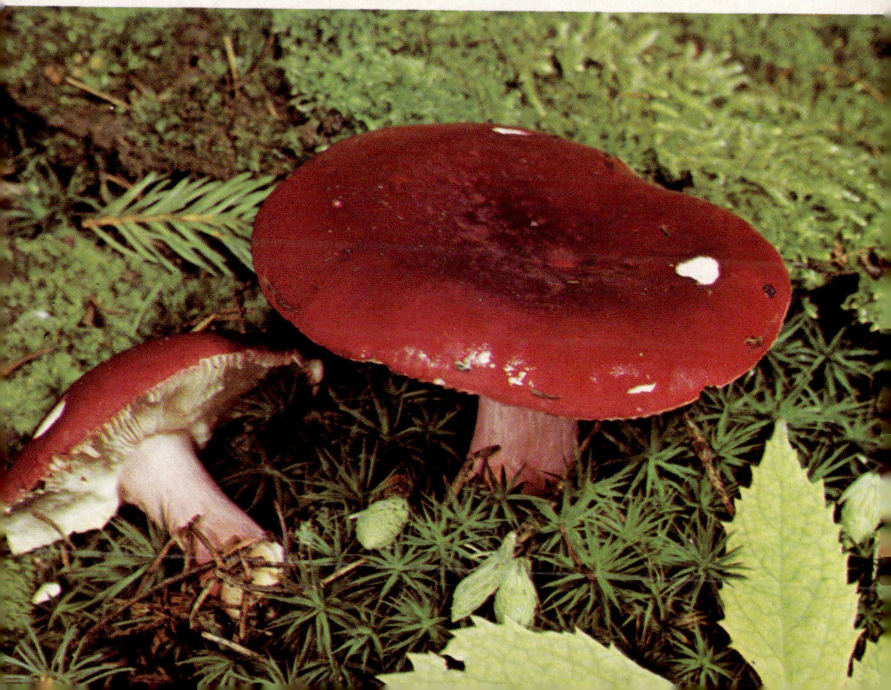

◄ **44** RUSSULA OCHROLEUCA, Zitronentäubling (erwachsen; junge Exemplare in der Mitte und links)

Klasse: BASIDIOMYCETES (Ständerpilze)
Ordnung: ASTEROSPORALES (Stachelsporenpilze)

Der Name dieses Täublings bezieht sich auf die Hutfarbe, die zwischen der von reifen und von unreifen Zitronen schwankt. Der mäßig fleischige Hut ist am Rande glatt, selten im Alter etwas gerippt. Die weißen Lamellen bleiben auch später hell, während der weiße Stiel sich zuletzt von unten herauf schwach grau verfärbt.
Vorkommen: Der Zitronentäubling ist im Sommer und Herbst vor allem in Nadelwäldern häufig, wird aber auch im Laubwald gefunden.
Anmerkung: Trotz des roh scharf schmeckenden Fleisches ist Russula ochroleuca eßbar, da sich die Schärfe beim Kochen verliert. Sehr ähnlich ist der in allen Teilen ockergelbliche Gallentäubling (Russula fellea), dessen ebenfalls scharfes Fleisch etwas nach Apfelkompott riecht, aber ungenießbar ist.

◄ **45** RUSSULA XERAMPELINA, Heringstäubling (ausgewachsen)

Klasse: BASIDIOMYCETES (Ständerpilze)
Ordnung: ASTEROSPORALES (Stachelsporenpilze)

Der Hut des Heringstäublings kommt in verschiedenen Farbtönungen vor, von braunpurpur bis blutrot mit dunklerer und sogar schwärzlicher Mitte; die weißlichen Lamellen werden allmählich ockergelb und sind ziemlich breit. Der Stiel zeigt immer irgendwo eine purpurrosa Farbe. Der Pilz ist an seinem an gekochten Krebs oder Hering erinnernden Geruch und an dem Braunanlaufen bei Bruch oder im Alter leicht zu erkennen.
Vorkommen: Im Herbst unter Nadelbäumen nicht selten. Wächst zerstreut, nie in dichteren Gruppen.

eingehen. In der Jugend sind die Primordien oft von einer vergänglichen Hülle, dem ›Velum universale‹, eingeschlossen; sobald der junge Fruchtkörper zu wachsen beginnt, verschwindet dieses Velum bald oder hinterläßt zuweilen Spuren in Form von Fasern zwischen Hutrand und Stiel (›Cortina‹). Ist dieses Velum von dauerhafter Beschaffenheit, dann zerreißt es nur langsam, wobei es Spuren an der Stielbasis (›Volva‹) und gegebenenfalls auf dem Hut (z.B. Warzen der Wulstlinge) hinterlassen kann. Schließlich kann noch ein weiteres Velum, das ›Velum partiale‹, vorhanden sein, das nur das junge Hymenium schützt, indem es den zwischen Stiel und noch eingerolltem jungem Hutrand verbleibenden Zwischenraum ausfüllt: es ist bei jungen Wulstlingen oder jungen Zuchtchampignons leicht zu erkennen. Wenn sich der Hut zur Reifezeit ausbreitet, hat sich dieses Partialvelum vom Hutrand losgelöst, bleibt aber am Stiel haften und bildet, an ihm herabhängend, den für gewisse Pilzarten bezeichnenden ›Ring‹.

Falls sich das junge Hymenium entwickelt, ohne daß die Fruchtkörper oberflächlich von Velumbildungen geschützt werden, dann besitzt der Pilz ein ›gymnocarpes‹ Wachstum. Das trifft für die Aphyllophorales (s. S. 102) und die Mehrzahl der Boletales (s. S. 113) zu, doch können auch gewisse Agaricales einem derartigen Entwicklungstyp angehören. Wenn dagegen fast das ganze Wachstum im Inneren von Membranen oder in geschlossenen Hohlräumen abläuft, dann ist die Entwicklung ›angiocarp‹ (Gasterales, s. S. 213). Endlich kommt es oft vor, daß das Hymenium anfangs durch eine oder mehrere Membranen geschützt wird, diese aber während des Heranwachsens zerreißen; dann liegt ›hemiangiocarpe‹ Entwicklung vor, wie sie bei den Agaricales (s. S. 145) häufig ist.

Wenn auch diese drei Typen der Fruchtkörperentwicklung anhand bezeichnender, günstig ausgewählter Beispiele leicht zu charakterisieren sind, so kennt man doch zahlreiche Übergangsformen, die es geraten erscheinen lassen, diese Definitionen der Entwicklungstypen nur in sehr eingeschränktem Sinne auszulegen. Es werden sogar Fälle von ›pseudoangiocarpem‹ Wachstum angeführt (z.B. bei den Röhrlingen mit Ring, s. S. 117), bei dem das Hymenium von keinerlei Velum überdeckt ist, wo aber eine nachträglich festgefügte Verbindung zwischen dem noch eingerollten Hutrand und dem Stiel Hemiangiocarpie vortäuscht und zu einem aus den Resten jenes Verbindungsmycels aufgebauten ›Pseudoring‹ und nicht zu einem echten Velum führt.

Die unüberschaubare Gesamtheit der Homobasidiomyceten umfaßt eine sehr große Zahl von Pilzarten, die in einigen wenigen Ordnungen untergebracht werden konnten; manche von diesen sind verhältnismäßig homo-

46 LACTARIUS CHRYSORRHEUS, Goldflüssiger Milchling ▶
(in verschiedenen Entwicklungsstadien)

Klasse: BASIDIOMYCETES (Ständerpilze)
Ordnung: ASTEROSPORALES (Stachelsporenpilze)

Die Milchlinge gehören wie die Täublinge zu den Asterosporales. Sie besitzen das gleiche bröckeligmürbe Fleisch, lassen aber beim Anbruch Milchtropfen austreten. Diese Milch wird bei Lactarius chrysorrheus rasch lebhaft gelb und hat einen sehr scharfen Geschmack. Der Hut ist stellenweise gelbfleckig, die Lamellen laufen an dem weißlichen, cremegelb gefleckten Stiel herunter.
Vorkommen: Man trifft diesen Milchling in Laubwäldern, hauptsächlich unter Eichen, nicht selten an. Wegen der Schärfe seines Fleisches ist er ungenießbar.

47 LACTARIUS DELICIOSUS, Echter Reizker ▶
(fast erwachsen; unten ein junger Pilz)

Klasse: BASIDIOMYCETES (Ständerpilze)
Ordnung: ASTEROSPORALES (Stachelsporenpilze)

Die nur leicht scharfe Milch ist bei diesem Pilz orangerot, der Hut ebenfalls orangefarben und wird nach und nach grünfleckig. Die Lamellen sind orange- oder karottenrot und verfärben sich, wie im übrigen der ganze Pilz, allmählich ins Grüne. Der Stiel ist gewöhnlich etwas heller als der Hut, hat aber dieselben Farben.
Vorkommen: Lactarius deliciosus erscheint im Spätsommer und Herbst unter Nadelbäumen oder im hohen Gras in der Nähe dieser Bäume (Abb.: var. piceae, die Varietät Fichtenreizker).
Anmerkung: Der Echte Reizker ist nur gebraten besonders wohlschmeckend. Ein hervorragender Speisepilz ist dagegen der Blutreizker (Lactarius sanguifluus), dessen Milch violettlich weinrot statt orange gefärbt ist. Er ist mehr in Südeuropa verbreitet und kommt z. B. in Südfrankreich auf den Markt.

100

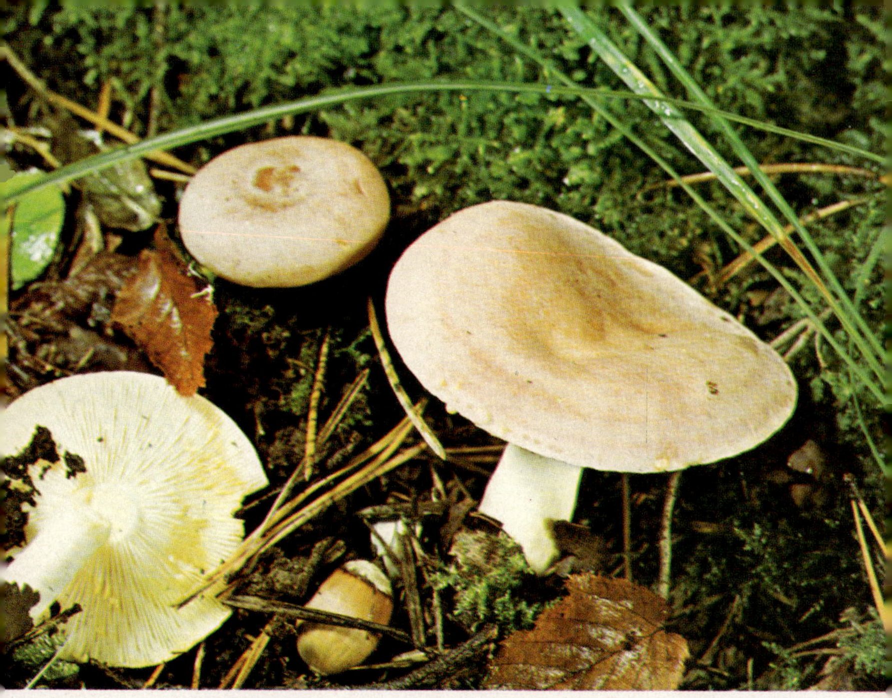
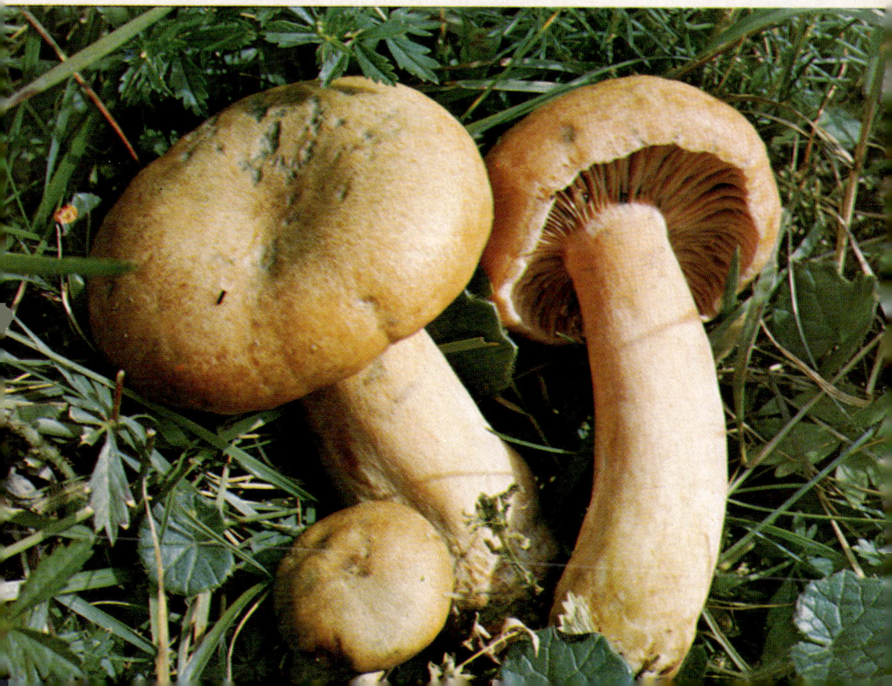

gen, andere sehr heterogen oder gar künstlich. Wir stoßen hier auf die gleichen Bedenken, die gleichen Schwierigkeiten wie in unserem kurzgefaßten Abschnitt über die Systematik der Ascomyceten.

Die *Aphyllophorales*. An der Basis der gesamten Homobasidiomyceten stehend, erscheint diese Ordnung sehr heterogen, denn sie vereinigt Arten, die in ihrer morphologischen Ausgestaltung nur geringe Unterschiede aufweisen. Neben Pilzen mit unbestimmter Gestaltung wie die Tomentellen finden wir unter den geringer strukturierten Aphyllophoralen Arten, die fast nur auf altem Holz ausgebreitete (Corticium) oder an den Rändern aufgebogene Krusten (Aleurodiscus) darstellen. Bei den Cyphellen zeichnen sich mehr oder weniger deutlich Becherformen ab, die gestielt sein können, also Fruchtkörper auf höherer Strukturstufe, wenn auch von geringer Größe. Mit den Stereumarten wie Stereum purpureum (Abb. 104) gelangt man erstmals zu ansehnlichen, wohlausgebildeten Pilzfruchtkörpern in Form von ebenen oder welligen Platten, die stets deutlich von ihrer Unterlage abstehen. Das Hymenium ist bei Stereum wie bei den vorgenannten Aphyllophoralen durchweg glatt, die fertile, mit den Basidien besetzte Außenfläche immer noch eben.

Bei Thelephora, Pilzen mit faserigen bis lederigen, aufrecht oder als Krusten wachsenden Fruchtkörpern, beginnt das Hymenium sich zu runzeln. Noch deutlicher wird es bei Phlebia gefaltet; die Falten können Querverbindungen bekommen und verleihen dann der Fruchtschicht ein genetztes Aussehen, das bei den Fältlingen (Gattungen Merulius und Gyrophana, Abb. 97) den Anschein von unregelmäßigen, unterentwickelten Poren annehmen kann.

Die *Stachelpilze*. Für diese Aphyllophoralen ist charakteristisch, daß sie ihr Hymenium auf gezähnten oder bestachelten Flächen ausbilden; es handelt sich um eine praktisch auf diesem einzigen Merkmal begründete heterogene Gruppe. Hier begegnet man den Arten von Hericium, fleischigen, auf Holz vorkommenden Pilzen von z. T. großem Umfang (Hericium coralloides oder Stachelbart, Hericium erinaceus) und erdbewohnenden Arten, deren fleischiger Hut einem Stiel aufsitzt und unterseits mit feinen Stacheln besetzt ist (Hydnum repandum oder Semmelstoppelpilz, Fig. 17 und Abb. 17), und Sarcodon imbricatum oder Habichtspilz, Abb. 18); es gehören ferner hierher Calodon, von den vorigen durch sein zähes, oft farbiges Fleisch unterschieden, Auriscalpium (Abb. 96) und Mycoleptodon. In die Nähe dieser Pilze stellt man auch holzbewohnende Arten, die eigentlich nur spitz bestachelte Krusten darstellen (Radulum, Acia, Odontia).

Der *Leberpilz* (Abb. 19) besitzt nicht, wie die Porlinge, eine mit Poren versehene, sondern eine aus freien, voneinander unabhängigen Röhren zusammengesetzte Hymenialschicht. Daher wird ihm oft innerhalb der Aphyllophorales mit höher entwickeltem Fruchtkörperbau ein besonderer Platz zugewiesen.

Die *Porlinge* stellen eine bedeutende Gruppe dar, sowohl was die Zahl und die Verschiedenartigkeit ihrer Vertreter betrifft als auch die Rolle, die sie als Holzzerstörer im Wald und nach der Holzfällung spielen. Bei ihnen wird die Hymenialfläche in typischer Weise aus verwachsenen Röhrchen aufgebaut, die entweder ganz regelmäßig eng stehen und der Hutunterseite das Aussehen eines feinen Siebes verleihen oder weniger regelmäßig rundlich, vielmehr eilänglich aussehen und sich sogar so sehr in die Länge ziehen können, daß die vom Hymenium überzogenen Flächen der Unterseite mehr oder weniger lamellig erscheinen.
Man trifft hier zwar ein paar erdbewohnende Arten mit noch zartem Fleisch an, so z.B. Caloporus pes-caprae (Abb. 20), aber die Porlinge sind so gut wie ausnahmslos Holzbewohner, die an dem von ihnen befallenen Holz hervorwachsen. Polyporus hat einen fleischigen, mit dem Alter zäh werdenden Hut und wie Caloporus einen für gewöhnlich wohlentwickelten Stiel, die Arten sind aber Holzbewohner; wenn ihre Fruchtkörper oft von geringer Größe sind (Polyporus varius, P. brumalis), so können diejenigen des Polyporus squamosus beachtliche Größe annehmen (bis zu 30 cm Durchmesser). Wie sie haben die Gripholaarten anfänglich ein zartes Fleisch und kommen an Stämmen und Stümpfen vor, wo sie sich als aktive Holzzerstörer betätigen; sie sind von Polyporus durch ihre ästig

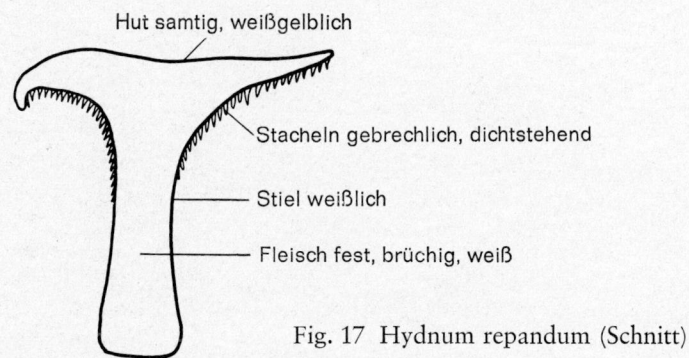

Hut samtig, weißgelblich

Stacheln gebrechlich, dichtstehend

Stiel weißlich

Fleisch fest, brüchig, weiß

Fig. 17 Hydnum repandum (Schnitt)

103

zerteilten Fruchtkörper unterschieden: Griphola sulfurea (Abb. 21) bildet ausgedehnte, dachziegelig übereinander angeordnete Platten, während Griphola umbellata (Abb. 22) mächtige Fruchtkörper aufbaut, die aussehen, als wären viele Hütchen auf einen gemeinsamen, dicken Strunk gepflanzt worden; gewisse Porlinge, wie Griphola gigantea, können riesige Ausmaße, bis zu 1 m, erreichen.

Leptoporus und Spongipellis sitzen im Gegenteil unmittelbar dem Holz seitlich an; die Hüte sind bei den ersteren weniger, bei Spongipellis jedoch deutlich verdickt und schwammig, schließlich verhärten sie. Auch bei der Gattung Phaeolus (Phaeolus schweinitzii, Abb. 23) findet sich ein schwammiger, im Alter verhärtender Hut, aber das Fleisch ist gefärbt, nicht weiß wie das der beiden vorhergehenden Gattungen.

Alle bis jetzt aufgeführten Porlinge haben, wenigstens in der Jugend, eine saftige oder schwachkorkige, jedoch nie von Anfang an sehr harte Substanz, andere bilden Fruchtkörper, deren Konsistenz von vornherein ganz hart ist. Dies trifft auf die Trameten zu, ungestielte Porlinge, deren Röhren keine deutlich von der Substanz getrennte Schicht bilden, sondern wie hineingebohrt aussehen (Fig. 18). Die wichtigste Gattung dieser Gruppe ist Trametes (T. gibbosa, Abb. 24), in deren Nähe Lenzites ihren Platz findet; das sind Pilze, die nichts anderes als Trameten darstellen, deren Fruchtschicht nicht mehr porig, sondern infolge entsprechender Abwandlung der Poren lamellig aussieht, während Trameten mit sehr dünnen Hüten zu Coriolus gestellt werden. Im Gegensatz dazu bilden bei den

◄ 48 LACTARIUS TORMINOSUS, Birkenreizker
(im ausgewachsenen Zustand; ein junger Pilz rechts unten)

Klasse: BASIDIOMYCETES (Ständerpilze)
Ordnung: ASTEROSPORALES (Stachelsporenpilze)

Lactarius torminosus ist ein Milchling mit rosarötlichem Hut, oft mit abwechselnd helleren und dunkleren konzentrischen Zonen und dichter wolliger Haarbekleidung. Die Milch ist hier weiß und sehr scharf wie das ganze ungenießbare Fleisch dieses Pilzes. Die Lamellen sind fleischcremefarben und gedrängt. Der kurze, feste Stiel wird bei älteren Exemplaren hohl; er ist nur wenig heller als der Hut.

Vorkommen: Häufig im Sommer und Herbst, in lichten Wäldern, stets in der Nähe von Birken und besonders gern an etwas feuchten Plätzen.

49 HYGROPHORUS CONICUS, Schwärzender Saftling ▶
(links ein erwachsener Pilz; die beiden anderen sind etwas jünger)

Klasse: BASIDIOMYCETES (Ständerpilze)
Ordnung: AGARICALES (Blätterpilze)

Die Hygrophoreen sind Pilze mit saftreichem Fleisch und nicht vom Hut ablösbarem Stiel, mit im Hut gebrechlichem oder festerem Fleisch, das im Stiel oft etwas faserig ist; viele Arten fallen durch lebhafte Farben auf.

Der Schwärzende Saftling besitzt einen kegeligen, schwachfleischigen, gebrechlichen Hut, dessen Gelbfarbe mehr oder weniger ins Orange neigt und im Alter stellenweise schwarz wird. Der hohle, gelbe Stiel ist gewöhnlich weniger orangegetönt als der Hut, schwärzt gleichfalls wie auch die Lamellen (Exemplar links).

Vorkommen: Man findet den Pilz häufig auf Wiesen, an grasigen, offenen, besonnten Orten, in Heiden usw.

Anmerkung: Ein naher Verwandter, vielleicht nur eine Varietät von ihm, ist Hygrophorus nigrescens, von oft größerem Wuchs, mit etwas kräftiger rotem Hut und deutlicher gelbem Stiel, der noch intensiver schwärzt (die im Bild wiedergegebenen Pilze stehen übrigens der Varietät nigrescens näher als dem Typus von Hygrophorus conicus); demgegenüber schwärzen die übrigen Saftlinge dieser Gruppe nicht oder kaum (s. S. 149).

50 HYGROPHORUS EBURNEUS, Elfenbeinschneckling ▶
(fast ausgewachsene Exemplare)

Klasse: BASIDIOMYCETES (Ständerpilze)
Ordnung: AGARICALES (Blätterpilze)

Ein schön weißer Hygrophorus (Wachsblättler), sehr klebrig oder sogar schleimig; sein Hut ist in der Mitte gebuckelt, erst weiß, färbt sich aber etwas gelb. Die Lamellen sind weiß, stehen voneinander entfernt und laufen am schlanken, schmächtigen, zur Basis hin dünner werdenden Stiel herab; sie gilben ein wenig wie der Hut.

Vorkommen und *Anmerkung:* Er ist in der so gut wie geruchlosen Form in Wäldern häufig, kommt aber auch in einer stark, fast säuerlich riechenden Form vor. Der Geruch erinnert an den der Raupe des Weidenbohrers (Cossus). Diese Form wird oft unter dem Namen Hygrophorus cossus abgetrennt.

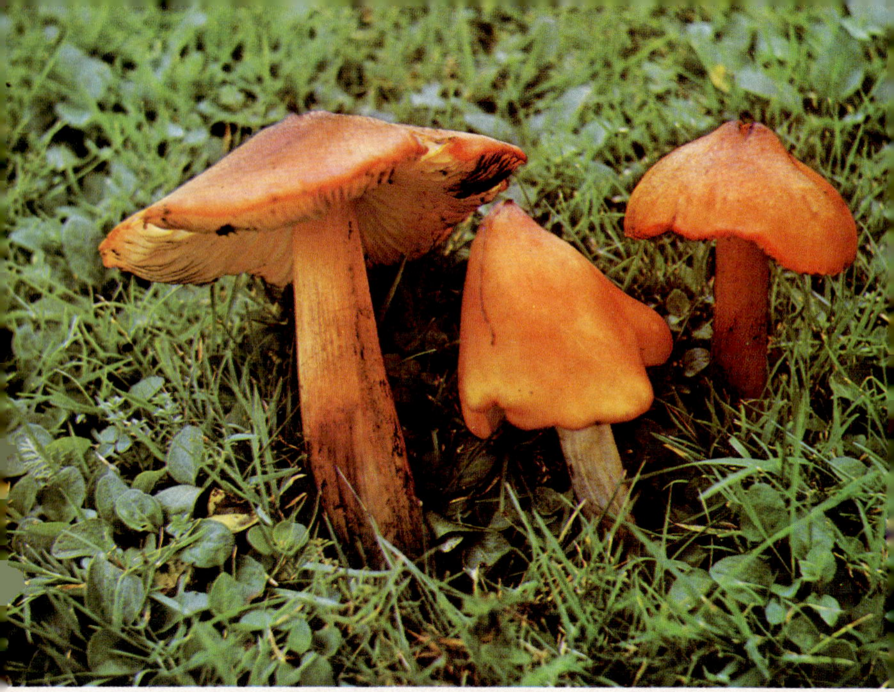

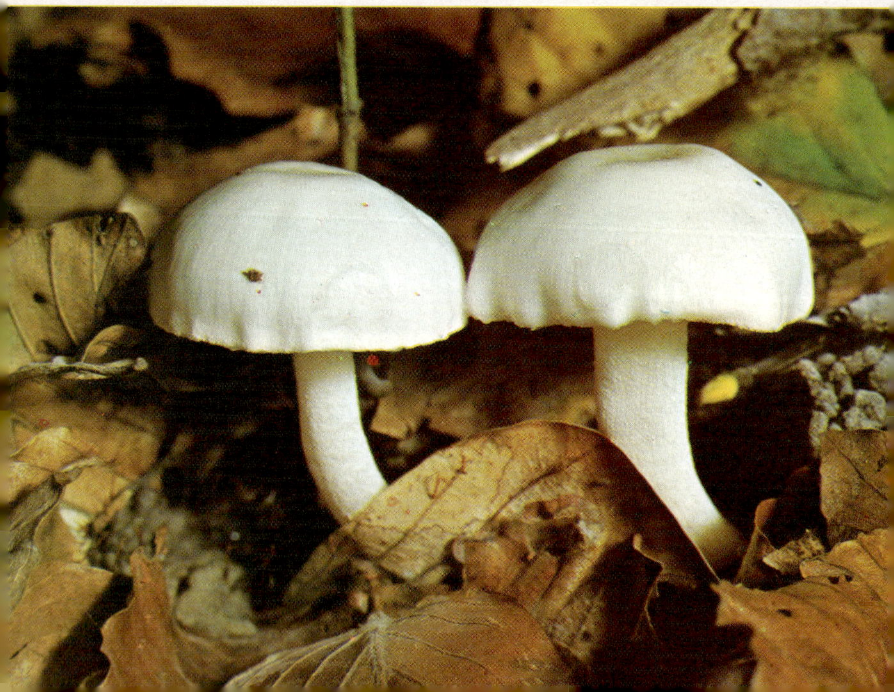

51 HYGROPHORUS RUSSULA, Geflecktblättriger Purpurschneckling (in verschiedenen Stadien)

Klasse: BASIDIOMYCETES (Ständerpilze)
Ordnung: AGARICALES (Blätterpilze)

Dieser große, gedrungene Schneckling besitzt einen rosenfarbenen, mit kräftiger roten Flecken gesprenkelten Hut; sein Stiel ist meist heller, besonders in seinem oberen Teil. Die ziemlich gedrängt stehenden Lamellen laufen bei dieser Art nicht so weit an dem festfleischigen Stiel herunter.

Vorkommen: Hygrophorus russula stellt sich im Laubwald gegen Ende des Sommers und während des ganzen Herbstes ein, gelegentlich mit einiger Verspätung, ohne jemals in großen Mengen aufzutreten.

Anmerkung: Wegen seines kräftigen Habitus und seiner ziemlich gedrängten, nur wenig herablaufenden Lamellen wurde dieser Pilz mit den Ritterlingen in Verbindung gebracht, aber er zeigt doch mehr Anklänge an die Schnecklinge. ▼

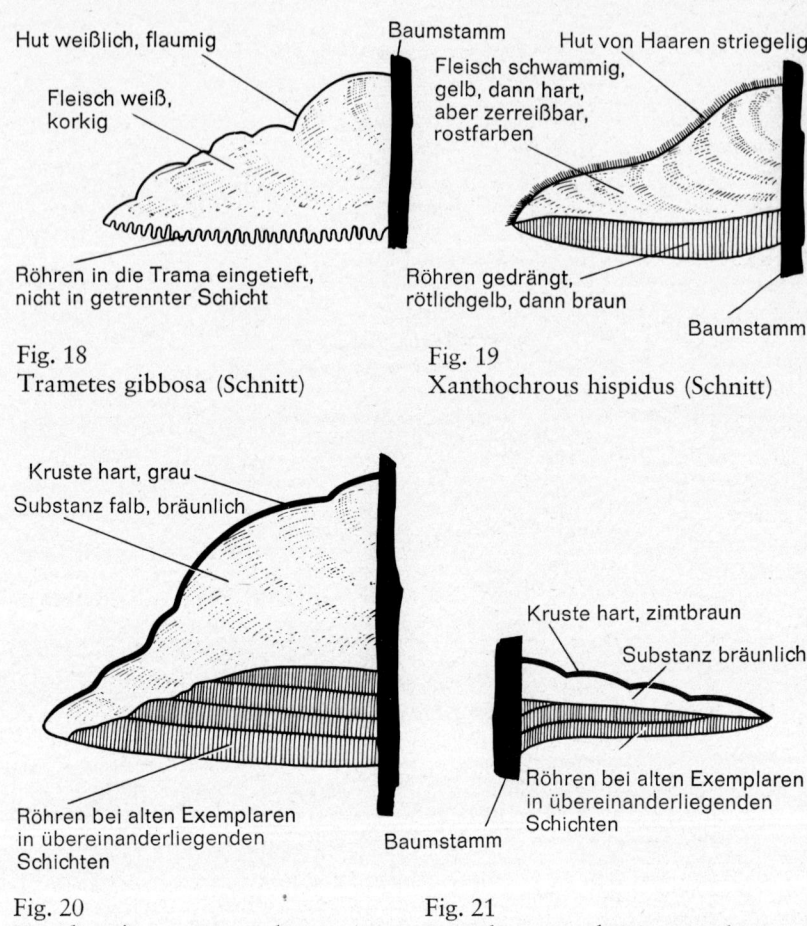

Fig. 18
Trametes gibbosa (Schnitt)

Hut weißlich, flaumig

Fleisch weiß, korkig

Röhren in die Trama eingetieft, nicht in getrennter Schicht

Baumstamm

Hut von Haaren striegelig

Fleisch schwammig, gelb, dann hart, aber zerreißbar, rostfarben

Röhren gedrängt, rötlichgelb, dann braun

Baumstamm

Fig. 19
Xanthochrous hispidus (Schnitt)

Kruste hart, grau
Substanz falb, bräunlich

Röhren bei alten Exemplaren in übereinanderliegenden Schichten

Fig. 20
Ungulina fomentaria (Schnitt)

Kruste hart, zimtbraun

Substanz bräunlich

Röhren bei alten Exemplaren in übereinanderliegenden Schichten

Baumstamm

Fig. 21
Ganoderma applanatum (Schnitt)

nachstehend aufgeführten Gattungen die Röhren eine von der Hutsubstanz deutlich getrennte Schicht: so bei Xanthochrous mit gelbgefärbter Substanz (Fig. 19), bei Phellinus, darunter manche mit Riesenwuchs, bei den Ungulinen (wie Ungulina fomentaria oder Zunderschwamm, Fig. 20, mächtige Gebilde, deren faserige Substanz nach dem Trocknen den Zunder gibt) und bei den Ganodermen (Fig. 21, Abb. 4 und 25); die Fruchtkörper von Ungulina und Ganoderma sind von einer sehr harten Kruste überzogen. Die abgesetzte Röhrenschicht ist bei diesen Pilzen an einem Längsschnitt leicht festzustellen.

Die *Keulenpilze*. Ihre Fruchtkörper stehen stets aufrecht, sind einfach oder verzweigt, aber die Gruppe ist sowohl hinsichtlich der Anatomie und Struktur ihrer Vertreter als auch der morphologischen Eigentümlichkeiten ihrer Basidiosporen uneinheitlich. Bei der Gattung Ramaria (Ramaria stricta, Abb. 26) mit oft dickem, verästeltem Strunk zeigen die Sporen gehäuft immer ockerliche Töne. Die Clavariaarten dagegen besitzen allermeist weiße Sporen; z. T. sind sie noch ästig (Clavulina), dann aber schmächtiger als Ramaria: so bei Clavaria (Clavulina) cristata, einer weißlichen, in unseren Wäldern sehr häufigen Art mit oft unregelmäßigen Ästchen und feinen, gezähnten Enden. Andere Clavarien sind im Gegenteil einfach, kleinwüchsig und schmächtig (Clavella) oder kräftig und gedrungen (Clavariadelphus); Clavaria (Clavella) vermicularis (Abb. 27) und Clavaria (Clavariadelphus) pistillaris (Abb. 28) liefern uns zwei gute Beispiele für Vertreter dieser beiden Untergruppen.

In die Nachbarschaft der Ramarien und Clavarien hat man verschiedene Pilze gebracht, deren Haltung mehr oder weniger an die der Clavarien erinnert (Pistillaria, Pterula, Typhula usw. und sogar vereinzelt Thelephora, von der wir oben gesprochen haben, s. S. 102), die aber nicht durchweg wirkliche Verwandtschaft mit diesen verbindet.

Sparassis, so die Sparassis crispa (Abb. 29), ist eine den verzweigten Clavarien sehr nahestehende Gattung. Die von einem dicken, gemeinsamen Strunk ausgehenden Äste sind hier abgeflacht und bilden übereinanderliegende, verflochtene Bänder. Sparassisarten können eine verhältmäßig bedeutende Größe erreichen (30 cm).

Die *Leistlinge*. Auf der Grenze zwischen der Ordnung der Aphyllophorales und der der Agaricales werden die Leistlinge, je nach dem Autor, in die eine oder die andere Gruppe gestellt. Die gelben oder wenigstens z. T. gelben echten Leistlinge (Cantharellus cibarius, der Pfifferling, Fig. 22, Abb. 30, Cantharellus tubaeformis, Abb. 31) haben eine gerunzelte Hymenialschicht, mit einfachen oder öfters gabeligen, ausgeprägten Falten, die aber noch nicht das Aussehen und die Merkmale der echten Lamellen der Blätterpilze (Agaricales) besitzen.

Die *Kraterellen* (Craterellus cornucopioides, Abb. 32), von schwärzlich-graubrauner Färbung, zeigen eine glatte Fruchtschicht, die aber auch von

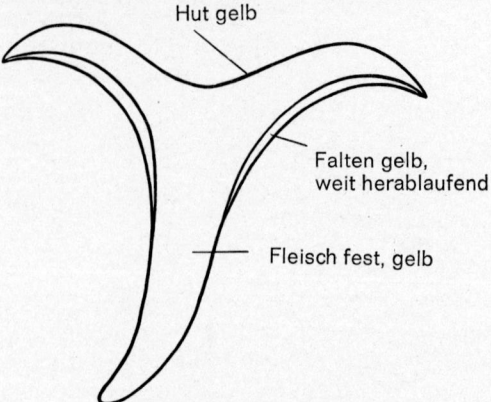

Hut gelb

Falten gelb,
weit herablaufend

Fleisch fest, gelb

Fig. 22 Cantharellus cibarius (Schnitt)

sehr flachen, voneinander entfernt am hohlen Stiel herablaufenden Falten gefurcht sein kann. Craterellus steht den Agaricales weit weniger nahe, als man es für die echten Pfifferlinge anzunehmen geneigt ist. Der im Gebirge unter Nadelbäumen nicht seltene Gomphus clavatus (Abb. 33) ist eine Art Pfifferling mit ockerbraunem, mehr abgestutztem als eingetieftem Hutscheitel von kräftigem Habitus, dessen hymeniale Fruchtschicht und auch der Stiel violett getönt sind.

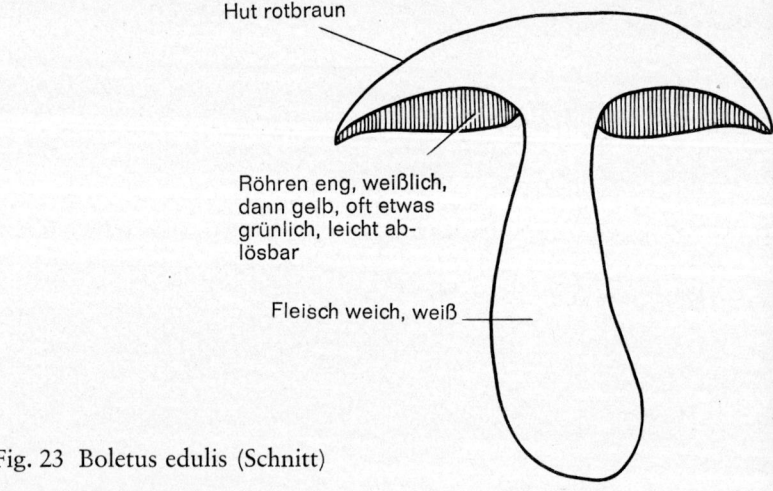

Hut rotbraun

Röhren eng, weißlich,
dann gelb, oft etwas
grünlich, leicht ab-
lösbar

Fleisch weich, weiß

Fig. 23 Boletus edulis (Schnitt)

Die *Boletales*. Das sind der Steinpilz und seine Verwandten, Röhrlinge genannt, bei allen Pilzsammlern wohlbekannte, saftigfleischige Pilze; sie sind gekennzeichnet durch engstehende Röhrchen unter dem Hut (Fig. 23), die von der Fruchtschicht, dem Hymenium, ausgekleidet sind. Man kann sie (als ›Futter‹) leicht vom Hutfleisch ablösen und tut es zumeist auch vor der Zubereitung.

Die wichtigste Gattung dieser Gruppe ist die Gattung Boletus, deren Basidiosporen gefärbt sind (rosa, ocker, bräunlich oder oliv). Sie konnte in mehrere Untergattungen aufgeteilt werden; einige zeichnen sich durch einen festen, faserigen, von groben, dunkel gefärbten Schuppen aufgerauhten Stiel aus: man bezeichnet sie als ›Rauhfüße‹ (Leccinum). Es sind Speisepilze mittlerer Güte, von denen eigentlich nur und in Ermangelung anderer Röhrlinge die Rotkappe, Boletus (Leccinum) rufus (Abb. 34), gesammelt wird. Diese Art ist in grasigen Lichtungen und im Unterholz häufig anzutreffen. Man begegnet auch oft Boletus (Leccinum) scaber, dessen halbkugeliger Hut dunkelgrau und im Jugendzustand feinfilzig ist; seine Poren sind weißlich, der Stiel ist von aufgerichteten Schüppchen ganz rauh; er kommt unter Birken überall vor. Boletus (Leccinum) carpini ist nahe verwandt und wurde lange Zeit mit ihm verwechselt; er wächst stets unter Hainbuchen.

Die Röhrlinge aus der Untergattung Tubiporus sind zahlreich, manche davon sehr gesucht. Das gilt namentlich für vier große Arten mit nicht blauendem Fleisch: Boletus (Tubiporus) edulis (Abb. 36), unter den Namen

52 TRICHOLOMA SULFUREUM, Schwefelritterling (ausgewachsene Pilze) ▶

Klasse: BASIDIOMYCETES (Ständerpilze)
Ordnung: AGARICALES (Blätterpilze)

Tricholoma sulfureum ist ganz schwefelgelb, hat einen schwach gebuckelten Hut und dicke, entfernt stehende Lamellen; der faserige, langgestreckte Stiel ist immer ein wenig gestreift. Es entströmt ihm ein starker, unangenehmer Geruch, der an den von Leuchtgas erinnert.

Vorkommen: Der Schwefelritterling ist im Herbst in Laubwäldern sehr häufig anzutreffen.

Anmerkung: Tricholoma sulfureum ist ohne Speisewert; sein Geruch genügt schon, um ihn aus der Küche zu verbannen. Diesem ganz gelben Pilz mit im Alter leicht gebräunter Hutmitte ist Tricholoma bufonium ähnlich; er unterscheidet sich durch braunrötlichen Hutbuckel. Lamellen und Stiel sind wie beim vorigen schwefelgelb.

53 TRICHOLOMOPSIS DECORA, Olivgelber Holzritterling ▲
    (in verschiedenen Entwicklungsstadien)

Klasse: BASIDIOMYCETES (Ständerpilze)
Ordnung: AGARICALES (Blätterpilze)

Die Holzritterlinge haben ganz die Haltung der echten Ritterlinge und werden deshalb oft zu ihnen gerechnet (s. S. 152), doch sind sie Holz- nicht Erdbewohner. Tricholomopsis decora ist ein hübscher Pilz mit goldgelbem Hut, den olivbraune Schüppchen zieren; der Stiel ist gleichfalls gelb.

Vorkommen: Wächst in den Nadelwäldern der höheren Gebirge Mitteleuropas und steigt in weiter nördlich gelegenen Gebieten bis in die Tiefebene hinunter.

Anmerkung: Ein anderer Holzritterling, Tricholomopsis rutilans, mit zahlreichen purpurnen Faserschuppen auf gelbem Grund, gelben Lamellen und einem unter dem Hut gleichgefärbten, oben blasseren Stiel kommt häufig auf faulenden Stümpfen und an toten Stämmen der Nadelhölzer vor.

Stein- oder Herrenpilz allgemein bekannt, Boletus (Tubiporus) aereus, der Schwarze Steinpilz, mit dunklerem Hut und mehr südlicher Verbreitung, Boletus (Tubiporus) pinicola (Abb. 37), ein ebenso guter Speisepilz wie die vorhergehenden, und Boletus (Tubiporus) reticulatus, der Sommersteinpilz, eine etwas früher im Jahr erscheinende Art, deren süßlicher Geschmack aber nicht allgemein geschätzt wird.

Neben diesen vier Pilzen findet man eine ganze Anzahl von Tubiporusarten, deren Fleisch an der Luft bei Anbruch blaut. Manche haben rote Poren wie Boletus (Tubiporus) luridus, der Netzstielige Hexenpilz, ein ausgezeichneter Speisepilz mit schön rotgenetztem Stiel, ferner Boletus (Tubiporus) erythropus (Abb. 6), ebenfalls eßbar, mit gelbem, dichtgedrängt rotpunktiertem Stiel, oder der Satanspilz (Boletus satanas) mit weißlichem, dickem, hochgewölbtem Hut und gedrungenem, stark verdicktem, mit einem roten Netz geschmückten Stiel; sein schlechter Ruf entspricht seiner Unbekömmlichkeit. Andere Tubiporusarten mit gleichfalls blauendem Fleisch haben nicht rote, sondern schön gelbe Poren, wie Boletus (Tubiporus) calopus mit gelbem, rotgenetztem Stiel und bitterem Fleisch, Boletus (Tubiporus) regius und Boletus (Tubiporus) appendiculatus mit mild schmeckendem Fleisch usw.

In der Untergattung Xerocomus sind zahlreiche Arten oder Formen zusammengefaßt, die dem Boletus (Xerocomus) subtomentosus und Boletus (Xerocomus) chrysenteron (Abb. 35) mehr oder weniger nahestehen. Diese beiden ziemlich schlankwüchsigen Röhrlinge besitzen einen samtigen, lohbraunen, oft zerklüfteten Hut (bei B. chrysenteron nehmen die Ränder der Risse eine zartrote Tönung an). Die Poren sind gelb, weiter und weniger regelmäßig rundlich als bei Tubiporus; der harte Stiel des B. subtomentosus ist stets gelb, bei B. chrysenteron irgendwo rotgetönt. In die Verwandtschaft der Gattung Xerocomus stellt man auch den Maronenpilz (Boletus badius, Abb. 38), dessen Hut zwar noch samtig, doch aber auch oft etwas klebrig ist, und dessen grüngelbliche, ziemlich weiche Röhren sich in charakteristischer Weise blaugrün verfärben, wenn man sie mit dem Finger zusammendrückt. Er ist einer der besten Röhrlinge, auch wenn er bei den Pilzsammlern im allgemeinen nicht genügend bekannt ist. Auch Boletus parasiticus, ein kleiner, durch sein parasitisches Wachstum auf Kartoffelbovisten (s. S. 214) bemerkenswerter Röhrling, steht der Gattung Xerocomus nahe.

Die Arten der Untergattung Suillus sind an Nadelbäume gebundene, weichfleischige Röhrlinge, deren Hut mit einer klebrigen, leicht abziehbaren Haut bedeckt ist. Unter Kiefern trifft man häufig die Butterpilze: den beringten Butterpilz, Boletus (Suillus) luteus (Abb. 39), mit rotbraunem Hut und lebhaft gelben Poren, die in der Jugend durch einen Hautring verhüllt sind (dieser falsche Ring geht auf ein pseudoangiocarpes Wachstum zurück, s. S. 99), ferner den ringlosen Schmerling, Boletus (Suillus) granulatus, beides vorzügliche Speisepilze, aber leider oft bald vermadet. Mittelmäßige Eßpilze sind die ebenfalls unter Kiefern wachsenden Röhrlinge, Boletus (Suillus) bovinus, der Kuhröhrling, und Boletus (Suillus) variegatus, der Sandröhrling, der erstere mit gelbbraunem Hut und weiten, eckigen, olivbraunen Röhren, der letztere mit feuchtem, von braunen, sich vom helleren Grund abhebenden Schüppchen bedecktem Hut. Bestimmte Schleimröhrlinge (Suillus), wie Boletus (Suillus) elegans, der wie der Butterpilz einen ›Pseudoring‹ am Stiel trägt, sind streng an Lärchen gebunden, andere wiederum können unter verschiedenen Nadelbäumen vorkommen: dies trifft auf Boletus (Suillus) piperatus, einen kleinwüchsigen Röhrling mit gelbem Stiel und kupferfarbigem Hut, zu; sein pfefferartig scharf schmeckendes Fleisch macht ihn ungenießbar.

Von den nahestehenden Boletinusarten ist in unserem Gebiet nur der wie B. elegans an Lärchen gebundene Hohlstielige Lärchenröhrling, Boletus (Boletinus) cavipes, vertreten; er hat einen feinfilzig schuppigen Hut und große, eckige, gelbe Poren. Vertreter der Untergattung Tylopilus ist bei uns der Gallenröhrling, Boletus (Tylopilus) felleus, der ohne Mühe an seinen im Alter rosafarbenen Poren erkennbar ist. Im Jugendzustand können

54 TRICHOLOMA SEJUNCTUM, Bitterer Ritterling ▶
(in erwachsenem Zustand)

Klasse: BASIDIOMYCETES (Ständerpilze)
Ordnung: AGARICALES (Blätterpilze)

Der glatte, gelbe oder grünlichgelbe, mit strahlig verlaufenden, bräunlichen Fasern geschmückte Hut kann mitunter leicht zu Verwechslungen mit dem des Grünen Knollenblätterpilzes führen (Abb. 90); trotzdem sollte das Fehlen einer Volva am Stielgrund, das Fehlen eines Ringes und besonders das Aussehen der ausgebuchteten Lamellen jede denkbare Verwechslung zweifelsfrei ausschließen. Man erkennt ihn außerdem an seinem etwa an altes Mehl erinnernden Geruch. Sein Fleisch schmeckt bitter und wird daher auch nicht verwendet.
Vorkommen: In Laubwäldern, wo man ihn nicht selten auf Wanderungen antrifft.
Anmerkung: Viel schmackhafter ist der Schwarzfaserige Ritterling (Tricholoma portentosum). Er hat ebenfalls einen faserigen Hut, aber von grauer, violettgetönter Farbe und mit schwärzlichen Fasern. Sein Stiel ist schmutzig weißlich.

55 RHODOPAXILLUS NUDUS, Violetter Rötelritterling
(links reifes Exemplar; die anderen sind jünger)

Klasse: BASIDIOMYCETES (Ständerpilze)
Ordnung: AGARICALES (Blätterpilze)

Dieser den echten Ritterlingen (s. S. 152) nahe verwandte Pilz zeigt einen bräun-
lichvioletten, in der Mitte deutlicher braunen oder mitunter fast gänzlich bräunlichen Hut. Die gedrängten Lamellen und der Stiel sind violett. Sein Fleisch ist
zart, hellviolett und riecht angenehm. Er ist ein ausgezeichneter Speisepilz.
Vorkommen: In Trupps oder in Hexenringen auf Nadel- und Laubboden, oder
spät im Jahr.
Anmerkung: Man begegnet anderen Rötelritterlingen mit blasseren Farben, wie
dem Rhodopaxillus glaucocanus oder Rhodopaxillus saevus, einem mehr auf
Wiesen wachsenden Pilz; bei Rhodopaxillus irinus ist der Stiel weißlich, der Hut
hellbräunlich mit schwachem Stich ins Lila; der Geruch ziemlich unangenehm
etwa wie der von Iris (Schwertlilie). Der Marmorierte Rötelritterling (Rhodopaxillus panaeolus) erscheint in Hexenringen auf Wiesen. Sein schmutzigbrauner
Hut ist von kleinen dunkleren Flecken marmoriert (Name!), aber ohne jeden
Hauch von Violett oder Lila. Er ist ein guter Speisepilz.

der rehbraune Hut und der feingenetzte Stiel zu Verwechslungen mit nicht blauenden Röhrlingen führen, und dann ist es mit dem ersehnten Schmaus vorbei; schon ein einziger Gallenröhrling, aus Versehen mit eingesammelt, läßt durch seinen gallenbitteren Geschmack ein Gericht von Steinpilzen, an dem man sich gütlich zu tun gedachte, völlig ungenießbar werden! Zum Schluß wollen wir noch der Vollständigkeit halber die Untergattung Porphyrellus anführen, die in unseren Breiten auch nicht besser vertreten ist als die Untergattung Boletinus.

Die Röhrlinge aus der Gattung Gyroporus erzeugen weiße Basidiosporen (in Masse hellgelb) und nicht gefärbte wie die bei Boletus; außerdem ist der kräftige Stiel aus einem trockenen, zerreiblichen, zum Hohlwerden neigenden Fleisch aufgebaut. Hierher zählt der Kornblumenröhrling (Gyroporus cyanescens), ein blasser, weißlicher oder sehr hellockerfarbiger Pilz mit feinfilzigem Hut, dessen Fleisch sich bei der geringsten Berührung intensiv blau verfärbt; er ist ein vorzüglicher Speisepilz, der sandiges Gelände besiedelt und hier in lichten Buchenbeständen nicht selten ist. Der Hasenröhrling (Gyroporus castaneus) mit zimt- bis maronenbraunem Hut und oft etwas hellerem, aber ähnlich gefärbtem Stiel, kommt wie der vorige ab und zu in sandigen Wäldern vor.

Neben die typischen Röhrlinge, das sind Boletus und Gyroporus, stellt man innerhalb der Boletales die Gattung Gyrodon mit festem, wenig zur Fäulnis neigendem Fleisch (gleich dem der Porlinge, mit denen sie in vielem übereinstimmen); sie wird durch den an feuchten Orten mit Erlen vergesellschafteten Gyrodon lividus vertreten. Phylloporus dagegen ist unleugbar eine Boletale, obwohl die Hymenialfläche nicht aus Röhren, sondern aus reichlich verzweigten und querverbundenen Blättern besteht. Die Kremplinge (Gattung Paxillus) sind noch deutlicher lamellig, aber ihre zarten, gedrängten Lamellen lassen sich leicht vom Hut ablösen, wie es für das ›Futter‹, die Gesamtheit der Röhrenschicht bei Röhrlingen, auch zutrifft. Am häufigsten kommt der überall verbreitete Paxillus involutus (Abb. 40) vor, eine in rohem oder ungenügend gekochtem Zustand giftige Art mit bräunlichem, filzigem, in der Mitte oft klebrigem Hut, die auf dem Erdboden wächst, während Paxillus atrotomentosus (Abb. 41), mit schwarzsamtigem Stiel, auf Nadelholzstümpfen fruktifiziert. Die Gelbfüße (Gattung Gomphidius), bei denen die Hymenialfläche dicke, weitstehende, am Stiel herablaufende Lamellen überzieht, haben ebenfalls ziemlich enge Beziehungen zu den Boletales und werden mit dem gleichen Recht wie die Kremplinge oft den Boletales zugeteilt.

Die Gattung Strobilomyces endlich wird vertreten durch den Strubbelkopf (Strobilomyces strobilaceus), dessen grauschwärzlicher Hut mit spitzen Schuppen bedeckt ist und unterseits hellgraue bis graubräunliche Röhren

56 FLAMMULINA VELUTIPES, Samtfußrübling, Winterrübling ▶
(in erwachsenem Zustand)

Klasse: BASIDIOMYCETES (Ständerpilze)
Ordnung: AGARICALES (Blätterpilze)

Verwandt mit den Rüblingen (s. S. 156), besitzt dieser Pilz einen ziemlich dünnen, rötlichgelben Hut mit mattgelben, etwas nach ocker oder rötlich spielenden Lamellen. Er ist leicht zu erkennen an seinem samtigen Stiel, der oben in der Farbe dem Hut entspricht, im unteren Teil aber immer sehr dunkel, schwärzlich-braun, gefärbt ist.

Vorkommen: Der Samtfußrübling erscheint oft in kleinen Büscheln an Stümpfen verschiedener Laubhölzer, spät im Jahr, und kann während des Winters über längere Zeit hin weitere Fruchtkörper hervorbringen, wodurch er als guter Speisepilz besonders wertvoll wird.

57 MYCENA PURA, Rettichhelmling (in erwachsenem Zustand) ▶

Klasse: BASIDIOMYCETES (Ständerpilze)
Ordnung: AGARICALES (Blätterpilze)

Die Hutfarben dieses sehr häufigen, kleinwüchsigen Pilzes sind veränderlich. Oft von einem kräftigen oder nur blassen Rosa, trifft man ihn aber auch entfärbt, weißlich oder sogar violett an; die Mitte trägt einen schwachen Buckel, der Rand ist sehr dünn und gerieft. Die Lamellen haben die gleiche Farbe wie der Hut; sie sind rosa bis weißlich. Der steife, schlanke Stiel hat die gleichen Farbtöne wie der Hut, doch meist etwas weniger lebhaft. Der manchmal sehr schwache Geruch erinnert ein wenig an den von Rettichen. Mycena pura ist für Speisezwecke bedeutungslos.

Vorkommen: Man findet diesen Pilz in Laub- und Nadelwäldern auf dem Erdboden.

Anmerkung: Mycena pelianthina sieht dem Rettichhelmling sehr ähnlich, unterscheidet sich aber durch die Lamellenschneide, die braun gefärbt ist, also nicht dieselbe Färbung wie der übrige Pilz hat.

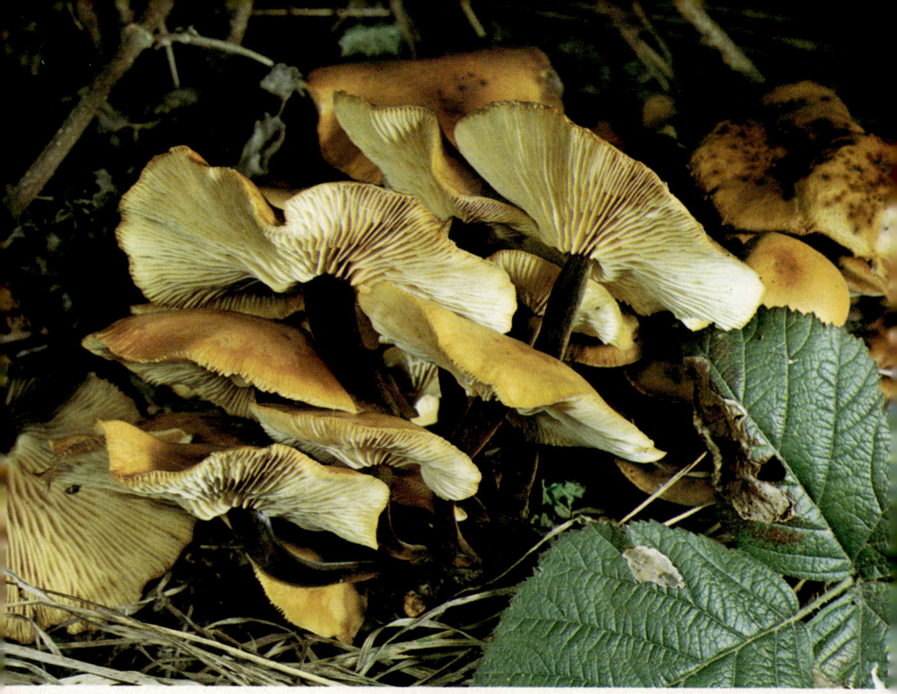

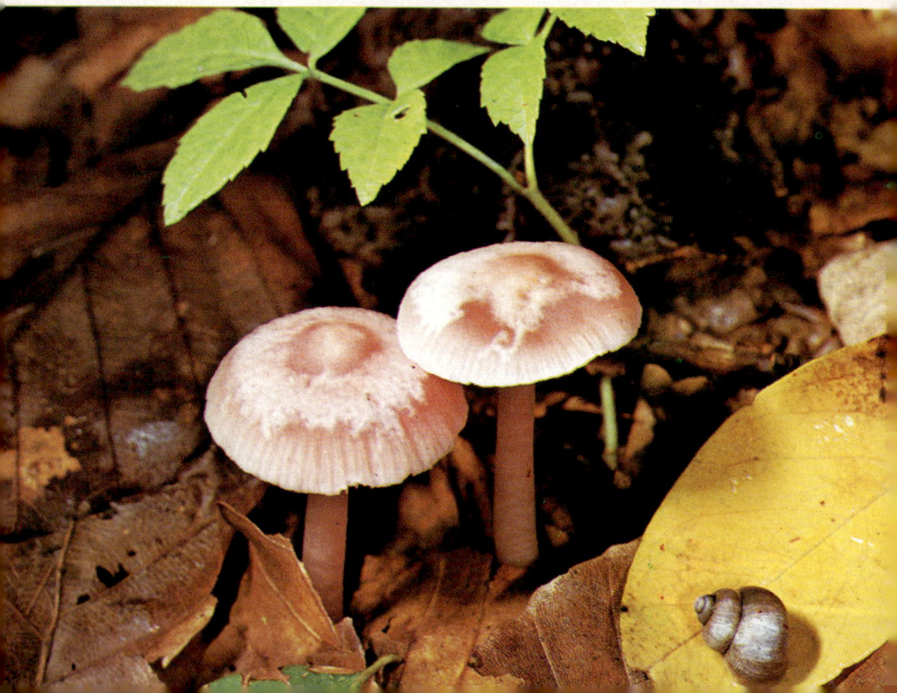

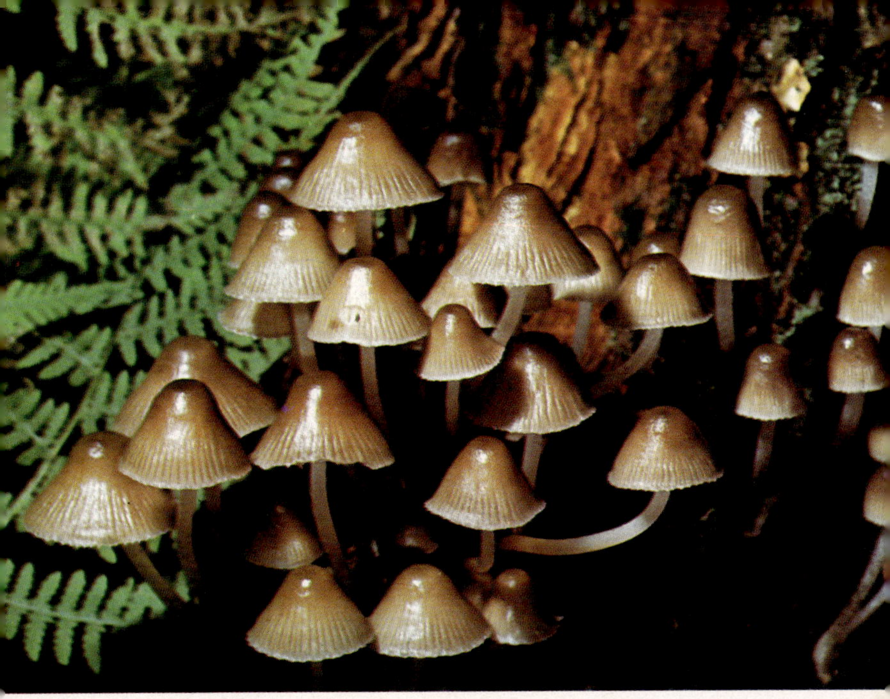

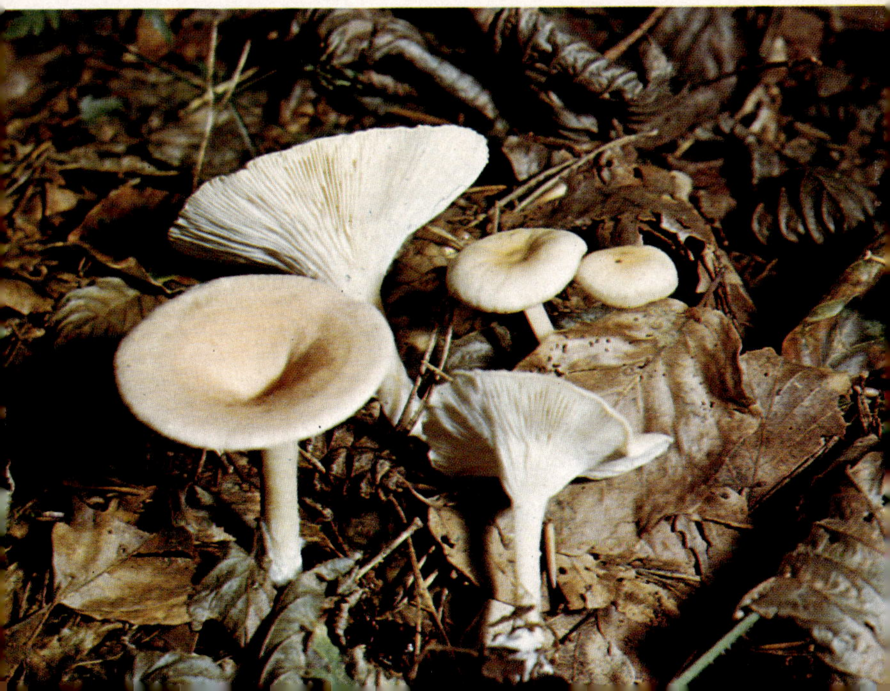

◄ 58 MYCENA ALCALINA, Alkalischer Helmling (ziemlich erwachsen)

Klasse: BASIDIOMYCETES (Ständerpilze)
Ordnung: AGARICALES (Blätterpilze)

Der Pilz ist gebrechlich und besitzt einen dünnen, braungrauen, glockigen, am Rande gerieften Hut. Die Lamellen sind graulich und dünn. Der Stiel ist heller als der Hut, doch etwa in denselben Farbtönen, zylindrisch und am Grunde mit weißen Härchen besetzt. Das Fleisch dieses ungenießbaren Helmlings ist brüchig und nur spärlich ausgebildet; es riecht beim Zerdrücken stark chlorig nach Eau de Javelle.
Vorkommen: Mycena alcalina wächst ziemlich häufig in Büscheln auf alten Stümpfen, an abgestorbenem Holz. Man trifft die Art auch auf dem Boden wachsend an, dann aber oft in einer schwächlicheren Form, so auf Fallaub oder faulenden Fichtennadeln.

◄ 59 CLITOCYBE INFUNDIBULIFORMIS, Gebuckelter Trichterling
(in verschiedenen Altersstufen)

Klasse: BASIDIOMYCETES (Ständerpilze)
Ordnung: AGARICALES (Blätterpilze)

Dieser Trichterling zeigt einen anfangs gewölbten, bald aufwärts gewendeten Hut, in dessen Mitte aber ein wohlausgebildeter Buckel erhalten bleibt; die Hutoberfläche hat eine ockergelbe, mit dem Alter verblassende Farbe. Die weißlichen, engstehenden Lamellen sind am Stiel weit herablaufend; dieser ist elastisch, längsgefasert, etwas steif und wie der Hut gefärbt, manchmal auch etwas heller. Der Geruch ist angenehm.
Vorkommen: Diesen Trichterling findet man im Walde vor allem auf gehäuftem Fallaub und zwischen Gesträuch. Vom Ende des Sommers bis in den Herbst häufig.
Anmerkung: Als Speisepilz empfehlenswert, doch ist der faserigzähe Stiel nicht brauchbar.

124

60 LACCARIA LACCATA, Roter Lackpilz (fast ausgewachsen) ▶

Klasse: BASIDIOMYCETES (Ständerpilze)
Ordnung: AGARICALES (Blätterpilze)

Laccaria laccata (s. S. 166) hat einen sehr dünnen, aber festen Hut, der von Fleischrosa bis Braunrot geht, mit dicken, stets hellfarbigen, rosa oder fleischrötlich getönten und bei alten Stücken mit einem weißen (aus den Sporen bestehenden) Staub bedeckten Lamellen. Der Stiel ist dünn, aber steif, längsfaserig und ebenso gefärbt wie der Hut.
Vorkommen: Der Lackpilz ist einer der häufigsten Waldpilze; er wächst auf der Erde im Sommer und Herbst.
Anmerkung: Er ist ein guter Eßpilz, wird aber wenig gesammelt, denn die Stiele sind zäh und daher ungeeignet, die Hüte aber nur wenig ergiebig. Häufig kommt auch der Blaue Lackpilz (Laccaria amethystina) vor, vom Roten Lackpilz kaum verschieden, aber stets in mehr oder weniger kräftiger Violettfarbe, im Alter etwas ausblassend. Er ist wie der andere eßbar und wird gewöhnlich mit ihm zusammen gesammelt.

61 PLEUROTUS OSTREATUS, Austernseitling (in reifem Zustand) ▶

Klasse: BASIDIOMYCETES (Ständerpilze)
Ordnung: AGARICALES (Blätterpilze)

Dieser Pilz ist ein Holzbewohner. Seine Hüte sitzen auf kurzen Stielen seitlich an. Die Oberseite ist dunkel, schwärzlichbraun, oft mit violettlichen Tönen, jung heller und bei alten Exemplaren gleichfalls aufhellend. Die Lamellen sind weißlich und stehen ziemlich weit voneinander ab, sie laufen am ebenfalls weißlichen Stiel herab.
Vorkommen: Der Austernseitling wächst in großen Büscheln auf Laubholzstümpfen, bisweilen auch an den Stämmen bis in große Höhen hinauf. Er ist ein Pilz, dessen Erscheinen sich gern bis zum Ende der eigentlichen Pilzzeit verzögert, so daß man ihn noch oft zum Winteranfang sammeln kann.
Anmerkung: Jung ist Pleurotus ostreatus ein wohlschmeckender Speisepilz.

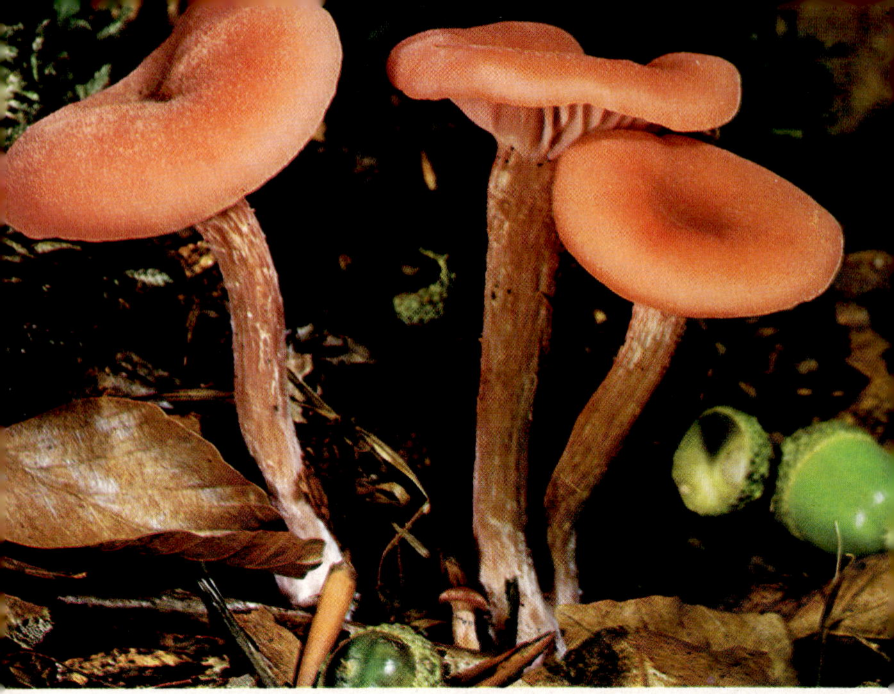

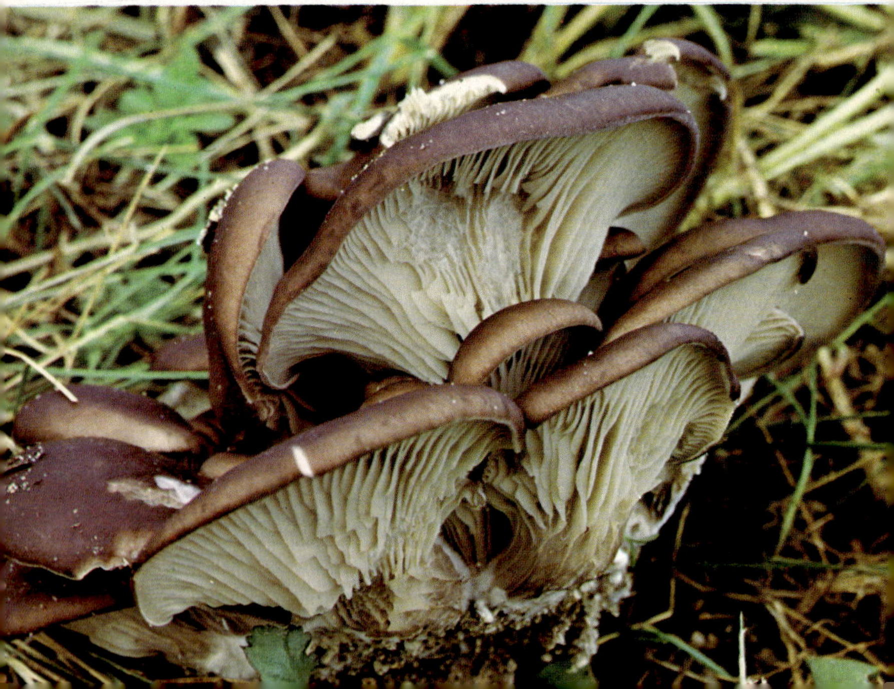

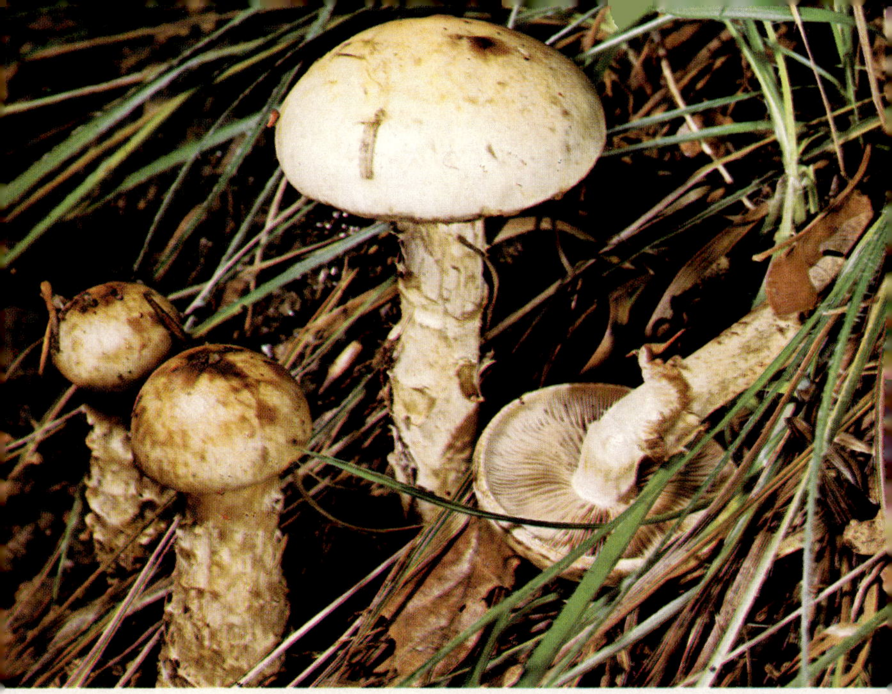

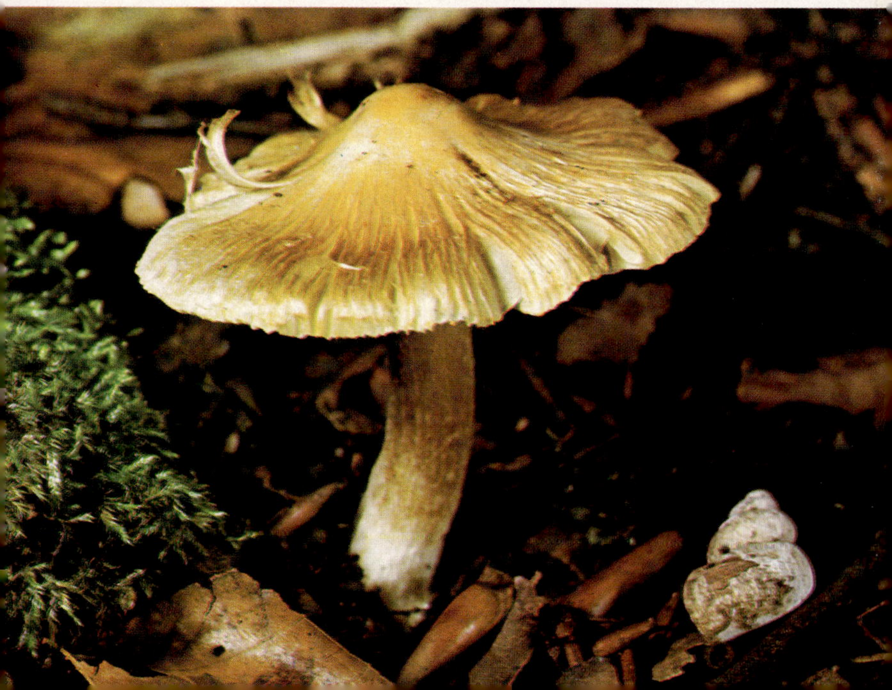

◄ 62 HEBELOMA RADICOSUM, Wurzelfälbling
(in verschiedenen Entwicklungsstadien)

Klasse: BASIDIOMYCETES (Ständerpilze)
Ordnung: AGARICALES (Blätterpilze)

Dies ist ein Fälbling (s. S. 174) mit einem Stielring. Sein Hut ist gewölbt, bei feuchtem Wetter klebrig, mit rötlichbraunen Schüppchen oder längeren Haarschuppen, die am helleren, fast weißlichen Grund angeklebt sind. Die anfangs weißlichen, bald ockergrau werdenden Lamellen sind beim jungen Pilz durch einen weißlichen Ring geschützt. Der unterhalb des Ringes ebenfalls mit Schuppen überdeckte Stiel verlängert sich in eine tief im Boden steckende Wurzel.
Vorkommen: Man findet diesen Pilz in Wäldern, wo er im Sommer und Herbst um alte, faulende Stümpfe herum häufig vorkommt.
Anmerkung: Der beim Wurzelfälbling vorhandene Ring war schon Anlaß, ihn zu den Schüpplingen (s. S. 195) zu stellen, aber er gehört offensichtlich viel enger zu den Fälblingen als zu den Schüpplingen, ausgenommen Pholiota destruens (s. S. 195), die auch keineswegs unter den Schüpplingen am richtigen Platz ist.

◄ 63 INOCYBE FASTIGIATA, Kegeliggeschweifter Rißpilz
(im erwachsenen Zustand)

Klasse: BASIDIOMYCETES (Ständerpilze)
Ordnung: AGARICALES (Blätterpilze)

Von mittlerer Größe (4–7 cm) wie die meisten Rißpilze, ist diese Art zunächst kegelig; dann öffnet sich der faserrissige Hut, behält aber seinen Buckel. Die Farbe ist blaß bis braungelb. Die Lamellen sind erst blaß, werden aber bald grau-oliv mit weißgezähnelter Schneide. Der Stiel ist gelblich, geht ins Bräunliche über und fällt durch seine Längsfaserung auf; oben ist er fein weißmehlig.
Vorkommen: Wie viele andere Rißpilze erscheint diese Art schon im Frühsommer in lichten Wäldern, an Wegrändern und im Gebüsch.
Anmerkung: Es empfiehlt sich, alle Rißpilze zu meiden, da viele von ihnen giftig sind (s. S. 220) und Verwechslungen um so leichter vorkommen können, als die Arten oft nur schwer voneinander zu unterscheiden sind.

128

◄ 64 CORTINARIUS SEMISANGUINEUS, Blutblättriger Zimthautkopf
(fast erwachsen)

Klasse: BASIDIOMYCETES (Ständerpilze)
Ordnung: AGARICALES (Blätterpilze)

Der Hut ist ziemlich dünn, trocken, gelblichbraun mit leichter Olivtönung; die
Lamellen zeigen ein schönes, leuchtendes Blutrot (auf dem Bild zu matt). Am
ebenfalls ziemlich dünnen, gelbgetönten Stiel sind oben die Reste des fädigen
Schleiers (der Cortina) sichtbar; sie werden von den Sporen rostbraun gefärbt
(s. S. 99).
Vorkommen: Dieser Schleierling, nicht selten und überall verbreitet, kommt in
feuchteren Wäldern, besonders unter Birken, aber auch unter anderen Baumarten vor.
Anmerkung: In der Küche wird Cortinarius semisanguineus nicht verwendet.
Die gleichen schön roten Lamellen finden sich bei einigen verwandten Arten
wieder, so bei Cortinarius phoeniceus, einem hübschen Pilz mit hellbraunem Hut
und einem falbblassen, mit prächtig orangeroten Fasern überkleideten Stiel.

◄ 65 CORTINARIUS BULLIARDII, Zinnoberfüßiger Wasserkopf
(in erwachsenem Zustand)

Klasse: BASIDIOMYCETES (Ständerpilze)
Ordnung: AGARICALES (Blätterpilze)

Ein hübscher, kleiner Schleierling, der im ausgewachsenen Zustand heller braun
wird und dessen Lamellen, anfangs durch einen spinnwebigen Schleier geschützt,
von einem leichten Violettrosa mit der Reife ins Rostbraune übergehen. Der Stiel
ist oben oft etwas heller als die Farbe des jungen Hutes, gegen die stets knollige
Basis hin jedoch von einem schönen Orangerot (das im Bild noch zu matt her-
auskommt).
Vorkommen: Er bewohnt die Laubwälder und zieht den geschlossenen Wald
offenen Plätzen vor. Wenn man am Wuchsort die umgebende Laubstreu auf-
deckt, bekommt man sein orangerotes Mycel zu sehen.
Anmerkung: Der Geruch ist wenig zusagend. Als Speisepilz ist der Zinnober-
füßige Wasserkopf nicht verwendbar.

130

66 HYPHOLOMA FASCICULARE, Grünblättriger Schwefelkopf ▶
(fast erwachsen)

Klasse: BASIDIOMYCETES (Ständerpilze)
Ordnung: AGARICALES (Blätterpilze)

Der Hut dieses Pilzes fällt durch sein schönes Schwefelgelb auf; nur in der Mitte ist er meist etwas rötlich. Die gelben Lamellen zeigen einen Stich ins Grüne und werden im Alter, wenn die Sporen reif sind, dunkelbraunviolett. Der dünne, schlanke Stiel ist gelb und geht nach unten ins Rotbraune über; im oberen Teil bleiben faserige Schleierreste zurück.

Vorkommen: Dieser überaus häufige Pilz erscheint schon früh im Sommer und besiedelt bis zum Spätherbst in oft umfangreichen Büscheln faulende Laubholzstümpfe.

Anmerkung: Eine intensive Bitterkeit macht sein gelbes Fleisch ungenießbar. – Dem Grünblättrigen sehr ähnlich ist der Rauchblättrige Schwefelkopf, Hypholoma capnoides, der sich durch das Fehlen der grünen Farbe unterscheidet. Der gelbe Hut ist in der Mitte falbocker; die zuerst blaßgelben Lamellen nehmen bläulichgraue Tönung an, bevor sie dunkelschokoladefarben werden; der Stiel ist wie der Hut gefärbt und weist Spuren von Schleierresten auf. Der Pilz gedeiht nur auf Nadelholz; sein Fleisch ist blaß und schmeckt angenehm mild.

67 HYPHOLOMA SUBLATERITIUM, Ziegelroter Schwefelkopf ▶
(fast erwachsen)

Klasse: BASIDIOMYCETES (Ständerpilze)
Ordnung: AGARICALES (Blätterpilze)

Dem Vorigen nahestehend, oft von kräftigerem Wuchs, unterscheidet sich dieser Schwefelkopf leicht durch seinen breiteren, immer ziegelorangefarbigen, am Rande blasseren Hut. Die jung gelblichen Lamellen nehmen wie die von Hypholoma capnoides nicht grünliche, sondern bläulichgraue Tönung an. Der Stiel ist entschieden kräftiger als bei den beiden anderen Schwefelköpfen und etwas längsfaserig. Sein gleichfalls bitteres, daher unverwertbares Fleisch ist nicht gelb, vielmehr schmutzigweißlich.

Vorkommen: Dieser etwas weniger häufige Pilz, verglichen mit dem Grünblättrigen Schwefelkopf, erscheint während des ganzen Jahres büschelig gehäuft auf alten, vermoderten Laubholzstümpfen.

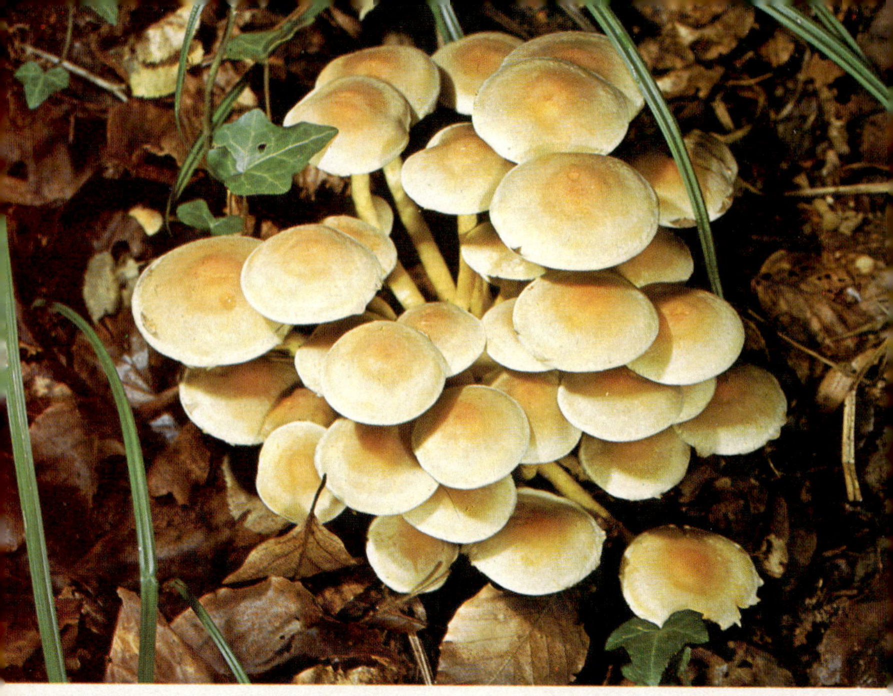

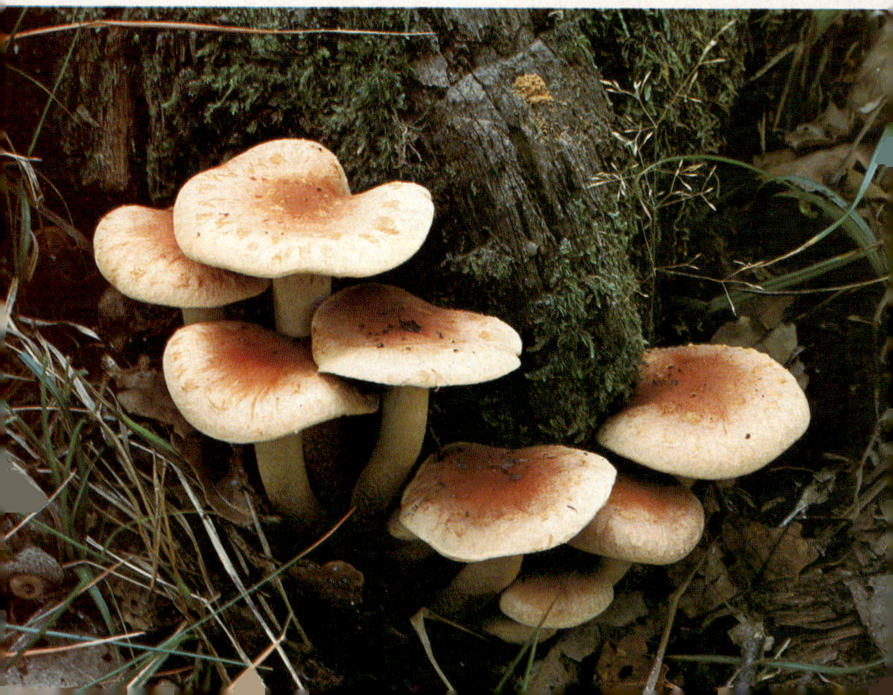

trägt, die in der Jugend von einer Art Hautschleier echt angiocarpen Ursprungs überdeckt sind; der Schleier ist hier nicht pseudoangiocarp (s. S. 99) wie die Ringbildungen beim Butterpilz und beim Goldröhrling (Boletus elegans). Wenn diese noch echte Boletales sind, so gibt es bei Strobilomyces schon unverkennbar Anklänge an gewisse Gasterales.

Die *Asterosporales*. Das sind Pilze mit lamelligem Hymenophor (das ist die das Hymenium, die Fruchtschicht, tragende Unterlage), deren Hauptmerkmal in dem körneligmürben, brüchigen Fleisch besteht. Man kann sich leicht davon überzeugen, wenn man den Stiel abbricht, der dann eine glatte, dabei feinkörnige Bruchfläche zeigt, die sich nie auffasern läßt, wie es für die Agaricales zutrifft. Anstatt sich zu legen, zersplittern die Lamellen, wenn man mit dem Finger darüberstreicht. Die europäischen Asterosporales können ohne Schwierigkeit auf zwei Gattungen verteilt werden (das Problem ist komplizierter, wenn man die tropischen Arten mit ein-

◄ 68 COPRINUS COMATUS, Schopftintling (links ein noch junger Pilz; bei dem älteren rechts hat das Zerfließen der Lamellen schon begonnen)

Klasse: BASIDIOMYCETES (Ständerpilze)
Ordnung: AGARICALES (Blätterpilze)

Dieser ansehnliche Tintenpilz besitzt einen faserigwolligen, anfangs langgestreckten Hut, dessen Rand sich fortschreitend aufschirmt, während die Lamellen zu einer Art schwärzlicher Tinte zerfließen. Der junge Hut ist weiß mit etwas gelbbräunlicher Mitte und von Schuppen bedeckt. Die dünnen, enggedrängten Lamellen, beim jungen Pilz weiß, werden rosa und schließlich schwarz, bevor sie zerlaufen. Der Stiel wird von einem schmalen, verschiebbaren Ring umfaßt (bei dem Exemplar rechts ist er zum Stielgrund abgerutscht); er ist ebenfalls weiß, aber glatt, seidig, und wird im Alter etwas braun.
Vorkommen: Vereinzelt oder gesellig wachsend, auf dungreichem Boden, in Gärten, längs der Straßen usw.
Anmerkung: In jungem Zustand, bevor die Lamellen zu zerfließen beginnen, ist der Schopftintling ein vorzüglicher Speisepilz. – Der Knotentintling (Coprinus atramentarius) ist ebenfalls eßbar, doch von geringerer Qualität. Er darf keinesfalls zusammen mit einem alkoholischen Getränk genossen werden (s. S. 221). Er ist kleiner, hat einen frühzeitig grau werdenden, oben fein bräunlichbeschuppten, abwärts gerillten Hut und einen graulichweißen Stiel mit vergänglichem, am Stielgrund verbleibendem Ring.

bezieht, da bei ihnen die Grenze zwischen beiden Gattungen fließend und schwer feststellbar zu sein scheint): die Milchlinge (Gattung Lactarius), deren Fleisch im Anbruch weißen oder gefärbten Milchsaft austreten läßt, und die Täublinge (Gattung Russula), die eine bunte Vielfalt an lebhaften Farben aufweisen und bei denen die Milchsaftgefäße nicht in Funktion treten, weshalb niemals Milchsaft austritt.

Die *Täublinge*. Diese Gattung enthält eine so große Zahl von Arten, verteilt auf verschiedene Sektionen, daß von ihnen hier nur eine unvollständige Liste wiedergegeben werden kann. Wir müssen uns damit begnügen, eine Vorstellung von der Vielfalt und der Verschiedenartigkeit der europäischen Täublinge zu vermitteln; unter ihnen gibt es neben einzelnen guten Speisepilzen viele ohne besonderen kulinarischen Wert oder scharfschmeckende, völlig ungenießbare Arten, jedoch keine, die wirklich gefährlich wären, selbst wenn sie Verdauungsbeschwerden nach sich ziehen (Russula emetica, Abb. 93).

Abgesehen von einigen wenigen ungefärbten Täublingen wie Russula delica mit schmutzigweißem und wie bei Milchlingen vertieftem Hut beobachtet man bei diesen Pilzen lebhafte, bunte Farben. Der Hut kann zinnober- bis scharlachblutrot sein, etwa bei dem mild, dann bitterlich schmeckenden Harten Zinnobertäubling (Russula lepida, Fig. 24 und Abb. 42), bei der deutlich scharfen Russula sanguinea, bei der brennend scharfen Russula emetica (Abb. 93) und manchen anderen. Ein dunkleres Rot, das in der Hutmitte ins Schwärzliche geht, finden wir bei der schwach scharfen Russula atropurpurea und bei Russula xerampelina (Abb. 45),

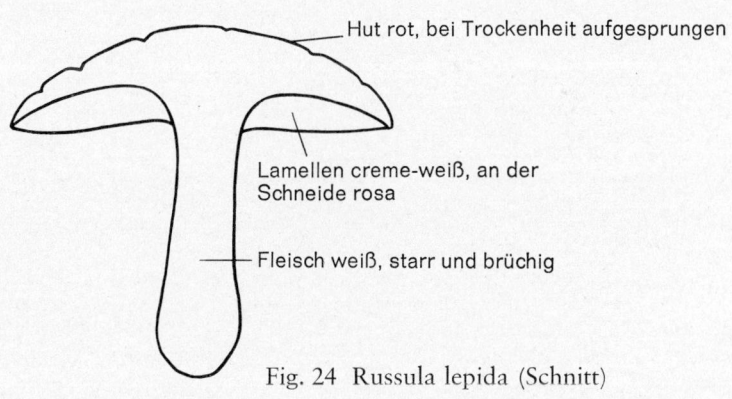

Hut rot, bei Trockenheit aufgesprungen

Lamellen creme-weiß, an der Schneide rosa

Fleisch weiß, starr und brüchig

Fig. 24 Russula lepida (Schnitt)

letztere mit starkem Heringsgeruch. Violette, rotviolette oder purpurne Töne treten auf bei Russula sardonia, violettblaue bei Russula caerulea, Russula turci, Russula azurea (Abb. 43), im Alter in Grün umschlagendes Dunkelviolett, Lila oder Schieferblau bei Russula cyanoxantha. Man bekommt auch hübsch gelbe Hüte zu sehen (Russula solaris, Russula claroflava, Russula ochroleuca, Abb. 44, bei der die Mitte ockerfleckig wird); es gibt auch ganz ockergelbe (Russula fellea), bräunlichgelbe (Russula foetens) usw. Der Gefelderte Grüntäubling (Russula virescens), der beste unter den Täublingen und einer der schmackhaftesten Pilze, zeichnet sich außer durch ein festes Fleisch durch seinen hellgrünen oder grünspanfarbigen, matten, von weißen Furchen gefelderten Hut aus. Vermerkt sei schließlich, daß manche Täublinge einen schmutziggrauen, dann braunschwärzlichen bis fast rußigschwarzen Hut zeigen, z. B. Russula nigricans. Die Lamellen können rein weiß sein (R. azurea, Abb. 43; R. emetica, Abb. 93) oder weiß mit fleischrötlichem Schein (R. virescens), blaugrünlich (R. delica) oder cremefarben schimmernd (R. lepida, Abb. 42; R. atropurpurea). Sie können zu Anfang weiß sein und später schwärzen (R. albonigra) oder beim Reiben röten, danach braunschwärzlich anlaufen (R. nigricans) oder gelb flecken (R. ochroleuca, Abb. 44). Sie können auch von Jugend an deutlich gelb sein (R. sardonia) oder häufiger nur blaßgelb oder hellcreme, um im Alter ocker nachzudunkeln (R. turci, R. caerulea, R. olivacea).

69 COPRINUS MICACEUS, Glimmertintling ▶
   (in verschiedenen Entwicklungsstadien)

Klasse: BASIDIOMYCETES (Ständerpilze)
Ordnung: AGARICALES (Blätterpilze)

Der Glimmertintling hat einen dünnen, gerieften Glockenhut von ockerrötlicher bis gelbbrauner Farbe und ist jung oft mit glimmerigen Flöckchen bestreut. Die weißlichen, dann schwarz werdenden Lamellen zerfließen viel weniger rasch als die des Schopftintlings oder des Knotentintlings. Der Stiel ist weißlich, etwas steif und hohl.

Vorkommen: Dieser kleine Tintling erscheint in dichten Haufen auf faulenden Stümpfen oder am Grunde der Stämme, selbst in Gärten. Außer im Winter trifft man ihn sehr häufig fast das ganze Jahr über an.

Anmerkung: Er ist unschädlich, wird aber wegen seines unergiebigen Fleisches nicht verwendet.

Die Stiele der Täublinge endlich sind oft weiß, kommen aber auch rosagetönt (R. lepida, Abb. 42; R. olivacea), gelb (R. amoena), violett (R. sardonia, R. violeipes) vor; ein anfangs weißer Stiel kann im Alter auch grau werden (R. atropurpurea, R. ochroleuca, Abb. 44).

Alle diese Farbmerkmale von Hut, Lamellen und Stiel in Verbindung mit den durch unmittelbare Beobachtung festgestellten Kennzeichen wie milder oder unterschiedlich scharfer Geschmack des Fleisches, der Geruch, feste oder brüchige Konsistenz, das Aussehen und sogar der Wuchsort und viele andere werden herangezogen, um die überaus zahlreichen Täublingsarten in unseren europäischen Wäldern voneinander zu unterscheiden. Trotzdem stößt selbst der versierte Mykologe in dieser übermäßig artenreichen Gattung oft genug auf Schwierigkeiten, wenn es darum geht, gewisse Arten sicher zu bestimmen, so daß er sich genötigt sieht, chemische Reagenzien zur spezifischen Fleischfärbung heranzuziehen oder die Basidiosporen mikroskopisch zu untersuchen; damit überschreiten wir aber die diesem Werk gezogenen Grenzen.

Die *Milchlinge*. Sie besitzen, wie wir gesehen haben, gleich den Täublingen ein körneligmürbes, bröckeliges Fleisch, unterscheiden sich aber von ihnen leicht durch ihre oft herablaufenden Lamellen (Fig. 25) und dadurch, daß sie beim Anbrechen Milchsaft austreten lassen; das hat ihnen übrigens ihren Namen (Milchlinge) eingetragen.

Die Milch kann sich in verschiedener Weise verfärben. Man beobachtet intensiv und rasch gelb werdende Milch bei Lactarius chrysorrheus

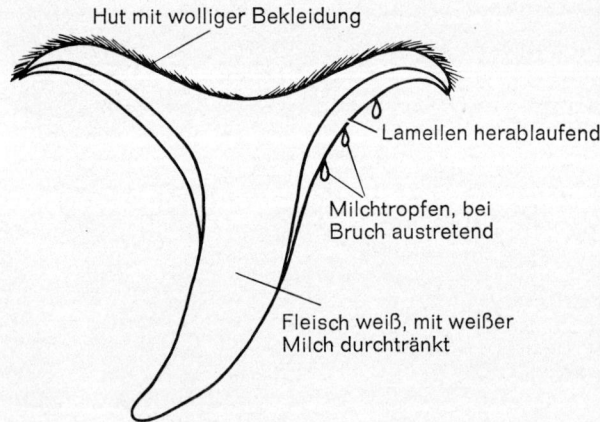

Hut mit wolliger Bekleidung

Lamellen herablaufend

Milchtropfen, bei Bruch austretend

Fleisch weiß, mit weißer Milch durchtränkt

Fig. 25 Lactarius torminosus (Schnitt)

70 COPRINUS PICACEUS, Spechttintling (fast erwachsen) ▶

Klasse: BASIDIOMYCETES (Ständerpilze)
Ordnung: AGARICALES (Blätterpilze)

Der Spechttintling ist weniger häufig als der vorher beschriebene Tintling. Seinen Namen verdankt er seinem anfangs graubräunlichen, mit einem weißlichen Schleier überdeckten Hut, der bald schwärzlich wird und die zerrissenen Schleierfetzen trägt. Wie bei dem Schopftintling geht die Auflösung der Lamellen rasch vonstatten, so daß es nie zur vollen Entfaltung des Hutes kommt. Der schlanke, weißliche Stiel ist hohl, sehr gebrechlich und am Grunde etwas angeschwollen.
Vorkommen: Coprinus picaceus ist ein Pilz des Laubwaldes, wo er an humusreichen Plätzen, gewöhnlich einzeln, erscheint.
Anmerkung: Wegen seines geringen Fleisches und der raschen Vergänglichkeit ist er für Speisezwecke unbrauchbar.

71 PSEUDOCOPRINUS DISSEMINATUS, Rasiger Zwergtintling ▶
(in verschiedenen Stadien)

Klasse: BASIDIOMYCETES (Ständerpilze)
Ordnung: AGARICALES (Blätterpilze)

Dieser Pilz hat ganz das Aussehen der Tintlinge, ist aber von ihnen durch seine bei der Reife nicht zerfließenden Lamellen unterschieden. Der Glimmertintling (Abb. 69), bei dem das Zerfließen der Lamellen erst spät eintritt, bildet eine Art Bindeglied zwischen den echten Tintlingen und den Zwergtintlingen. Der einzelne Fruchtkörper dieses zierlichen Pilzes zeigt einen gelblichblassen Hut von Glöckchenform, der sich nie vollständig öffnet. Die Lamellen sind erst blaß, werden später dunkelbraun, zerfließen aber nicht. Der kurze, zarte Stiel ist feinstflockig bekleidet.
Vorkommen: Er erscheint ungeheuer zahlreich in Trupps auf alten faulenden Baumstümpfen oder um diese herum, falls der Boden feucht genug und reich an Humus ist.

139

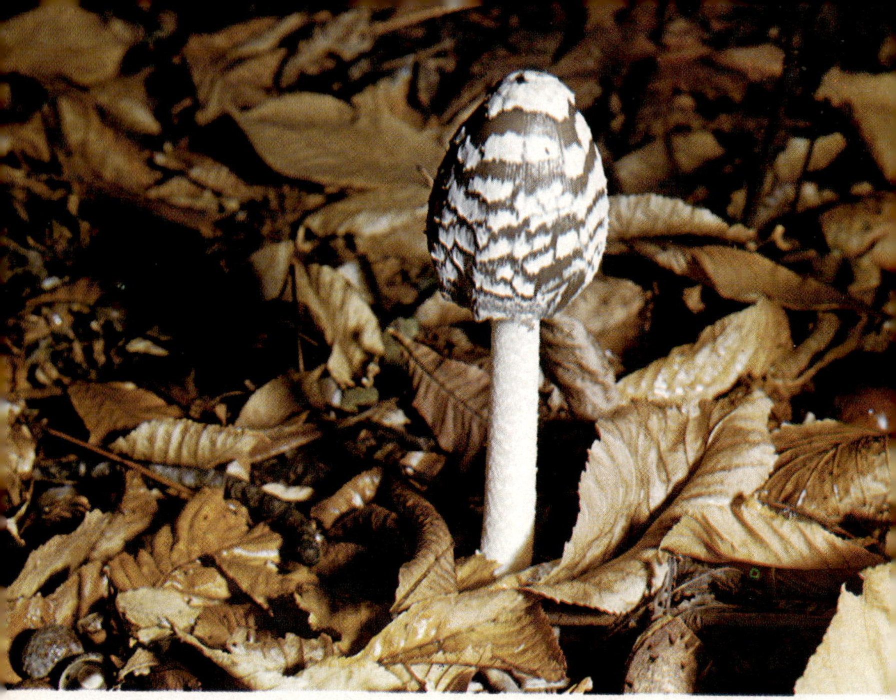

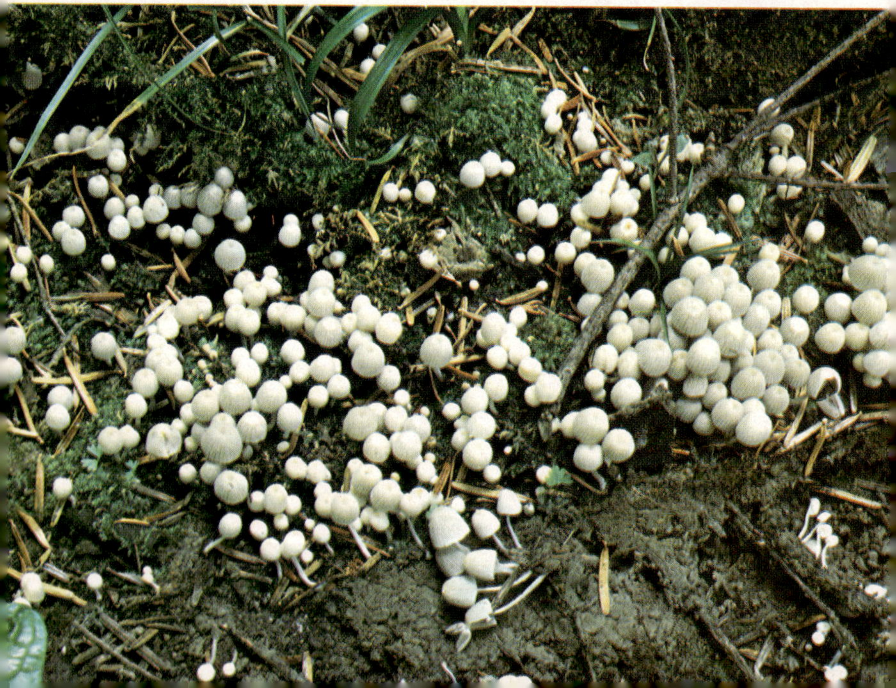

(Abb. 46) oder bei Lactarius resimus, einer großen, blaßgelben, unter Nadelbäumen und Birken vorkommenden Art; bei dem nach Geranien (Pelargonium) riechenden Lactarius decipiens hingegen gilbt sie nur wenig und sehr langsam. Gewisse, unter Nadelbäumen wachsende Milchlinge enthalten rote Milch: karottenrot beim Echten Reizker (L. deliciosus, Abb. 47), einem Speisepilz mittlerer Güte trotz der Wertschätzung, die er genießt, violettrot bei dem Blutreizker (L. sanguifluus) von mehr südlicher Verbreitung, viel besser als der ›Echte‹ und praktisch der einzige, wirklich wohlschmeckende Milchling. Ziemlich schnell rötet die zunächst weiße Milch bei Lactarius acris, einem unter Buchen nicht gerade seltenen Milchling, langsamer läuft sie bei L. fuliginosus an, und zwar mehr rosa. Lactarius uvidus, unter Birken häufig anzutreffen, läßt eine violett werdende Milch ausfließen, während bei Lactarius blennius und Lactarius vietus die Verfärbung nach grünlichgrau geht.

Bei vielen Milchlingen bleibt die Milch dagegen weiß. So ist es bei den großen weißen Arten: Lactarius controversus mit gedrängten, fleischrötlich getönten Lamellen, Lactarius vellereus mit samtigem Hut und entfernten Lamellen, Lactarius piperatus mit gedrängten weißen oder gelblichweißen Lamellen. Weißer Milchsaft findet sich auch bei Lactarius turpis, einem unter Birken und Nadelhölzern wachsenden, großen Milchling

◄ 72 STROPHARIA AERUGINOSA, Grünspanträuschling
(in erwachsenem Zustand)

Klasse: BASIDIOMYCETES (Ständerpilze)
Ordnung: AGARICALES (Blätterpilze)

Stropharia aeruginosa fällt anfangs durch seinen schön spangrünen, sehr schleimigen Hut auf; die oberflächlich aufgeklebten weißen Schüppchen verschwinden im Alter ebenso wie die Schleimschicht. Zuletzt sind die Hüte ganz trocken und verbleichen zu gelblichen Tönungen. Die anfangs blassen Lamellen werden zur Reifezeit schokoladebraun. Der Stiel ist ziemlich kräftig, grünlichblau, heller als der junge Hut; ebenfalls schleimig, ist er unterhalb des Ringes mit Schüppchen bedeckt, darüber fast kahl.

Vorkommen: Er ist einer der häufigsten Pilze im Wald; man trifft ihn an Wegrändern, zwischen Gras und Kräutern usw.

Anmerkung: Sein Geschmackswert ist gering, weshalb er kaum je verwendet wird.

73 PHOLIOTA MUTABILIS, Stockschwämmchen (junges Exemplar) ▶

Klasse: BASIDIOMYCETES (Ständerpilze)
Ordnung: AGARICALES (Blätterpilze)

Das Stockschwämmchen (s. S. 195) ist durch die veränderliche Färbung des Hutes gekennzeichnet: zimtbraun bei feuchtem Wetter, blaßt dieser bei trockenem Wetter oder im Alter bis zu honiggelben Tönungen aus. Die gedrängt stehenden Lamellen sind gelblich und werden später zimtbraun. Der schmächtige, bräunliche Stiel ist mit einem bräunlichen Hautring versehen und unterhalb desselben mit zurückgekrümmten Schüppchen bedeckt.
Vorkommen: Ein Speisepilz mittlerer Güte, bricht er in bisweilen mächtigen Büscheln aus faulen Baumstümpfen hervor, und zwar vom Sommeranfang bis in den Herbst hinein.
Anmerkung: Den Schüpplingen sehr nahestehend und deshalb gewöhnlich unter dem Namen Pholiota mutabilis mit ihnen vereint, ist dieser Pilz dennoch keine echte Pholiota (s. S. 195); aus diesem Grund trennt man ihn auch von den Schüpplingen und führt ihn dann als Hygrophana oder Kuehneromyces mutabilis.

74 AGARICUS CAMPESTRIS, Wiesenegerling, Feldchampignon ▶
(in verschiedenen Stadien)

Klasse: BASIDIOMYCETES (Ständerpilze)
Ordnung: AGARICALES (Blätterpilze)

Sein Hut ist dick und fleischig, erst gewölbt, dann ausgebreitet; er ist weißlich, gelegentlich bräunlich geschuppt, im Alter außen etwas bräunend. Die Lamellen stehen gedrängt, sind schon in frühester Jugend rosa und nehmen bei ausgewachsenen Exemplaren bräunliche bis schwärzliche Farben an. Der weißliche, feste, leicht vom Hut trennbare Stiel ist von einem einfachen, häutigen, gut ausgebildeten Ring umgeben; doch kann dieser Ring im Alter verschwinden. Das Fleisch ist fest, weiß und rötet oder bräunt etwas beim Anbruch.
Vorkommen: Dieser wohlbekannte Champignon tritt häufig in Hexenringen oder in Trupps auf Wiesen und Weideflächen auf.
Anmerkung: Agaricus campestris, ein ausgezeichneter Speisepilz, wird viel gesammelt. Eine verwandte Art ist der Zuchtchampignon (Agaricus bisporus), der in bedeutendem Umfang kultiviert wird. Er und zahlreiche andere Egerlingarten (Agaricus haemorrhoidarius, A. silvaticus, A. arvensis, A. silvicola usw., s. S. 196) gehören ebenfalls zu den besten Speisepilzen. Trotzdem gibt es welche, so Agaricus xanthodermus (Abb. 92), die schwach giftig sein können.

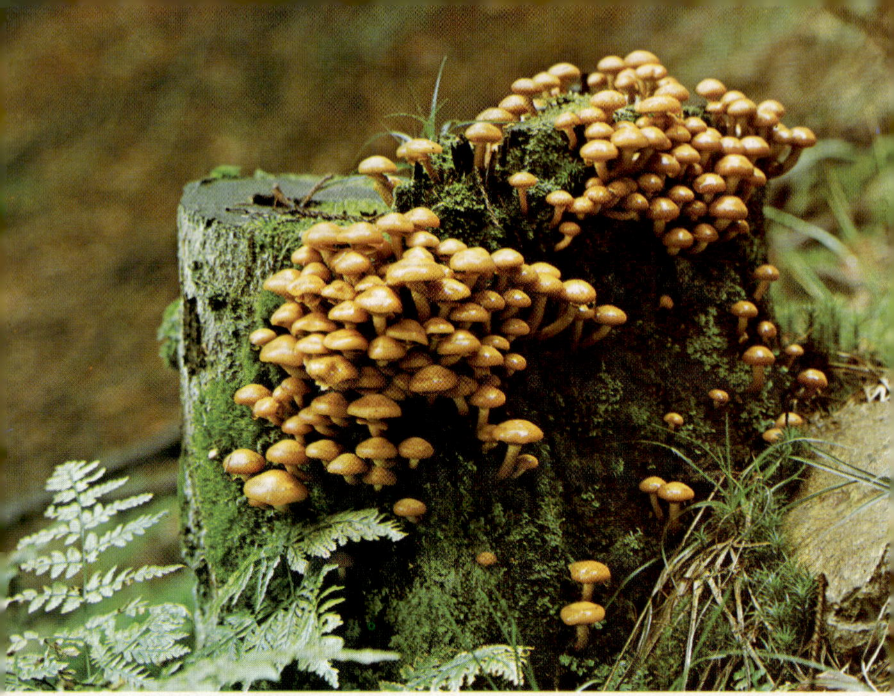

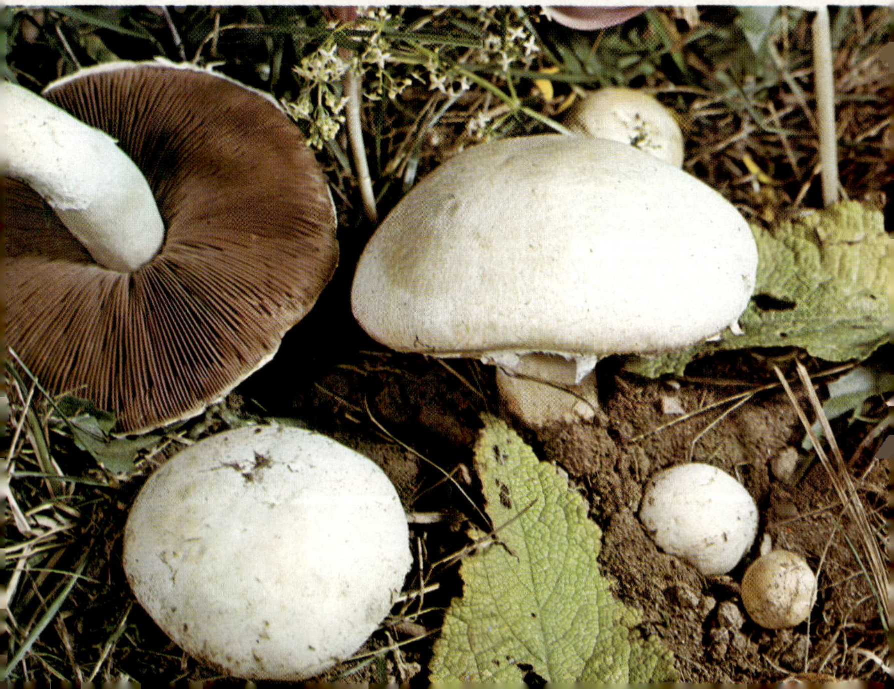

von dunkelolivbrauner Farbe, bei Lactarius rufus, dessen rotbrauner Hut einen sehr ausgeprägten Buckel trägt, bei Lactarius torminosus (Fig. 25 und Abb. 48), dem Birkenreizker, mit dichtem, wolligem Haarüberzug, Lactarius quietus, einem braunrötlichen Milchling mit unangenehmem Geruch, usw.

Manchmal fließt die Milch reichlich aus (L. volemus, Pilz orangefarben, gewöhnlich als Brätling bekannt, L. rufus u.a.) oder im Gegenteil sehr spärlich (z.B. L. camphoratus). Endlich können die Milchlinge, ganz wie die Täublinge, verschiedene Gerüche ausströmen, die zur Artbestimmung dienen können: angenehmen Geruch nach Kokosflocken (L. glyciosmus), nach Zichorien (L. helvus), nach Geranien (L. decipiens) oder unangenehmen Geruch nach Blattwanzen (L. quietus) usw.

Die *Agaricales*. Diese Ordnung umfaßt die Blätterpilze mit nicht käsig mürbem Fleisch (wie es den Asterosporales eigen ist); sie zeichnet sich durch eine äußerst große Variabilität an Formen und Strukturen aus. Zahlreiche Gattungen wurden aufgestellt und oft mehreren Familien zugeteilt, aber Gruppierung und Abgrenzung der Familien sind noch zu sehr

75 LEPIOTA PROCERA, Riesenschirmpilz, Parasol (fast erwachsen) ▶

Klasse: BASIDIOMYCETES (Ständerpilze)
Ordnung: AGARICALES (Blätterpilze)

Der Parasol ist ein auffallend großer Pilz (20–30cm); sein Hut ist anfangs eiförmig gewölbt, dann flach ausgebreitet mit gebuckelter Mitte, graubräunlich und mit großen Schuppen bedeckt. Die breiten, weißen Lamellen bleiben auch im Alter hell und werden nur an der Schneide etwas braun. Der schlanke, am Grunde knollig verdickte Stiel läßt sich leicht vom Hut ablösen; er ist grauweißlich, von kleinen, bräunlichen, übereinander in Zonen angeordneten Schuppen besetzt und trägt einen doppelten, weit abstehenden Ring, der sich auf und ab bewegen läßt.

Vorkommen: Liebt lichte Wälder, Schlagflächen, selbst Heide- und Weideland und bevorzugt lockeren, gut durchlüfteten Boden.

Anmerkung: Der Parasol ist ein guter Speisepilz, von dem nur die Hüte verwendet werden. – Gewisse kleine Schirmlinge sind sehr giftig (s. S. 219), aber ihre geringe Größe genügt schon, um jede Verwechslung mit dem Parasol auszuschließen. Kaum verwechselt werden kann er mit einigen größeren Arten (Lepiota gracilenta, L. mastoidea oder, im Mittelmeergebiet, L. permixta), die nach ihrem Aussehen eine Mittelstellung zwischen dem typischen Parasol und Lepiota excoriata (s. S. 200) einnehmen.

im Fluß, als daß wir sie hier in einer Übersicht darstellen könnten. Beschränken wir uns auf die Vermittlung der wichtigsten Gruppen, indem wir nur ihre häufigsten Vertreter, die jedermann auf Pilzwanderungen antreffen kann, als Beispiele bringen.

Die *Wachsblättler*. Sie sind leicht an ihren dicken, wachsartigen, voneinander entfernt stehenden Lamellen kenntlich; ihr festes oder gebrechliches, aber durchweg kompaktes Fleisch ist im Hut wie von Wasser durchtränkt, im Stiel dagegen mehr faserig. Sie haben außerdem oft lebhafte Farben und weiße Basidiosporen. Die Gattung Hygrophorus wurde in drei Untergattungen eingeteilt, aber gewisse Arten haben Eigenschaften, die es nahelegen, ihnen eine Zwischenstellung einzuräumen. Dies ist ein Zeichen dafür, daß die Untergattungen nicht eindeutig abzugrenzen sind.

Die *Schnecklinge* (Limacium) besitzen fast durchweg einen schmierigen Hut und Stiel (die Stielspitze ausgenommen). Sie sind im allgemeinen ziemlich fleischig (ihr Stiel ist eher faserfleischig), wachsen vorzugsweise in Wäldern, während die Arten der beiden anderen Untergattungen, im Gegensatz zu ihnen, mehr auf Wiesen vorkommen. Manche sind weiß, wie der geruchlose Hygrophorus (Limacium) eburneus (Fig. 26 und Abb. 50) oder sein nächster Verwandter, der nach der Weidenbohrerraupe riechende Hygrophorus (Limacium) cossus, beide sehr schleimige Pilze. Anderen sind leichte Rosatöne eigen, oder sie neigen ganz zu Rosenfarben wie Hygrophorus (Limacium) russula (Abb. 51), ein dicker, stämmiger Schneckling, Hygrophorus (Limacium) pudorinus mit falbrosafarbenem Hut, der auch mehr orange vorkommt, ein häufiger Pilz im Gebirgsnadelwald, oder Hygrophorus (Limacium) poetarum mit ausgesprochen rosenrötlichem Hut aus dem Buchenwald. Dann gibt es noch gelbe wie Hygrophorus (Limacium) lucorum oder weiße, die gelb werden, wie Hygrophorus (Limacium) chrysodon, dessen Hutrand mit zahlreichen gelben Flocken geschmückt ist. Andere neigen mehr zu Grau, besonders deutlich in der Hutmitte (H. tephroleucus, H. agathosmus, beide unter Nadelbäumen), oder Olivbraun (H. limacinus oder H. olivaceo-albus, große, sehr schmierige Arten) usw.

Die *Ellerlinge* (Camarophyllus) sind nicht schmierig, aber ihr Hut ist fleischig wie der der Schnecklinge. Es muß betont werden, daß die Grenzen zwischen diesen beiden hier zuerst aufgeführten Untergattungen auch nicht deutlich sind, und gewisse nicht schmierige Ellerlinge, besonders Hygrophorus marzuolus und Hygrophorus nemoreus, die für gewöhnlich zu Camarophyllus gestellt werden, haben eine Reihe von Merkmalen, die

Fig. 26 Hygrophorus eburneus (Schnitt)

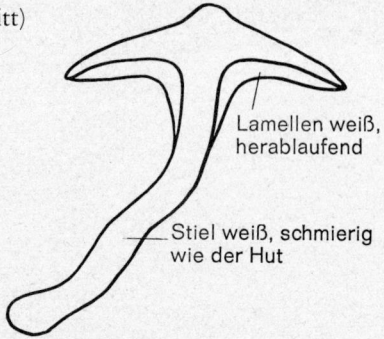

Lamellen weiß,
herablaufend

Stiel weiß, schmierig
wie der Hut

ihre Zuordnung zu Limacium rechtfertigen. Camarophyllusarten sind im allgemeinen weniger lebhaft und nie nach Rosarot hin gefärbt. Einzelne sind weiß, wie Hygrophorus (Camarophyllus) niveus und Hygrophorus (Camarophyllus) virgineus, oder bräunlichweiß (Hygrophorus russocoriaceus mit Juchtenledergeruch), andere zeigen graue Töne (Hygrophorus cinereus) oder ein mehr oder weniger lila getöntes Grau (Hygrophorus lacmus, Hygrophorus colemannianus) oder ein fahles Braunrot nach Mattorange hin wie Hygrophorus (Camarophyllus) pratensis.

Die *Saftlinge* (Gattung Hygrocybe) haben einen dünnen, hohlen Stiel und einen dünnfleischigen Hut. Sie sind schmierig oder wenigstens feucht und oft lebhaft gefärbt. Einige Arten, die in den Verwandtschaftskreis von Hygrophorus (Hygrocybe) conicus (Fig. 27 und Abb. 49) gestellt werden, sind orangegelb oder rot mit stets mehr oder minder kegelförmigem Hut.

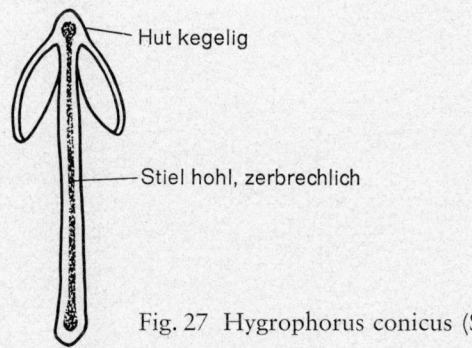

Hut kegelig

Stiel hohl, zerbrechlich

Fig. 27 Hygrophorus conicus (Schnitt)

Gelb ist Hygrophorus (Hygrocybe) obrusseus, mehr nach Orange neigen Hygrophorus conicus und Hygrophorus (Hygrocybe) nigrescens (letzterer stärker schwärzend als H. conicus). Ausgesprochenes Orange zeigt Hygrophorus (Hygrocybe) intermedius. Schön blutrot ist Hygrophorus (Hygrocybe) puniceus. Ähnliche Farben kehren wieder bei kleineren, nicht kegelhütigen Saftlingen (Hygrophorus coccineus, H. miniatus), aber auch gelbe mit Grüntönung (Hygrophorus chlorophanus), und selbst ein hübsches Grün, das mit dem Alter ins Gelbliche verblaßt, kommt bei Hygrophorus psittacinus vor. Gewisse Saftlinge sind aber auch weniger auffallend gefärbt (Hygrophorus spadiceus, H. quietus usw.).

Die *Ritterlinge* (Tricholoma) sind fleischige Pilze von kräftiger Statur, deren Stiel und Hut in der Beschaffenheit übereinstimmen und daher nur durch Zerreißen des Pilzgewebes getrennt werden können. Die Lamellen unter dem Hut zeigen nahe am Stiel eine bezeichnende Ausbuchtung. Volva und Ring sind im Regelfall nicht vorhanden (obwohl gewisse, vorwiegend im Süden verbreitete Arten einen Ring besitzen: Tricholoma robustum, T. caligatum u. a.).

Man trifft auch bei den Ritterlingen die verschiedensten Farben und Gerüche an. Wenn manche nur graugetönt sind (Tricholoma terreum, dessen Stiel weißlich, der Hut dunkelgrau und auch die Lamellen graulich sind),

◄ 76 LEPIOTA RHACODES, Safranschirmling
(in der Mitte ein alter Pilz; die anderen sind jünger)

Klasse: BASIDIOMYCETES (Ständerpilze)
Ordnung: AGARICALES (Blätterpilze)

Dem Parasol ähnlich, gewöhnlich aber etwas kleiner, hat der Safranschirmling einen gedrungeneren, weniger schlanken Wuchs. Zudem ist sein Hut von sehr breiten Schuppen oder zerfaserten Platten bedeckt, und sein weißes Fleisch färbt sich beim Anbruch rot. Der vom Hut trennbare Stiel ist kürzer und dicker als der des Parasols und nicht von braunen Schüppchen getüpfelt. Die Lamellen sind wie bei Lepiota procera weiß und vom Stiel frei abstehend, der Ring umgreift den Stiel, der unten stark knollig verdickt ist.

Vorkommen: Man findet diesen Pilz während der Sommer- und Herbstmonate in Wäldern mit reicher Streudecke, besonders unter Nadelbäumen; er kommt aber auch auf Kulturland und selbst in Gärten vor.

Anmerkung: Ein vorzüglicher Speisepilz, von manchen Feinschmeckern höher eingeschätzt als der Parasol, obwohl der Geschmack des rohen Pilzes nicht als angenehm bezeichnet werden kann.

so sind andere wieder von einem reinen seidigen Weiß, höchstens hier und da mit rötlichen oder bläulichen Flecken (Tricholoma columbetta), oder sind milchweiß (Tricholoma album, mit Geruch nach altem, verdorbenem Mehl), oder haben vielmehr zuerst einen weißen, später cremeblaß oder graufalb getönten Hut (Tricholoma georgii, ein Frühlingspilz mit angenehmem Geruch nach frischem Mehl, bekannt unter dem Namen Maipilz).

Tricholoma sulfureum (Fig. 28 und Abb. 52), mit starkem Leuchtgasgeruch, zeichnet sich hingegen durch ein schönes Schwefelgelb aus; der Grünling oder Edelritterling (Tricholoma equestre), ohne den üblen Geruch und sehr gesucht, ist ebenfalls gelb, doch mit nach braunrötlich spielender Hutmitte. Die Hutfarbe von Tricholoma sejunctum (Abb. 54) ist olivgelb; diese Farbe und die strahlig verlaufenden Hutfasern können denen des Grünen Knollenblätterpilzes zum Verwechseln ähnlich sehen (Abb. 90). Ebenso zeigt Tricholoma portentosum radiale Fasern auf dem Hut, hier aber von dunkelgrauer Färbung; der Pilz strömt einen Geruch aus, der etwas an Mehl erinnert. Schön rötlichbraune Hüte trifft man bei Tricholoma albobrunneum an, einer Art mit weißem Stiel und weißen, braunfleckig werdenden Lamellen. Bei dem stark nach minderwertiger Seife riechenden Tricholoma saponaceum kann der Hut verschieden gefärbt sein: von grünlichen, bisweilen sogar weißlichen bis zu braunen, grüngemischten Farbtönen.

Neben die echten, weißsporigen Ritterlinge stellt man die ebenfalls weißsporigen Weichritterlinge (Melanoleuca). Ihr steifer, faserfleischiger Stiel hat nicht mehr dieselbe Konsistenz wie der Hut. Desgleichen nehmen die

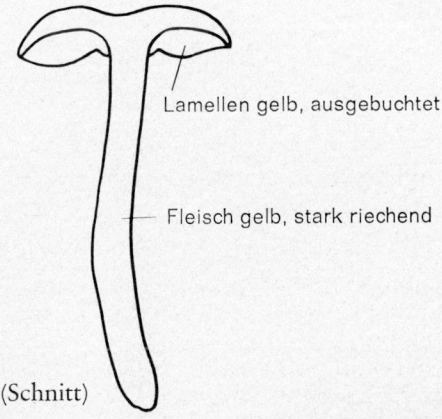

Lamellen gelb, ausgebuchtet

Fleisch gelb, stark riechend

Fig. 28 Tricholoma sulfureum (Schnitt)

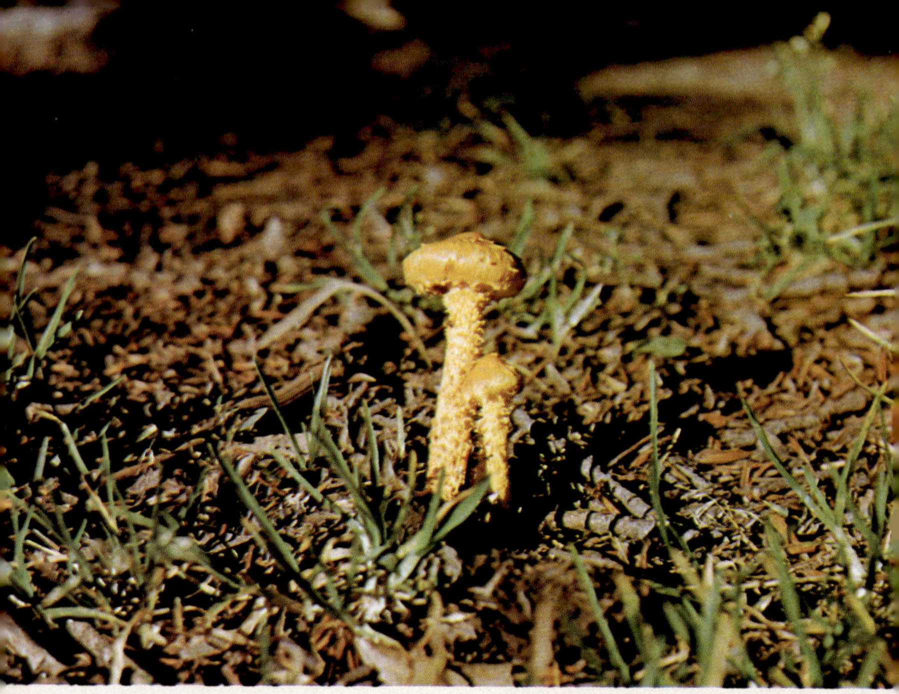

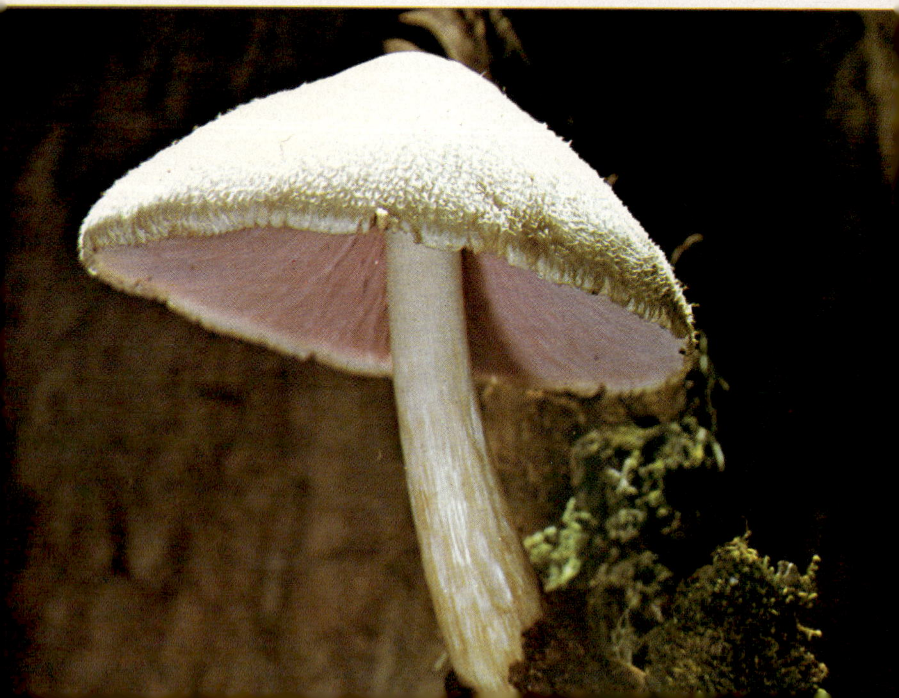

◄ 77 PHOLIOTA FLAMMANS, Feuerschüppling (in jugendlichem Zustand)

Klasse: BASIDIOMYCETES (Ständerpilze)
Ordnung: AGARICALES (Blätterpilze)

Der Feuerschüppling ist ein hübscher Pilz von goldgelber Farbe. Die schwefelgelben Hutschüppchen heben sich von der dunkleren Hutfarbe ab; auch der schlanke Stiel ist unterhalb des Ringes mit abstehenden gelben Schüppchen bedeckt. Die anfänglich gelblichen Lamellen werden mit der Sporenreife braun. Der Pilz zählt zu den kleineren Arten seiner Gattung.

Vorkommen: Er erscheint schon im Sommer auf Stümpfen, vor allem auf denen der Nadelhölzer, meist in kleinen Büscheln, manchmal auch auf faulendem Holz, das im Waldboden zugedeckt liegt.

Anmerkung: Der Pilz ist ungenießbar. – An ähnlichen Orten wächst der gleichfalls schön gelbe, größere Schleimige Schüppling (Pholiota adiposa, s. S. 195), dessen Hut- und Stielschuppen schleimig aufquellen und braungelb gefärbt sind

◄ 78 VOLVARIA BOMBYCINA, Wolliger Scheidling (fast erwachsen)

Klasse: BASIDIOMYCETES (Ständerpilze)
Ordnung: AGARICALES (Blätterpilze)

Bei den Scheidlingen, deren Stiel in eine Scheide (Volva) eingehüllt ist, jedoch keinen Ring trägt, läßt sich der Stiel leicht vom Hut loslösen. Die Lamellen sind anfangs weiß, später, wenn die Sporen heranreifen, rosa verfärbt.

Der Wollige Scheidling besitzt einen schönen weißlichen oder gelblichweißen, seidigfaserigen bis feinschuppigen Hut; die gedrängten Lamellen sind rein rosa. Der weiße Stiel ist am Grunde von einer weiten, häutigen Volva eingeschlossen.

Vorkommen: Volvaria bombycina ist ein Holzbewohner und siedelt sich nur auf totem, vermoderndem Holz an, auf Stümpfen oder sogar auf gehäuften Sägespänen. Diesen ausgezeichneten Speisepilz trifft man gelegentlich im Sommer und im Herbst an, er ist aber ziemlich selten.

Anmerkung: Die Scheidlinge sind jedoch nicht durchweg Holzzerstörer (s. S. 197).

155

Raslinge (Lyophyllum) mit ihrem festeren Fleisch und den im Alter etwas herablaufenden Lamellen ein mehr mit den Trichterlingen (Clitocybe, s. S. 163) übereinstimmendes Aussehen an; die häufigste Art ist Lyophyllum aggregatum, ein gehäuft auf dem Boden am Fuß der Bäume wachsender Pilz.

Die Rötelritterlinge sind rosasporige, nicht weißsporige Ritterlinge. Die bekannteste Art ist der Violette Rötelritterling (Rhodopaxillus nudus, Abb. 55) mit angenehmem Obstgeruch; ihm sind anzuschließen der heller gefärbte Rhodopaxillus saevus und der nach Iris duftende Rhodopaxillus irinus. Rhodopaxillus panaeolus, mit unregelmäßig gewelltem Rand, wächst im Herbst nicht selten auf Wiesen.

Schließlich sehen die Tricholomopsisarten wie Ritterlinge aus, wachsen aber unmittelbar auf Holz; sie stimmen in manchem mit den Seitlingen (s. S. 166) überein. Die beiden häufigsten Arten sind Tricholomopsis rutilans, überall auf Nadelholzstümpfen, und Tricholomopsis decora (Abb. 53) von mehr nordischer und montaner Verbreitung.

Die *Rüblinge (Collybia)*. Als mittelgroße oder ziemlich kleine Pilze haben die Rüblinge einen faserig-knorpeligen Stiel ohne Volva noch Ring. Der Hut ist wenig fleischig, oft ziemlich zäh. Ihre Sporen sind, in größerer Menge ausgefallen, weiß. Es gibt unter ihnen sehr häufige Arten wie Collybia fusipes (Fig. 29 und Abb. 99), die am Fuß von Buchen oder Eichen büschelig auftritt, Collybia butyracea mit einem horngrauen, dunkler braungebuckelten Hut, der sich fettig anfühlt, Collybia maculata, eine weiße, bald rostfleckig werdende Art, die unter Nadelbäumen häufig ist,

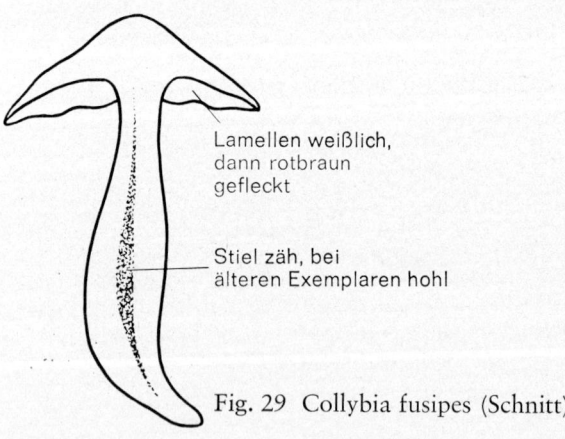

Lamellen weißlich,
dann rotbraun
gefleckt

Stiel zäh, bei
älteren Exemplaren hohl

Fig. 29 Collybia fusipes (Schnitt)

Collybia distorta mit rotbraunem, im Alter blasserem Hut. Der Waldfreundrübling (Collybia dryophila), ein Massenpilz vom Frühling bis zum Herbst, hat einen dünnen, nur langsam faulenden Hut, worin er den ihm nahestehenden Schwindlingen (s. S. 160) gleicht. Seine Lamellen sind weißlich oder, vor allem bei den Frühlingsformen, von Jugend an gelb getönt. Von den häufigen Rüblingen mittlerer Größe nennen wir noch Collybia erythropoda mit rötlichbraunem Hut und rötlichem Stiel sowie Collybia platyphylla, mit grauem, von strahlig verlaufenden Fasern gestreiftem Hut und dicken, weißen Strängen am Stielgrund, denen der Pilz aufsitzt. Dieser Rübling hat manches mit der Gattung Tricholomopsis, zu der er auch schon gestellt wurde, und mit Oudemansiella gemein.

Außer diesen mittelgroßen Rüblingen gibt es noch kleinwüchsige Arten, die auf abgefallenen Zapfen von Nadelbäumen, so Collybia conigena, oder auf anderen Pilzen wachsen (Collybia cirrhata auf alten Schwefelköpfen, s. S. 187, Collybia tuberosa auf alten Täublingen). Tephrophana enthält kleine Rüblinge mit dunklen Farben und grau werdenden Lamellen, von denen wir nur Collybia (Tephrophana) rancida anführen, einen Pilz mit starkem Geruch nach ranzigem Mehl.

Neben die Rüblinge mit niemals deutlich schmierigem Hut stellt man die Gattung Flammulina (Flammulina velutipes, Abb. 56) und die Schleimrüblinge (Gattung Oudemansiella), beide mit sehr schmierigem Hut:

79 AMANITA VAGINATA, Scheidenstreifling (ziegelrote Abart, vorn in noch ►
jungem, die beiden anderen Exemplare in reifem Zustand)

Klasse: BASIDIOMYCETES (Ständerpilze)
Ordnung: AGARICALES (Blätterpilze)
Stets ohne eigentlichen Ring, besitzt der Scheidenstreifling einen schlanken, gebrechlichen Stiel, der am Grund in einer häutigen, länglichen Scheide (Volva) steckt. Bei der typischen Form ist der Hut grau, bei der Abart fulva ziegelfarben oder braunorange; er ist am Rande stets gerieft. Die Lamellen sind wie bei allen Amaniten weiß.
Vorkommen: Im Sommer und besonders im Herbst sind beide Abarten in Laubwäldern in Menge zu finden.
Anmerkung: Beide Abarten, die graue wie die ziegelrote, sind ausgezeichnete Speisepilze (nur muß man bei der Varietät fulva die etwas bittere Huthaut abziehen). Wegen des allzudünnen Fleisches werden sie jedoch nur wenig gesammelt. – Es gibt noch weitere Wulstlinge, bei denen kein Ring zu beobachten ist (s. S. 201), aber keiner von ihnen ist giftig.

Oudemansiella radicata, ein weltweit verbreiteter Pilz mit gerunzeltem, schmierigem, hellgelblichgrauem Hut und ringlosem, durch einen langen Strang verlängertem Stiel; Oudemansiella mucida mit weißem, durchscheinendem, schmierigem Hut und einem Stiel mit hübschem Ring (dieser Pilz wächst büschelig an alten Buchenstämmen).

Die *Schwindlinge (Marasmius).* Als Verwandte der Rüblinge sind die Schwindlinge gekennzeichnet durch ein zähes Fleisch, das nicht rasch fault, sondern vielmehr zum Vertrocknen neigt. Die Grenze zwischen beiden Gattungen ist nicht genau festgelegt und bei den verschiedenen Autoren oft fließend. Wir haben gesehen, daß der Waldfreundrübling (Collybia dryophila) zu den Schwindlingen Beziehungen hat, aber es werden manchmal auch Marasmiusarten in die Gattung Collybia gestellt, so der Feldschwindling (Marasmius oreades) und Marasmius collinus (beides Speisepilze, von denen der erstere bevorzugt gesammelt wird) sowie der scharf schmeckende Marasmius peronatus.
Diesen mittelgroßen, den Rüblingen sehr nahestehenden Arten sind winzig kleine Schwindlinge anzuschließen, die auf toten Baumästen oder auf Reisig wachsen (Marasmius ramealis), oder die auf den Stielen und Adern abgefallener Blätter (Marasmius epiphyllus) oder auf Koniferennadeln sitzen (Marasmius perforans). Gewisse kleine Schwindlinge bringen schwarze Haare hervor, die sich zwischen den dünnen, ebenfalls schwarzen Fruchtkörperstielchen eingemengt finden; so verhält sich Marasmius androsaceus, eine auf Ästchen und Nadeln von Kiefern häufige Art.

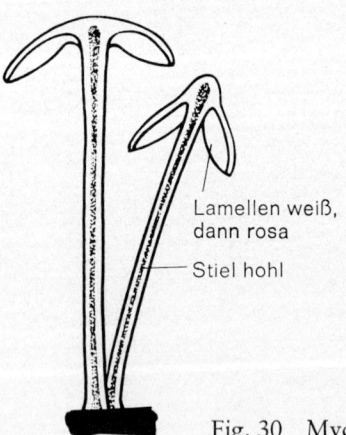

Lamellen weiß, dann rosa

Stiel hohl

Fig. 30   Mycena galericulata (Schnitt)

80 AMANITA RUBESCENS, Perlpilz (rechts ein noch junges Exemplar) ▲

Klasse: BASIDIOMYCETES (Ständerpilze)
Ordnung: AGARICALES (Blätterpilze)

Oft zu Anfang blaß, grau oder weißlich, nimmt der Hut des Perlpilzes eine wein-
rote, fleischbräunliche oder sogar erdbraune Farbe an; er ist mit mehligen Hüll-
resten bedeckt. Die weißen Lamellen bekommen im Alter ebenfalls rote Flecken.
Der weiße oder blaßrosafarbene (bei der Varietät sulfureoannulata schwefelgelbe) Ring ist bei jungen Pilzen weit abstehend, zerreißt dann oft und hängt am
Stiel herab; dieser geht von einem blassen Grau alsbald wie der Hut nach Weinrot, besonders am Grunde. Das weiße Fleisch rötet bei Bruch und in Maden-
gängen.
Vorkommen: Der Perlpilz ist vom Sommer an durch den ganzen Herbst ein verbreiteter, sehr häufiger Pilz der Gebüsche und Laubwälder.
Anmerkung: Er ist sehr schmackhaft, wenn er in jungem Zustand gesammelt
wird; weiter entwickelt nimmt er zuweilen einen stärkeren, weniger angenehmen
Geschmack an. Trotz seiner großen Veränderlichkeit in Form und Farbe ist der
Perlpilz leicht am Röten seines Fleisches kenntlich. Man vermeide Verwechslungen mit anderen Wulstlingen, die unveränderlich weißes Fleisch besitzen: mit
dem Pantherpilz (Abb. 91), einem sehr giftigen Pilz, aber auch mit anderen Arten
wie Amanita spissa, die zwar unschädlich, aber nicht sehr schmackhaft ist.

161

Bei anderen, wie Marasmius rotula, der auch auf Holzabfällen wächst, sind die Lamellen unter sich nahe am Stiel, wo dieser in den Hut übergeht, zu einer Art Halsband verbunden. Schließlich sei noch erwähnt, daß einige Schwindlinge, allen voran Marasmius alliaceus, einen durchdringenden Geruch nach Lauch von sich geben.

Die *Helmlinge (Mycena)*. Auch sie gehören zu den Pilzen von kleinem Wuchs und schmächtigem, zierlichem Aussehen, mit einem dünnen, mehr häutigen als fleischigen Hut. Manche wachsen büschelig auf altem Holz, wie die zähstielige Mycena inclinata mit ihrem starken Geruch nach altem Talg oder Mycena galericulata (Fig. 30) mit oft abgeplattetem Stiel und mit rosa werdenden Lamellen, sobald der Pilz zu altern beginnt, dann die grieftstielige Mycena polygramma und Mycena alcalina (Abb. 58) mit aufdringlichem Geruch nach Eau de Javelle (diese Art kommt auch einzeln vor, auf abgefallenem Laub, dann aber in einer schwächlichen Erscheinungsform). Groß ist die Zahl weiterer kleiner bis winziger Helmlinge, die Abfälle von Holz und Laub besiedeln, so etwa Mycena filopes oder Mycena vitilis, deren graubräunliche Hütchen auf 5–10 cm hohen Stielen einen Durchmesser von 2–2,5 cm nicht überschreiten; andere sind noch viel kleiner.

Trotzdem beschränkt sich das Vorkommen der Helmlinge keineswegs auf Stümpfe, Ästchen und faulendes Laub: Mycena seynii (Abb. 95) z.B. lebt auf alten Kieferzapfen; andere wachsen auf dem Erdboden, im Unterholz (Mycena pura, Abb. 57) oder im Rasen, zwischen Moosen, auf Torfmooren. Zum Abschluß der Helmlinge bleibe nicht unerwähnt, daß es

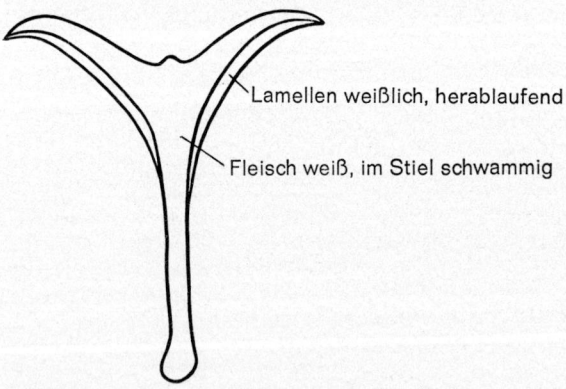

Lamellen weißlich, herablaufend

Fleisch weiß, im Stiel schwammig

Fig. 31 Clitocybe infundibuliformis (Schnitt)

unter ihnen einige mit Milchsaft gibt; dieser, weiß bei Mycena galopoda, rot bei Mycena sanguinolenta, tritt beim Abbrechen des Stieles an der Bruchstelle aus.

Die *Nabelinge (Omphalia)*. Diese Gattung umfaßt kleine, schwachwüchsige Pilze nach Art der Helmlinge, aber mit am Stiel herablaufenden Lamellen, wodurch sie in der Tracht mehr an Trichterlinge erinnern.

Die *Trichterlinge (Clitocybe)*. Bei ihnen laufen die Lamellen weit am Stiel herab, und der Hut selbst ist von oben her oft niedergedrückt; daher sehen die Pilze äußerlich wie Trompeten oder Trichter aus. Im Gegensatz zu den vorhergehenden Gattungen finden wir bei den Trichterlingen sehr große Arten, den Nebelgrauen Trichterling (Clitocybe nebularis), auch Graukappe genannt, mit nicht jedermann zusagendem, starkem Geschmack, und den hellockerhütigen Mönchskopf (Clitocybe geotropa).
Ebenfalls häufig begegnen wir dem Gebuckelten Trichterling (Clitocybe infundibuliformis, Fig. 31 und Abb. 59), der einen stark vertieften Hut mit kleinem Buckel in der Trichtermitte besitzt, der grauen Clitocybe ditopa, die nach Mehl riecht, und der schön hellgrünen, zuweilen ins Bläuliche neigenden Clitocybe odora mit ihrem sehr feinen Anisgeruch. Auch Clitocybe clavipes entwickelt in der Jugend schwachen Anisduft, der aber flüch-

81 AMANITA ECHINOCEPHALA, Kegelwarziger Wulstling ▶

Klasse: BASIDIOMYCETES (Ständerpilze)
Ordnung: AGARICALES (Blätterpilze)

Dieser ziemlich gedrungene, weißliche Wulstling besitzt einen dicken, fleischigen Hut, der mit kegelförmigen, aufgerichteten, durch Reiben mit dem Finger leicht abwischbaren Warzen überdeckt ist. Die gedrängten Lamellen sind weiß mit grünlichen Reflexen. Der Stiel ausgewachsener Exemplare ist robust, weißlich, mit besonders abwärts deutlichen, etwas gelblichen Schuppen. Er wird von einer häutigen Manschette umfaßt und ist am Grunde zwiebelig verdickt.
Vorkommen: Man trifft den Stachelwulstling (wie er auch genannt wird) in Laubwäldern, sogar in Parkanlagen, vorzugsweise an trockenen Orten, aber nur sehr zerstreut an; in Mitteleuropa gehört er zu den Seltenheiten.
Anmerkung: Ein nahe verwandter Wulstling, Amanita vittadinii (s. S. 213), von weniger robuster Gestalt, mit Stielschuppen, die bis zum Alter erhalten bleiben, ist im Mittelmeergebiet beheimatet.

tig ist und in einen faden Geruch nach feuchtem Gras oder Moos übergeht. Vermerken wir schließlich, daß es eine Reihe weißer Trichterlinge gibt (Clitocybe dealbata, C. rivulosa, C. cerussata), deren Hutoberfläche oft aussieht, als sei sie stellenweise von einer Reifschicht überzogen; es handelt sich hier um Giftpilze, und man tut gut daran, sie kennenzulernen, wenn man üble Erfahrungen vermeiden will.

Der Hallimasch (Abb. 110) ist so etwas wie ein holzbewohnender Trichterling mit Stielring; er erscheint in großen Haufen an Stümpfen oder am Grund von Stämmen, deren Holz er zerstört. Ein Doppelgänger des Hallimasch, aber ohne Ring und somit ein echter Trichterling, Clitocybe tabescens, hat im übrigen die gleiche Lebensweise und entwickelt seine Fruchtkörper ebenso in Büscheln auf dem befallenen Holz.

Den Trichterlingen stehen die Vertreter der Gattung Lepista nahe: sie gleichen ihnen in der Gestalt, unterscheiden sich aber durch ihre feinstacheligen statt glatten Basidiosporen; die häufigste Art ist Lepista inversa mit rotbraunem Hut und weißlichen, im Alter mehr rötlich werdenden Lamellen; sie kommt im Herbst überall in Wäldern vor. Die Lackpilze (Laccaria laccata, Abb. 60, und Laccaria amethystina von gleicher Gestalt, aber violetter Farbe) weichen durch besonders weit voneinander entfernte, am Stiel kaum herablaufende Lamellen ab; sie haben nicht mehr die charakteristische Haltung der Trichterlinge.

Die *Seitlinge (Pleurotus)*. Diese holzbewohnenden, fleischigen Pilze sind nie zentral gestielt: ihr Stiel steht entweder exzentrisch oder ganz seitlich oder fehlt manchmal völlig. Die Sporen sind weiß oder leicht rosa. Manche mit kurzem, seitlichem, mitunter fast fehlendem Stiel erscheinen gehäuft an Hölzern (Pleurotus ostreatus, Abb. 61). Besser entwickelt ist der Stiel bei Pleurotus cornucopiae (Fig. 32), auch seine Fruchtkörper erscheinen in Büscheln an Holz; sie sind weißlich, werden sehr bald gelblich und bilden ganz unsymmetrische Trichter. Bei Pleurotus olearius, dem giftigen Ölbaumpilz, der auf Ölbaumstöcken fruktifiziert, und bei Pleurotus illudens, einem sehr nahestehenden Eichenbewohner, ist der Stiel noch deutlicher ausgebildet. Die Fruchtkörper sehen wie unsymmetrische Trichterpilzbüschel von orangegelber bis orangebräunlicher Farbe aus (sie wurden übrigens lange Zeit zur Gattung Clitocybe gezogen). Pleurotus eryngii entwickelt seine Fruchtkörper auf den Wurzelstöcken von Mannstreu (Eryngium); sie sind ebenso geformt wie die der beiden vorangehenden Arten, aber von graubrauner, verblassender Farbe und erscheinen eher vereinzelt als in Büscheln.

In die Nähe von Pleurotus wird die Gattung Pleurotellus gestellt; zu ihr gehören ebenfalls weichfleischige, an Holz lebende Pilze, jedoch von geringer Größe. Verwandt sind ferner Hohenbuehelia (oder Acanthocystis), im typischen Fall Erd-, nicht Holzbewohner (es werden ihnen trotzdem manchmal einzelne holzbewohnende Arten zugeteilt), und Geopetalum, ebenfalls weichfleischige, erdbewohnende Pilze mit fast zentralem Stiel. Die Gattung Panus, gleich den Seitlingen an Holz, unterscheidet sich von diesen durch zähes, nicht faulendes Fleisch; dasselbe gilt für die kleinwüchsigen Panellusarten: Panellus stipticus, kurz seitlich gestielt, hell ockerfarben und von sehr scharfem Geschmack; Panellus mitis, weißlich und mit mild schmeckendem Fleisch.

Die *Zählinge (Lentinus)* kommen als Holzzerstörer auch auf faulenden Stümpfen vor; ihr Fleisch ist nicht verweslich, die Lamellen laufen am gewöhnlich vorhandenen Stiel herunter. Lentinus tigrinus (Fig. 33) mit blassem, schwarzschuppig getigertem Hut besitzt einen ziemlich schlanken

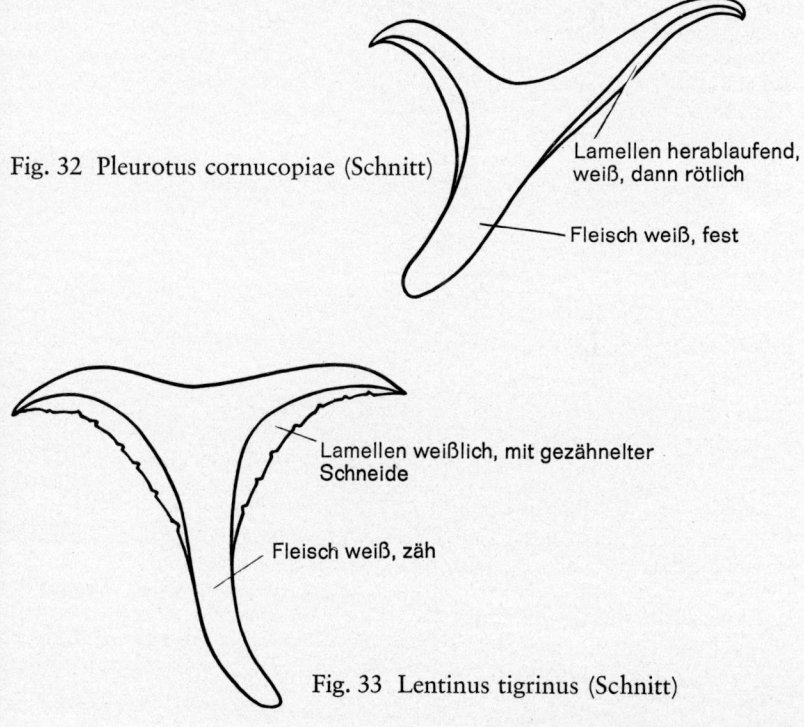

Fig. 32 Pleurotus cornucopiae (Schnitt)

Lamellen herablaufend, weiß, dann rötlich

Fleisch weiß, fest

Lamellen weißlich, mit gezähnelter Schneide

Fleisch weiß, zäh

Fig. 33 Lentinus tigrinus (Schnitt)

82 LYCOPERDON GEMMATUM, Flaschenstäubling (junges Exemplar) ▶

Klasse: BASIDIOMYCETES (Ständerpilze)
Ordnung: GASTERALES (Bauchpilze)

Bei den Gasterales reifen die Sporen im Inneren des Pilzes, durch eine Membran (Peridie genannt) geschützt, nicht mehr auf der Oberfläche in Röhren oder auf Lamellen, wo sie frühzeitig der Luft ausgesetzt sind (s. S. 99).
Der junge Flaschenstäubling ist weiß und von leicht abbrechenden, bei typischen Stücken ungleich großen Warzen bedeckt. Der im Bild festgehaltene Pilz ist in dieser Hinsicht wenig typisch, da er gleichlange, zerschlissene Warzen zeigt. Er nähert sich Formen, die als Varietät excoriatum vereinigt werden, bei der die Warzen nicht einzeln, sondern in Plättchen zusammen abfallen. Der Stiel verjüngt sich nach unten und ist hier frei von Warzen. Die fruchtbare Zone (Gleba) im Inneren des Kopfteils (s. S. 214) ist weiß und festfleischig. Mit dem Alter wird der Fruchtkörper braun und verliert seine Warzen mehr oder weniger vollständig, wobei die größeren zuerst abfallen. Die Gleba nimmt zuerst ein grünlich getöntes Gelb an, wird dann braun und verwandelt sich bei völliger Reife in eine Art Pulver, das aus Sporen und mit ihnen vermischten feinen Fäden (den Capillitiumfasern) besteht. Wenn man den Fruchtkörper zusammendrückt, entläßt er seine Sporen durch eine endständige Mündung (Ostiolum) in Form einer Staubwolke. (Der alte Volksname Bovist = Bubenfist nimmt darauf Bezug.)
Vorkommen: Der Flaschenstäubling ist im Herbst auf dem Boden in Laub- und Nadelwäldern ein sehr häufiger Pilz.
Anmerkung: Im jungen Zustand, solange die Gleba weiß und fest bleibt, kann er gegessen werden, ist aber nur von sehr mäßiger Qualität.

83 LYCOPERDON PYRIFORME, Birnenstäubling (junge Exemplare) ▶

Klasse: BASIDIOMYCETES (Ständerpilze)
Ordnung: GASTERALES (Bauchpilze)

Dieser Stäubling, der einer Birne oder einem Kreisel gleicht, mit schwächer als beim vorigen entwickeltem Stiel ist nicht deutlich warzig, er sieht im Jugendzustand wie mit mehr oder weniger mehligen, leicht abfallenden Körnchen bestreut aus. Wie alle Stäublinge wird er mit der Reife braun und entläßt eine Staubwolke, wenn man ihn zusammendrückt.
Vorkommen: Er erscheint im Herbst oft in dichten Trupps auf alten, faulenden Stümpfen oder auf Laubholzresten, vor allem auf Buchenstöcken.
Anmerkung: Wie der Flaschenstäubling ist auch der Birnenstäubling eßbar, aber kaum besser als dieser. – Man trifft auch noch andere Stäublinge, so Lycoperdon echinatum, jung mit langen Dornen, Lycoperdon pratense mit kurzen, niederen Warzen usw. Die Fruchtkörper von Calvatia (s. S. 214) sind größer und umfangreicher als die der eigentlichen Stäublinge.

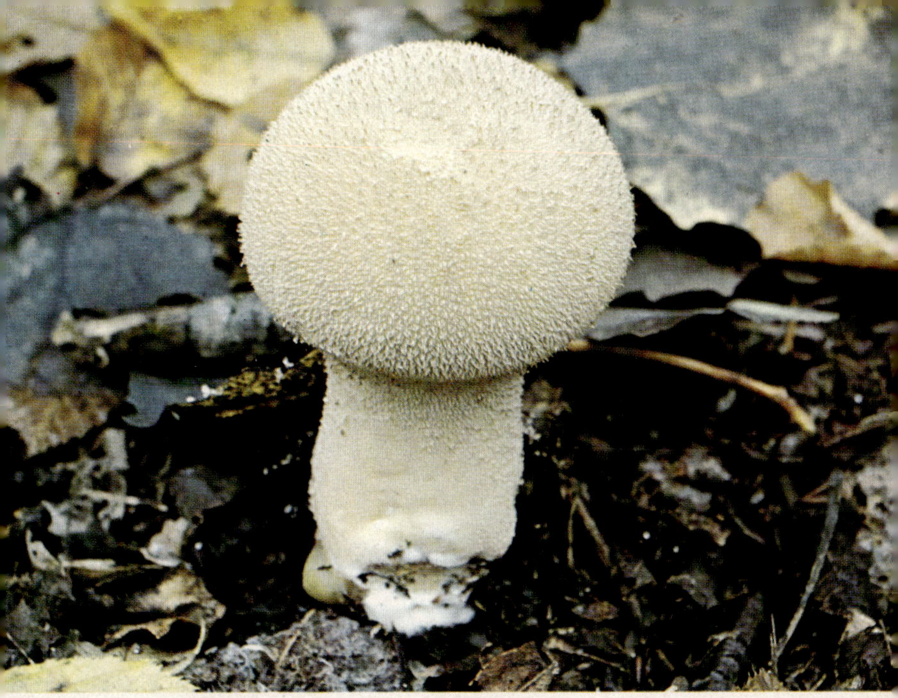
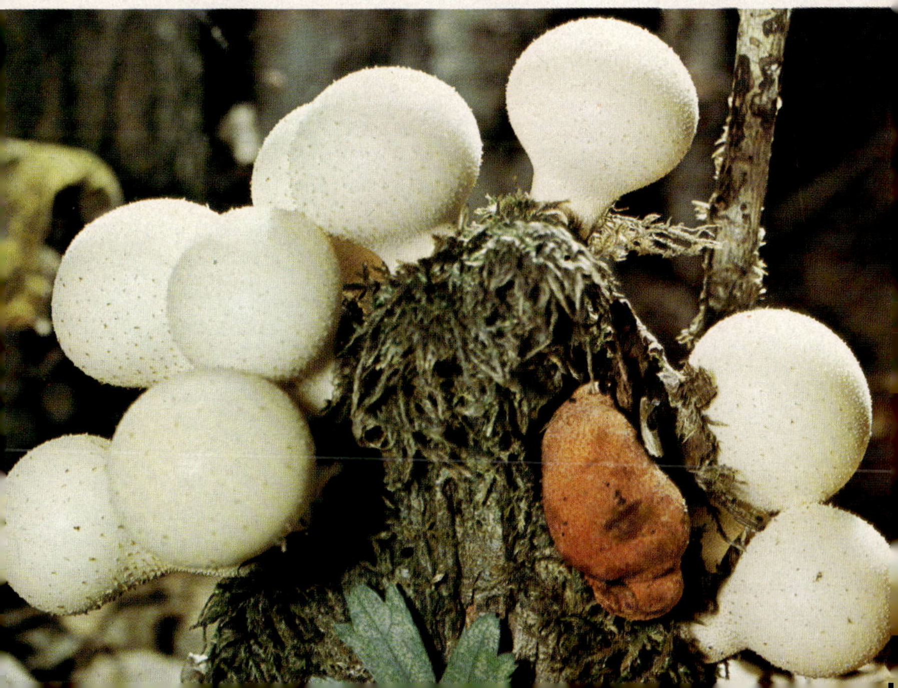

Stiel, doch ist der von Lentinus degener viel kräftiger gebaut. Bei Lentinus lepideus (Abb. 100) setzt sich der manchmal verkümmerte Stiel in eine lange, das faule Holz der befallenen Baumstümpfe durchziehende Wurzel fort. Von den Arten der Gattung Lentinellus, die sich eigentlich nur durch mikroskopische Sporenmerkmale von Lentinus unterscheiden, bekommt man gelegentlich Lentinellus cochleatus, einen büschelig auf Laubholz-stümpfen wachsenden Pilz, zu sehen. Man bringt in der Nähe dieser Gat-tungen auch noch Dochmiopus, Crepidotus und sogar Schizophyllum (Sch. commune, Abb. 101) unter, alles kleine, gleichfalls holzbesiedelnde Pilze, obgleich sie Eigenschaften aufweisen, die eine wirkliche Verwandt-schaft zwischen ihnen und den Seitlingen oder deren Nachbargattungen mehr als zweifelhaft erscheinen lassen; das gilt übrigens auch, vielleicht in geringerem Maße, für die Zählinge und ihre Trabanten.

Die *Mehlpilze (Clitopilus)*. Es sind dies weichfleischige Erdbewohner, die wegen ihrer rosaroten Sporenfarbe (die übrigens auch bei Dochmiopus vorkommt) wiederholt in eine künstlich konstruierte Verwandtschaft mit den Rötlingen gebracht wurden. Ihre Verwandtschaft zu den Seitlingen ist genauso zweifelhaft. Die häufigste Art ist Clitopilus prunulus (Fig. 34), ein sehr guter Speisepilz, dem sein starker Mehlgeruch den Namen Mehlpilz eingetragen hat. Seine Farbe ist ein sehr blasses, unreines Grau. Die weißen oder cremeblassen Lamellen laufen am Stiel herab und werden rosa, sobald die Sporen zu reifen beginnen.

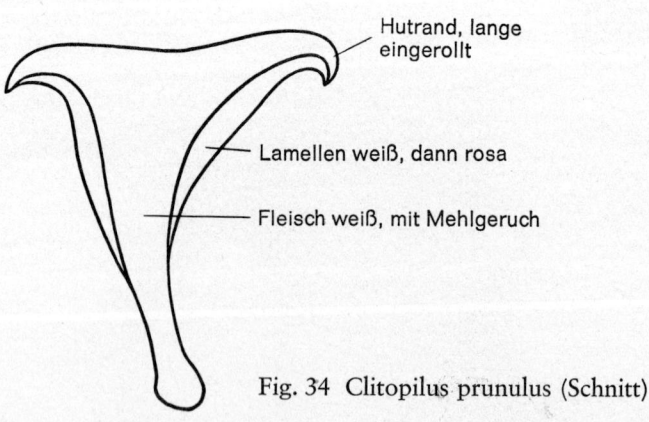

Hutrand, lange eingerollt

Lamellen weiß, dann rosa

Fleisch weiß, mit Mehlgeruch

Fig. 34 Clitopilus prunulus (Schnitt)

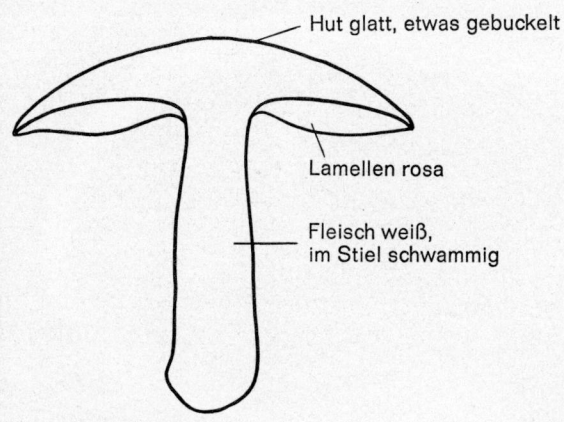

Hut glatt, etwas gebuckelt

Lamellen rosa

Fleisch weiß,
im Stiel schwammig

Fig. 35 Entoloma sinuatum (Schnitt)

Die *Rötlinge (Rhodophyllus)*. In dieser Gruppe faßt man Pilze mit rosafarbenen Basidiosporen mit charakteristisch vieleckigem Umriß zusammen.
Obwohl sie äußerlich sehr unterschiedlich aussehen können, erkennt man
sie im Gelände leicht an der gedämpften Rosafarbe ihrer Lamellen (zum
Unterschied von Pluteus, S. 197, beispielsweise).
Die Rötlinge im engeren Sinne (Gattung Entoloma) sind ziemlich große,
fleischige Arten, deren Lamellen immer mehr oder weniger ausgebuchtet
sind. Der Riesenrötling (Entoloma sinuatum oder E. lividum) ist ein sehr
giftiger Pilz von wechselnder, oft aber beträchtlicher Größe und im ganzen
wesentlich gewichtiger als die übrigen Rötlinge; sein Hut ist perlgrau bis
graugelblich und glatt (Fig. 35). Meist kleiner und von schlankerem Wuchs
finden wir Entoloma nidorosum, mit starkem Geruch nach Eau de
Javelle, und Entoloma rhodopolium, eine ähnliche, nicht immer leicht ab-
zugrenzende Art, die sehr schwach, etwa wie verdorbenes Mehl riecht.
Einige Rötlinge (Entoloma clypeatum, E. sepium) erscheinen im Frühling
an Wegrändern, in Hecken und Obstgärten.
An die Gattung Entoloma schließt man drei weitere Gattungen von Rötlingen mit Arten von kleinerem Wuchs an: die Glöcklinge (Gattung Nolanea) mit knorpeligzählichem Stiel und freien Lamellen, die Zärtlinge (Leptonia) mit viel zarterem Stiel und die sehr kleinen Nabelrötlinge (Eccilia)
mit herablaufenden Lamellen. Die Abgrenzung dieser drei Gattungen
untereinander ist nicht immer klar durchführbar.

◄ 84 SCLERODERMA AURANTIUM, Gemeiner Kartoffelbovist
(fast völlig reif, aufgeschnittenes Exemplar)

Klasse: BASIDIOMYCETES (Ständerpilze)
Ordnung: GASTERALES (Bauchpilze)

Der Gemeine Kartoffelbovist erzeugt rundliche Fruchtkörper, deren dicke, ockergelbe oder ockerrötliche, kleinfelderige Wand oben unregelmäßig aufreißt, wenn
der Pilz reif geworden ist. Bei noch jungen Stücken ist die Innenmasse weiß, wird
dann leicht rosa und schließlich schwarz, um sich in Sporenpulver umzuwandeln.
Vorkommen: Ein sehr häufiger Herbstpilz, vor allem auf trockeneren Böden
in Gehölzen und auf Heideflächen.
Anmerkung: Der Kartoffelbovist ist nicht genießbar, wird aber mitunter in be-
trügerischer Absicht kleingehackt unter Trüffeln gemischt, die zur Herstellung
bestimmter Pasteten dienen. Auf dem Bild sieht man in dem aufgeschnittenen
Pilz die schwarzbraune, schon etwas pulverig gewordene Gleba, von der sehr
dicken gelblichen Peridie umgeben. Die Kartoffelboviste unterscheiden sich von
den Stäublingen dadurch, daß die Gleba im vollen Reifezustand gänzlich zu Pulver zerfällt, ohne daß ein Capillitium übrigbleibt.

◄ 85 GEASTRUM FIMBRIATUM, Gewimperter Erdstern (junge Exemplare)

Klasse: BASIDIOMYCETES (Ständerpilze)
Ordnung: GASTERALES (Bauchpilze)

Hier spaltet sich die dicke, fleischige äußere Peridienwand und öffnet sich sternförmig (die auf dem Bild wiedergegebenen jungen Exemplare beginnen gerade
sich zu öffnen und sind erst in 3 oder 4 Lappen zerteilt, von denen sich jeder
weiterteilt, um so die völlige Entfaltung zu ermöglichen). Bleich oder weißlich
auf der Unterseite, ist diese aufgesprungene Hüllwand auf ihrer, hier allein sichtbaren Innenfläche bräunlichgrau. Wenn der Pilz reif wird, nimmt sie eine rötlichbraune Farbe und eine mehr papierartige Beschaffenheit an, während die Strahlen
des Sterns sich abwärts wenden und den Pilz emporheben. Die Innenhülle spaltet
sich nicht, sondern öffnet sich mit einer fransigen Mündung (dem Ostiolum), indem Fransen die Öffnung umstehen (gut zu sehen bei dem Exemplar links). Die
reifen Sporen entweichen durch die Mündung, genau wie bei den Stäublingen,
denen Geastrum ziemlich nahesteht.
Vorkommen: Dieser Erdstern kommt zur Herbstzeit ziemlich häufig in Laub-
und Nadelwäldern vor, oft in Gruppen auf Blättern und Nadelstreu.
Anmerkung: Astraeus hygrometricus ähnelt äußerlich den Erdsternen, hat aber
wie die Kartoffelboviste kein Capillitium und öffnet sich oben strahlenrissig
oder mit einer unregelmäßigen Spalte.

173

Die *Fälblinge (Hebeloma).* Es sind fleischige, auf dem Erdboden wachsende Pilze mit hellem, weißlichem bis blaßbraunem Hut. Hat man einmal einige von ihnen gesehen, dann sind sie leicht an der bezeichnenden Grauockerfarbe ihrer Lamellen, die zuletzt durch die reifen Sporen schmutzigbraun werden, wiederzuerkennen. Manche haben einen kahlen Stiel, weder beringt noch mit ausdauernder Cortina: Hebeloma crustuliniforme mit starkem Rettichgeruch und Lamellen, die bei feuchtem Wetter Wassertröpfchen absondern, Hebeloma sinapizans mit weniger vergänglicher Cortina, stämmigerem Wuchs, kräftigerem Stiel und einem vielleicht etwas schwächeren Geruch als beim vorigen, Hebeloma sacchariolens, kleiner und mit süßlichem Duft. Bei anderen hält sich die Cortina dagegen länger. Dies ist bei Hebeloma mesophaeum der Fall, einem kleinen hellbraunen, in der Hutmitte dunkleren Pilz, und bei Hebeloma sinuosum, einer größeren Art, die unter Nadelbäumen häufig vorkommt und einen an Birnen erinnernden Geruch besitzt. Schließlich beobachtet man bei Hebeloma radicosum (Fig. 36 und Abb. 62), einem Pilz mit feuchtklebrigem Hut und mit durch eine lange Wurzel in den Boden verlängertem Stiel, einen weißlichen, schuppigen Ring, unter dem der Stiel mit graubräunlichen Schuppen bekleidet ist.

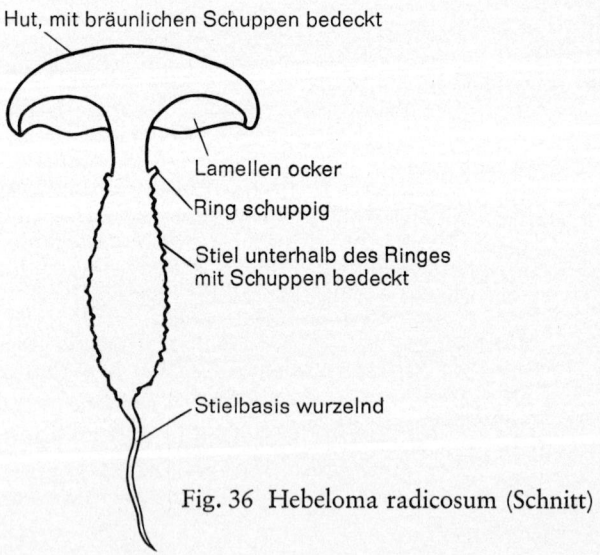

Hut, mit bräunlichen Schuppen bedeckt

Lamellen ocker

Ring schuppig

Stiel unterhalb des Ringes mit Schuppen bedeckt

Stielbasis wurzelnd

Fig. 36 Hebeloma radicosum (Schnitt)

Die *Rißpilze (Inocybe).* In dieser Gattung gibt es keine großen Arten: alle Rißpilze haben entweder mittlere oder geringe Größe. Sie sind durch einen mit strahligen oder schuppigen Fasern gezierten, gewöhnlich trockenen Hut gekennzeichnet. Die Sporen sind ockerbraun, die Lamellen gehen von helleren Tönen (ockerlich oder zimtfarben) bei der Reife in Tonbraun über, indem sie die Farbe der reifen Sporen annehmen. Wie bei den Fälblingen, sehen wir unter ihnen Arten, bei denen die Cortina praktisch ganz fehlt, und andere, bei denen sie länger erhalten bleibt. Bei der Beschäftigung mit dieser Gattung stößt man auf erhebliche Schwierigkeiten, da sie viele Arten enthält, die nur mit Mühe voneinander zu unterscheiden sind. Zahlreiche Rißpilze sind giftig: Inocybe patouillardii (Fig. 37) vor allen anderen, aber auch Inocybe asterospora, I. napipes, I. fastigiata (Abb. 63) u. a., selbst die kleine, sehr häufig an Waldwegen vorkommende Inocybe geophylla, violett bis ganz weiß, mit erst etwas kegeligem, später ausgebreitetem, aber in der Mitte bis zuletzt gebuckeltem Hut.

86 PHALLUS IMPUDICUS, Stinkmorchel   ▶
(links ein frisch aus dem Ei herauswachsender, rechts ein alter Pilz)

Klasse: BASIDIOMYCETES (Ständerpilze)
Ordnung: PHALLALES (Rutenpilze)

Wenn dieser Pilz aus dem sog. ›Hexenei‹ hervorwächst, wobei dieses nach dem Aufbrechen am Grund eine häutige Volva bildet (Exemplar links), entströmt ihm ein starker, widerlicher Geruch; der weiße, brüchigmürbe Stiel ist von vielen kleinen Höhlungen durchsetzt und trägt einen fast kegeligen Hut, der von einer bräunlichgrünen, gallertigschleimigen Masse, der Gleba, überzogen ist (Exemplar links). Nach dem Verschwinden dieses Schleims erscheint bei den alten Pilzen der Hut selbst weißlich und wabenartig genetzt (Bild rechts). Das Ei bzw. die Volva der entwickelten Stinkmorchel sitzt stets einem Mycelstrang an, der zuvor die Erde durchzogen hatte. Schließlich verdient Erwähnung, daß bei den Stinkmorcheln der Hut auf der Stielspitze wie ein Fingerhut auf dem Finger sitzt, wobei der freie Rand weit überhängt.

Vorkommen: Die Stinkmorchel erscheint im Sommer und Herbst in Wäldern, Gärten und an anderen Orten.

Anmerkung: Die Sporen verbleiben im Schleim der Gleba und werden anscheinend hauptsächlich durch Fliegen verbreitet, die sich, von dem Geruch angezogen, darauf niederlassen und beim Wegfliegen an ihren Füßen jeweils eine Portion Sporen mitnehmen.

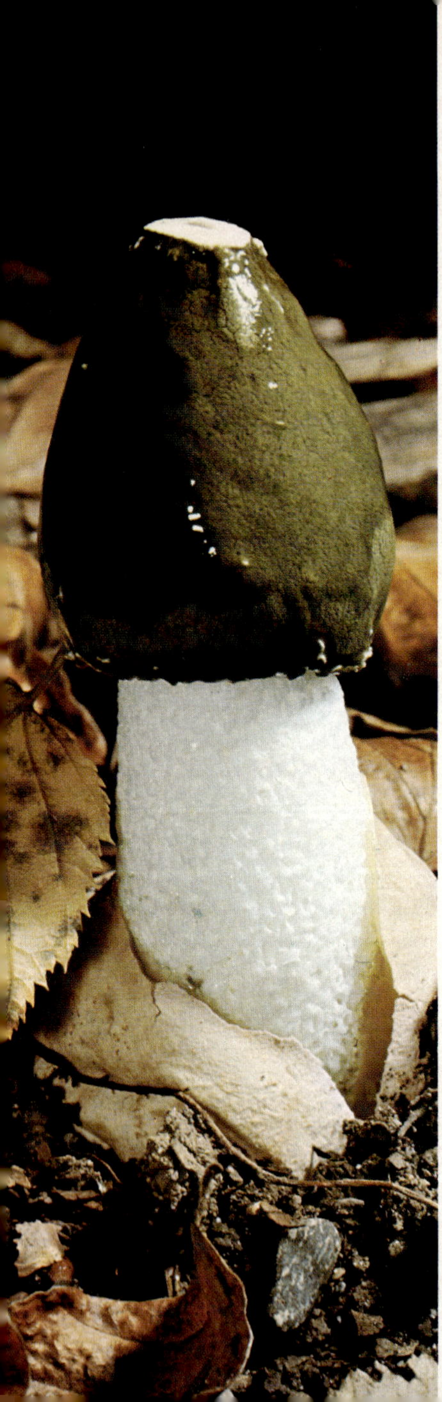
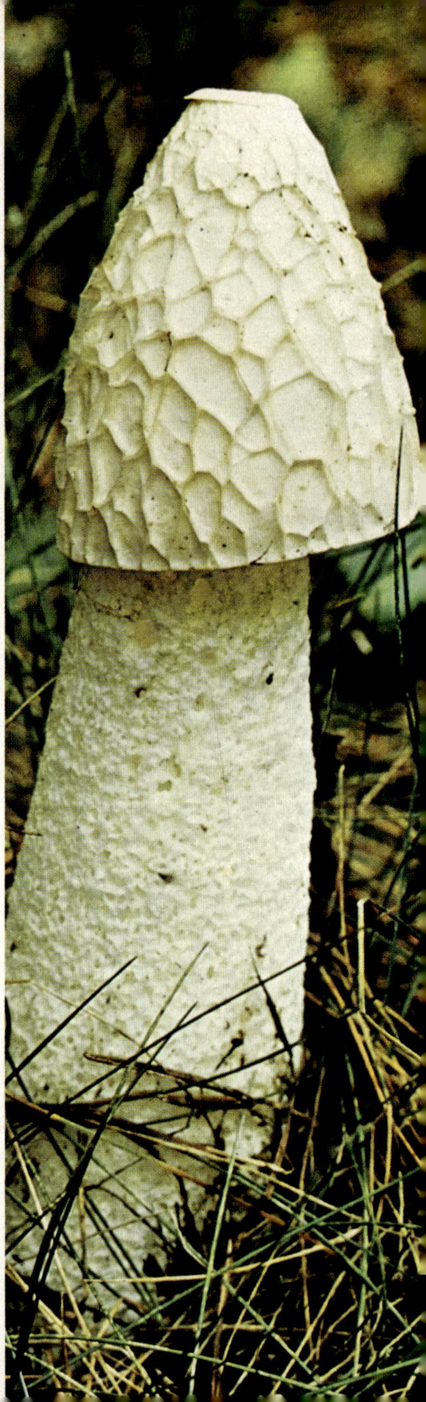

87 MUTINUS CANINUS, Hundsrute (in erwachsenem Zustand) ▲

Klasse: BASIDIOMYCETES (Ständerpilze)
Ordnung: PHALLALES (Rutenpilze)

Kleiner und schmächtiger als die vorige Art, zeigt die Hundsrute einen weißen oder leicht gelblich bis orange getönten Stiel, dessen Volva am Grund nicht kugelig, sondern langgestreckt eiförmig ist, einem Behälter gleich, und mit enger Zerreißöffnung versehen. Der Hut, d. h. eigentlich nur die Verlängerung des Stieles (anders als bei der Stinkmorchel, bei der ein Hut frei auf dem Stiel sitzt), ist orangegelb gefärbt, aber von der grünlichbraunen, verschleimten Gleba überdeckt. Der Geruch ist weniger stark als bei der Stinkmorchel, aber ebenso widerwärtig.

Vorkommen: Der Pilz findet sich auf dem Boden feuchter Wälder, ist jedoch weniger häufig als die Stinkmorchel.

Anmerkung: Da die Hundsrute weniger fest gebaut ist als die Stinkmorchel, biegt sie sich bald zum Boden oder liegt diesem sogar flach an.

177

Die Hutfarben bei Rißpilzen können braun (Inocybe maculata, I. lanuginosa, I. napipes) oder gelblich sein (Inocybe cookei, I. praetervisa, I. fastigiata); aber man begegnet ebenso lebhafteren Violett- oder Lilatönen (Inocybe geophylla), ja sogar einem dunklen, nach Braun neigenden Violett (Inocybe obscura). Ihr Fleisch ist hell, kann aber durch Reiben oder im Schnitt rosa anlaufen (Inocybe piriodora), und dieses Röten kann so weit gehen, daß alte Exemplare z. T. rotgefleckt aussehen (Inocybe patouillardii). Halten wir zum Schluß noch fest, daß wir hier eine ganze Skala verschiedener Gerüche zu verzeichnen haben, angenehme bei Inocybe piriodora, I. calamistrata, I. bongardii, weniger angenehme bei Inocybe maculata, I. asterospora, I. fastigiata.

Die *Haarschleierlinge (Cortinarius)* stellen wie die Rißpilze, zu denen sie ebenso wie zu den Fälblingen gewisse Beziehungen haben, eine ungeheuer große und schwierige Gruppe dar, einmal wegen der in der Natur gegebenen Vielfalt, zum anderen aber auch als Folge einer von den Mykologen vorgenommenen endlosen Artenaufspaltung mit dem Ziel, über die Vielzahl an Naturformen Aufschluß zu geben; diese Artentrennungen von sehr ungleicher Wertigkeit werden in bestimmten Fällen auf allzu subtile Einzelheiten gegründet, als daß sie noch unzweideutig brauchbar wären. Wenn es nach dem Gesagten schon vorkommen kann, daß einzelne Pilzfunde unterwegs selbst für Mykologen mit langer Erfahrung unbestimmbar bleiben, so sind doch viele Haarschleierlinge an verläßlichen und leicht wahrnehmbaren Merkmalen im Gelände unschwer zu erkennen.
Die Haarschleierlinge sind in typischer Weise durch ihre rostbraunen Sporen und den Besitz einer wenigstens am jungen Pilz vorhandenen Cortina (s. S. 99) gekennzeichnet; bei alten Exemplaren bleiben oft Cortinareste, die dann durch die Sporen rostbraun gefärbt sind, auf dem Stiel sichtbar. Man hat die Gattung Cortinarius in mehrere Untergattungen aufgeteilt.

Hut kegelig, dann ausgebreitet, aber stets gebuckelt

Lamellen weißlich, reif bräunlich

Stiel mit etwas knolligem Grund

Fig. 37 Inocybe patouillardii (Schnitt)

Die Schleimfüße (Myxacium) sind ganz und gar schleimig-klebrig, sowohl am Stiel als auch auf dem Hut. Hierher gehören Arten wie Cortinarius (Myxacium) elatior, ein großer, schmieriger, unter Buchen häufiger Pilz mit gefurchtem Hutrand von kegeliger, dann abgeflachter Gestalt und hellrotbrauner bis ockerbräunlicher Farbe; der Rand hat oft einen Hauch von Violett. Unter Kiefern findet man Cortinarius (Myxacium) collinitus mit dunklerem, kastanienbraunem Hut ohne Riefen am Rand und wie der vorige mit tief im Boden eingesenktem, von violettlichen Gürteln gezontem Stiel. Gelbliche Gürtelzonen finden sich auch auf dem Stiel von Cortinarius (Myxacium) trivialis, während sie bei Cortinarius (Myxacium) delibutus fehlen; beide haben gelben Hut und lilagetönte, durch die reifen Sporen zuletzt rostbraun gefärbte Lamellen.

Bei den Schleimköpfen (Phlegmacium) ist nur der Hut schmierig, wenigstens bei feuchter Witterung; wenn man mit benetztem Finger über die Huthaut streicht, läßt sich diese Schmierigkeit jederzeit nachweisen. Manche haben einen am Grund einfach angeschwollenen Stiel, so Cortinarius (Phlegmacium) praestans, ein gewichtiger Pilz mit rotbraunem, violett-

88 DICTYOPHORA MULTICOLOR, Bunte Schleierdame ▶
(fast ausgewachsenes Exemplar)

Klasse: BASIDIOMYCETES (Ständerpilze)
Ordnung: PHALLALES (Rutenpilze)

Die Schleierdamen (Dictyophora) sind den Stinkmorcheln (Phallus) zwar ähnlich, aber mit einer schönen, gezackten Halskrause geschmückt, die sich um den Stiel wie ein weißer (Dictyophora phalloidea) oder bunter (Dictyophora multicolor, Dictyophora rosea) Rock ausbreitet.

Dictyophora multicolor geht aus einem rundlichen oder länglichen, schmutzigweißen bis gelblichen Ei hervor. Voll entwickelt, trägt der weiße, gebrechliche, poröse Stiel wie bei der Stinkmorchel einen gefelderten Hut mit überstehendem Rand. Dieser Hut ist mit der verschleimten, sepiafarbenen Gleba überdeckt. Die Halskrause (an dem abgebildeten Pilz ist sie gerade dabei, sich zu entfalten) ist fein gezackt, im jungen Zustand gelb, mehr oder weniger ins Orange neigend, oft nur mehr gelblich, wenn sie in voll entfaltetem Zustand wie ein kleiner Schleier um den Stiel herabhängt.

Vorkommen: Die Schleierdamen (Dictyophora) gehören der Pilzflora der Tropen an und sind in heißen Ländern weit verbreitet. Nur eine Art, die Dictyophora duplicata, kommt in Ländern mit gemäßigtem Klima vor, ist freilich in Europa sehr selten.

getöntem, später falbbraunem Hut, der als Speisepilz hoch geschätzt wird, ferner der kleinere und schlankere Cortinarius (Phlegmacium) largus und der in Wäldern sehr häufige Herbstpilz Cortinarius (Phlegmacium) infractus. Bei anderen besitzt der Stiel einen knollig verdickten Grund mit noch wenig ausgeprägter Randung, wie bei Cortinarius (Phlegmacium) multiformis, oder eine stärker entwickelte Knolle, die bei zunehmender Abplattung einen immer stärker betonten Rand aufweisen kann, z.B. bei Cortinarius (Phlegmacium) caerulescens, einem völlig blauen, später in der Hutmitte braun werdenden Pilz.

Die nicht schleimigen, trockenhütigen Haarschleierlinge finden sich in zwei Untergattungen verteilt, Inoloma (Dickfuß) mit faserig oder schuppig bekleidetem Hut und Dermocybe (Hautkopf) mit ganz glattem und wenigstens teilweise hohlem Stiel. Trotzdem sind die Grenzen zwischen den beiden Untergattungen nicht sehr scharf, weshalb sie auch schon in einer einzigen Untergattung Inoloma zusammengefaßt wurden. Man hat auch schon vorgeschlagen, beide beizubehalten und die Zwischenformen in einer dritten Untergattung Dermoloma unterzubringen. Es wurden noch andere Unterteilungen vorgenommen; eine davon möchte Dermocybe bestehen lassen und die anderen trockenhütigen Arten auf zwei Untergattungen, Cortinarius und Sericeocybe, verteilen. Wir wollen hier weder auf

◄ **89** ANTHURUS ARCHERI, Tintenfischpilz (in entwickeltem Zustand)

Klasse: BASIDIOMYCETES (Ständerpilze)
Ordnung: PHALLALES (Rutenpilze)

Wie bei der Stinkmorchel durchbricht auch bei diesem Pilz der Innenkörper eine weiße, schwach rosa getönte Eihülle, öffnet sich beim Heranreifen zu einem weit ausgreifenden, roten Stern, der mit schwärzlichen Flecken besetzt ist. Hier überzieht die Gleba die sternförmig sich öffnende Innenschicht und verursacht die schwarze Fleckung der roten Oberseite der ausgebreiteten ›Tintenfischarme‹ (die Unterseite ist rosa gefärbt).
Der Stiel bleibt unentwickelt; daher scheinen die Arme direkt aus der Volva herauszukommen.
Vorkommen: Anthurus archeri ist nicht in Europa beheimatet, sondern wurde zufällig vor 1920 eingeschleppt und siedelte sich in den Vogesen an; seitdem konnte man verfolgen, wie er nach und nach sein Verbreitungsgebiet vergrößerte. Gegenwärtig trifft man ihn gelegentlich in weiten Teilen Frankreichs und Westdeutschlands an.

182

diese Versuche eingehen noch ihre jeweiligen Vorzüge und Nachteile zur Diskussion stellen; begnügen wir uns mit der Feststellung, daß keine voll befriedigend ist.

Unter den Hautköpfen (Dermocybe) mit kahlem Hut finden wir Arten aus der Gruppe des Cortinarius (Dermocybe) cinnamomeus mit zimt- bis olivbraunem Hut, gelbem Fleisch und schlankem Stiel (Cortinarius cinnamomeus, C. cinnamomeobadius, C. cinnamomeolutescens), Cortinarius (Dermocybe) sanguineus, Hut, Stiel und Lamellen schön intensiv rot gefärbt, Cortinarius (Dermocybe) semisanguineus (Abb. 64) mit noch purpurroten Lamellen, aber gelblich braunolivfarbenem Hut und braunem Stiel, Cortinarius (Dermocybe) phoeniceus mit ebenfalls roten Lamellen, aber hellrotbraunem Hut, usw.

Die Untergattung Cortinarius (die meisten Arten werden als Dickfüße oder Hautköpfe geführt) enthält Schleierlinge, deren Hut nicht kahl ist: Cortinarius (Cortinarius) bolaris mit erst weißlichem oder etwas cremefarbenem, bald mit roten Schüppchen bekleidetem Hut, Cortinarius (Cortinarius) violaceus, gänzlich dunkelviolett mit samtig-filzigem Hut, Corti-

90 AMANITA PHALLOIDES, Grüner Knollenblätterpilz
(fast ausgewachsen)

▶

Klasse: BASIDIOMYCETES (Ständerpilze)
Ordnung: AGARICALES (Blätterpilze)

Der Grüne Knollenblätterpilz oder Grüne Giftwulstling (s. S. 201 und 217) ist ein tödlich wirkender Pilz, den man genau kennen muß. Er hat weiße Lamellen, einen weißen Ring (eine Manschette) um den Stiel und eine häutige Volva, die den Stielgrund umschließt. Sein Hut zeigt zumeist olivgrüne Töne mit bräunlichen Radialfasern; er kann aber auch verblaßt, gelblich, ja sogar weiß vorkommen. Der Stiel ist weißlich, oft etwas grünlich genattert und in der Volva angeschwollen. Der Geruch ist anfangs ziemlich schwach, angenehm, dann ungefähr nach verwelkten Rosenblättern, um bei alten Exemplaren entschieden widerlich zu werden.

Vorkommen: Er ist in Laub- und Mischwäldern vom Sommer bis zum Herbst sehr häufig und kommt einzeln oder in Gruppen vor.

Anmerkung: Tödlich sind noch zwei weitere Wulstlinge; sie besitzen wie der Grüne Knollenblätterpilz weiße Lamellen, weiße Manschette und eine häutige Volva: es sind dies der Kegelhütige Knollenblätterpilz (Amanita virosa, s. S. 201) und der Frühlingsknollenblätterpilz (Amanita verna, s. S. 201).

narius (Cortinarius) pholideus, falb mit braunen wolligen Schuppen, Cortinarius (Cortinarius) humicola mit groben, zurückgebogenen Schuppen, Cortinarius (Cortinarius) orellanus mit orangerotem, dann dunklerem Hut und rotgelbem Stiel, ein sehr gefährlicher Pilz, und Cortinarius (Cortinarius) speciosissimus, der ihm sehr nahesteht, beide mit wollig-filzigen Hüten, usw.

Sericeocybe (Seidenköpfe, früher auf die Dickfüße und Hautköpfe verteilt) enthält Arten wie Cortinarius (Sericeocybe) alboviolaceus (Fig. 38), einen häufigen Schleierling unserer Wälder mit hellviolettem, seidigem, feinfaserig gestreiftem Hut, Cortinarius (Sericeocybe) anomalus, so häufig wieder vorige, mit grauviolettlichem Hut, Cortinarius (Sericeocybe) traganus mit noch im Alter blaulilafarbenem Hut und starkem, unangenehmem Geruch, Cortinarius (Sericeocybe) caninus, ein rotbrauner Nadelwaldpilz, Cortinarius (Sericeocybe) argutus mit fast faserigem, aber am Rand nur seidigem Hut, usw.

Andere, ebenfalls nicht schmierige Haarschleierlinge haben bei feuchtem Wetter durchwässerte, mit dem Trocknen farbwechselnde (hygrophane) Hüte; die Abtrennung dieser von den vorhergehenden Gruppen ist nicht immer glatt durchführbar. Die Gürtelfüße (Telamonia) besitzen bei typischer Ausbildung ein flockiges Velum oder ringartige Zonen auf dem Stiel. Bei Cortinarius (Telamonia) torvus steckt der keulige Stiel in

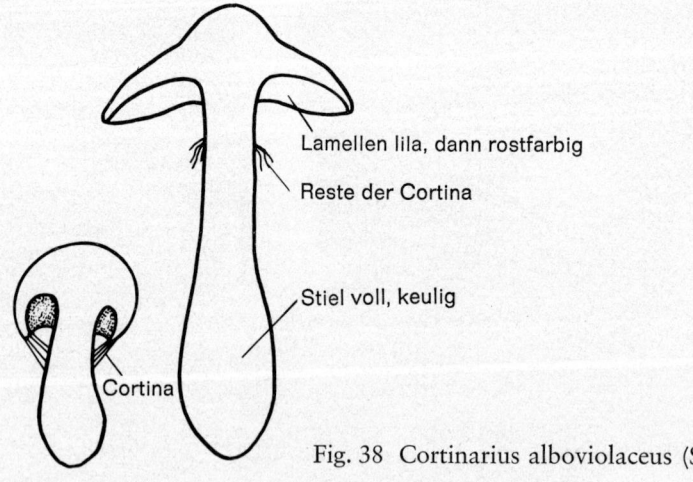

Lamellen lila, dann rostfarbig

Reste der Cortina

Stiel voll, keulig

Cortina

Fig. 38 Cortinarius alboviolaceus (Schnitt)

einer häutigen Hülle wie in einem hohen Stiefel, der in einem schwach ausgebildeten Ring endet; Cortinarius (Telamonia) hinnuleus zeigt einen gebuckelten Hut und ebenfalls einen weißen Ring, während der Stiel von
Cortinarius (Telamonia) armillatus durch zinnoberfarbige Gürtel, der von
Cortinarius (Telamonia) paleaceus mit weißen Bändern oder Flocken geschmückt ist, usw.

Die *Wasserköpfe (Hydrocybe)* schließlich unterscheiden sich von den
Gürtelfüßen (Telamonia) durch das Fehlen eines Ringes oder ringartiger
Flocken, doch ist die Grenze zwischen beiden Gruppen sehr wenig scharf;
Cortinarius bulliardii (Abb. 65), lange bei Inoloma untergebracht, paßt
vielleicht doch besser in die Untergattung Hydrocybe hinein.

Die *Schwefelköpfe (Hypholoma)*. Als Pilze, deren Stiel noch beschleiert ist,
haben die Schwefelköpfe trotzdem kaum Beziehungen zu den drei vorangehenden Gattungen (Haarschleierlinge, Rißpilze und Fälblinge). Es han-

91 AMANITA PANTHERINA, Pantherpilz (rechts erwachsen, links jünger) ▶

Klasse: BASIDIOMYCETES (Ständerpilze)
Ordnung: AGARICALES (Blätterpilze)

Nicht tödlich giftig wie die vorher beschriebene Art ist der Pantherpilz (s. S. 211),
doch sehr gefährlich, da er schwere Vergiftungen hervorruft. Er besitzt einen
graubraunen oder hellbraunen, mit leicht abwischbaren, weißen Warzen bedeckten Hut, der am Rande stets etwas gerieft ist; die Lamellen sind weiß. Der Stiel
ist ebenfalls weiß, trägt einen weißen Ring und ist an seinem Grunde zu einer
dicken, gerandeten Knolle angeschwollen, deren Oberrand stets glatt abge-
schnitten erscheint; der Stielgrund oberhalb der Knolle ist von 2 oder 3 Wulst-
ringen umgürtet.
Vorkommen: Der Pantherpilz wächst im Sommer und häufiger noch im Herbst
in Laubwäldern; sein Auftreten wechselt je nach der Gegend, wobei er Wälder
auf Sandböden vorzieht.
Anmerkung: Man vermeide eine Verwechslung mit dem Perlpilz (Abb. 80), von
dem er sich leicht durch sein weißes, nicht rötendes Fleisch unterscheidet; außerdem sind seine gerandete Knolle und die wulstigen Ringe am Stielgrund weitere
Unterscheidungsmerkmale, nicht nur dem Perlpilz, sondern auch anderen
Wulstlingen gegenüber, die, wie Amanita spissa (s. S. 202), keine Rötung des
Fleisches erkennen lassen.

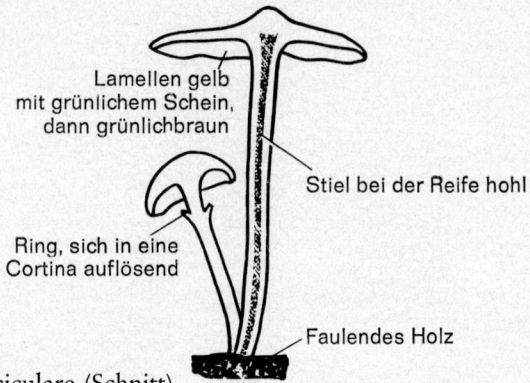

Lamellen gelb
mit grünlichem Schein,
dann grünlichbraun

Stiel bei der Reife hohl

Ring, sich in eine
Cortina auflösend

Faulendes Holz

Fig. 39 Hypholoma fasciculare (Schnitt)

delt sich um büschelig an moderndem Holz wachsende Pilze; gehäuft zeigen ihre Sporen dunkelviolette Farbe, und ihre Lamellen sind grau mit bläulichen oder grünlichen Reflexen. Die häufigste Art ist Hypholoma fasciculare (Fig. 39 und Abb. 66), mit grüngetönten Lamellen. Bei Hypholoma sublateritium (Abb. 67) geht der Hut mehr ins Rote, und die Lamellen haben mehr bläulichen als grünlichen Schein. Auch Hypholoma capnoides, der auf Nadelholzstümpfen wächst, hat bläuliche Töne, aber sein Hut ist blasser als der von H. sublateritium.

Nicht weit entfernt von den Schwefelköpfen kann man die Kahlköpfe (Psilocybe) einordnen, auch sie mit schwärzlichviolettem Sporenstaub; es sind dünne Pilze, mehr zwischen Moosen und im Rasen zu finden.

Die *Glimmerköpfchen (Psathyrella).* Auch diese Pilze bevorzugen Moosrasen und Grasplätze, einige unter ihnen aber auch modernde Stümpfe; ihre Sporen sind schwarz, ohne violette Tönung. Zum Unterschied von den Tintlingen, die wir anschließend betrachten werden, haben die Glimmerköpfchen Lamellen, die nicht zerfließen. Es gibt eine Menge Arten, die häufigste ist zweifellos Psathyrella hydrophila, die ihre Fruchtkörper in Büscheln um faule Baumstümpfe herum entwickelt; ihr Hut ist in durchfeuchtetem Zustand dunkelbraun, bei trockenem Wetter heller, mehr rehbraun; der Stiel ist weiß. Andere Glimmerköpfchen sind noch viel zierlicher und wachsen einzeln (Psathyrella gracilis, P. subatrata).

Die *Tintlinge* sind schwarzsporige Pilze mit der bemerkenswerten Besonderheit, zerfließende Lamellen zu besitzen, die sich bei der Reife in eine schwarze Flüssigkeit verwandeln.

190

Einige sind recht ansehnlich, haben einen fleischigen Hut wie z.B. der Schopftintling (Fig. 40 und Abb. 68), dessen Hut weiß, anfangs gefaltet, zylindrisch-eiförmig und mit weißen Schuppen bedeckt ist; beim Aufschirmen wird er etwas rot, dann aber rasch schwarz; er ist ein vorzüglicher Speisepilz, nur muß man ihn jung verwerten, bevor die zerfließenden Lamellen ihn schwarzfleckig werden lassen. Der weniger große Knotentintling (Coprinus atramentarius) ist ebenfalls eßbar, darf aber nie zusammen mit alkoholischen Getränken genossen werden (s. S. 221). Von den großen Tintlingen trifft man manchmal noch auf den Spechttintling (Coprinus picaceus, Abb. 70) mit dunklem Hut, der von weißen Fetzen bedeckt ist und einen schlanken, zerbrechlichen, an der Basis knolligen Stiel besitzt.

Schon von kleinerem Wuchs, entwickelt sich der Glimmertintling (Abb. 69) oft in Büscheln in der Nähe mulmiger Stümpfe oder auch direkt auf dem Holz; er ist ein sehr häufiger Pilz, sowohl im Wald als auch in Gärten, bei dem die Lamellen schon weniger leicht zerfließen, als es bei denen der großen, vorstehend genannten Tintlinge der Fall ist. Gar nicht mehr zerflie-

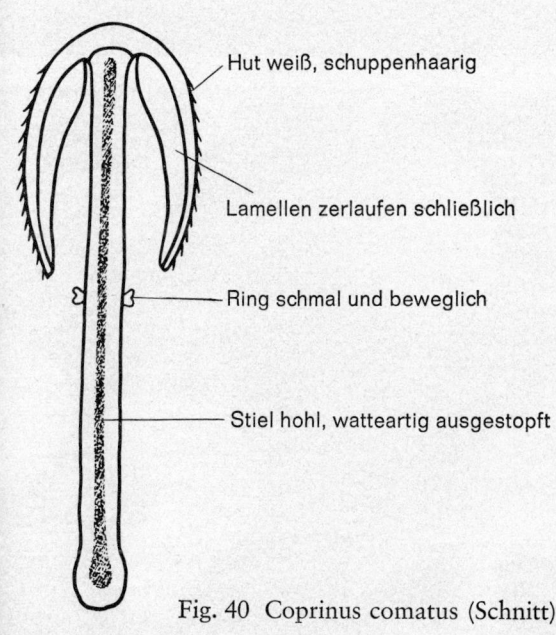

Hut weiß, schuppenhaarig

Lamellen zerlaufen schließlich

Ring schmal und beweglich

Stiel hohl, watteartig ausgestopft

Fig. 40 Coprinus comatus (Schnitt)

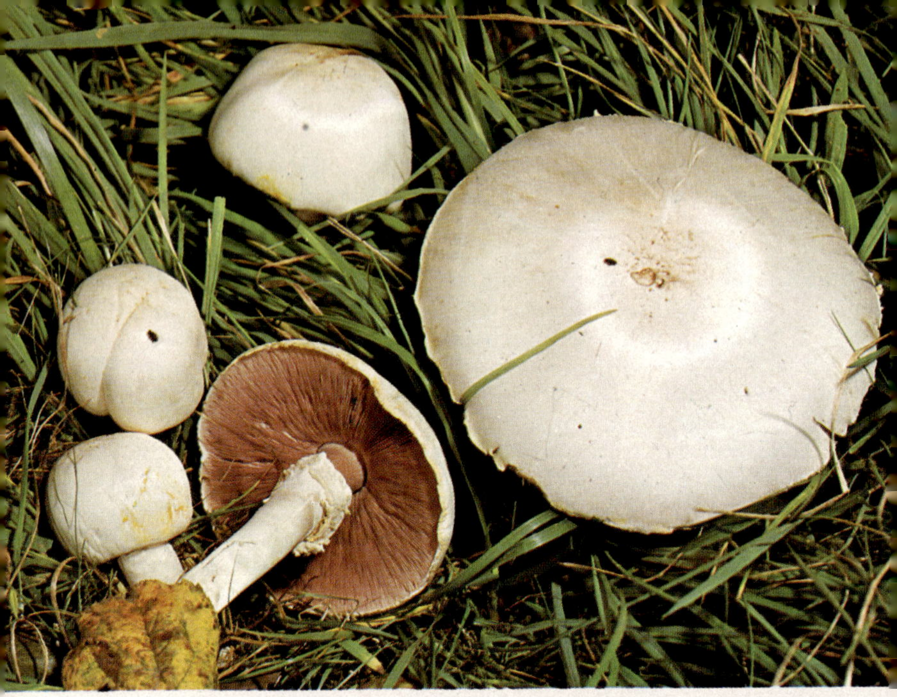

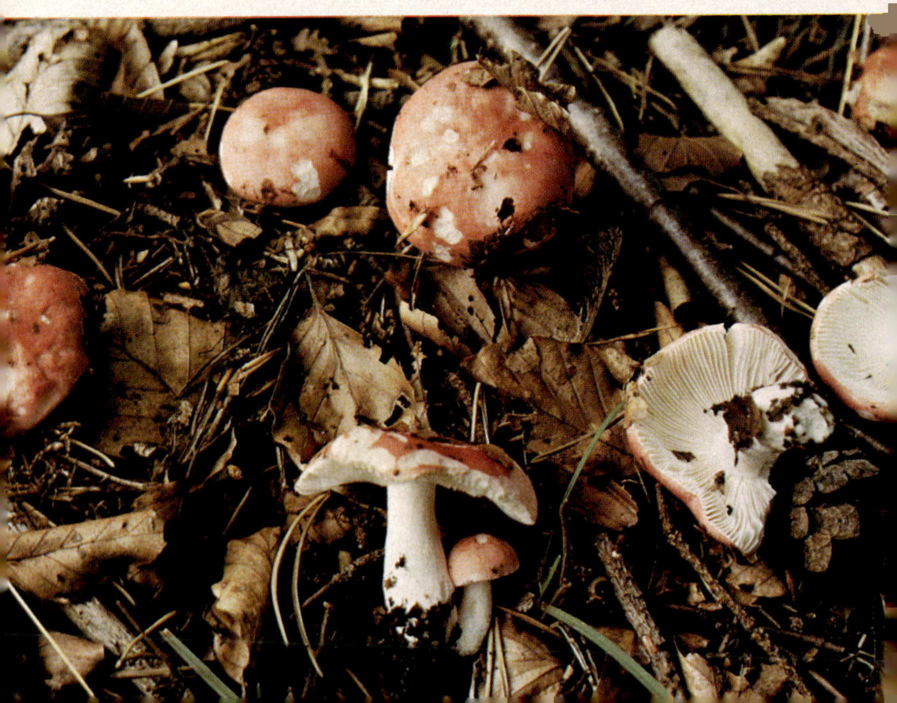

92 AGARICUS XANTHODERMUS, Karbolegerling, Giftchampignon
(in verschiedenen Stadien)

Klasse: BASIDIOMYCETES (Ständerpilze)
Ordnung: AGARICALES (Blätterpilze)

Wenn zahlreiche Egerlingarten, wie der Wiesenegerling (Abb. 74), hervorragende Speisepilze sind, so ist der Karbolegerling sehr unbekömmlich und kann zwar kaum gefährliche, wohl aber ausgesprochen unangenehme Vergiftungen verursachen (s. S. 197 und 220). Er ist leicht kenntlich an seinem weißlichen, seidigen Hut und dem etwa trapezförmigen Profil bei jungen Pilzen (Exemplar ganz oben), wenn sie noch nicht geöffnet sind; außerdem läuft der Hut intensiv gelb an, wenn man ihn reibt. Wie bei allen Egerlingen werden die anfangs weißen Lamellen rosa, bevor sie ihre braune Altersfarbe annehmen. Der Stiel, ohne Volva, aber mit einem Ring versehen, gilbt gleichfalls beim Reiben, besonders am und im Grund. Der dem Pilz entströmende Geruch ist ein wenig unangenehm.
Vorkommen: Man trifft den Karbolegerling, einzeln oder in Trupps wachsend, in offenen Gehölzen, an Wegrändern, auch in Wiesen, besonders wenn diese von lebenden Hecken eingefaßt sind.

93 RUSSULA EMETICA, Kirschroter Speitäubling
(in verschiedenen Entwicklungsstadien)

Klasse: BASIDIOMYCETES (Ständerpilze)
Ordnung: ASTEROSPORALES (Stachelsporenpilze)

Der Hut dieses Täublings ist von einer schön roten Haut bedeckt, die aber leicht entfärbt wird und verbleicht und sich vom Fleisch ohne Mühe abziehen läßt. Die Lamellen sind weiß, verhältnismäßig wenig gedrängt, der ebenfalls weiße oder allenfalls schwach rosa behauchte Stiel ist wie das Hutfleisch gebrechlich.
Vorkommen: Er ist überall anzutreffen, vor allem im Herbst, wo er in etwas feuchten Wäldern sehr häufig vorkommt.
Anmerkung: Das Fleisch des Speitäublings schmeckt sehr scharf brennend und kann harmlos verlaufende Gesundheitsstörungen hervorrufen; trotzdem wird der Pilz, wenn auch nur ganz vereinzelt, verwendet. Der scharfe Geschmack wird im allgemeinen genügen, ihn unbeachtet zu lassen.

ßend sind die Lamellen bei Coprinus disseminatus (Abb. 71), der deshalb zuweilen der Gattung Psathyrella oder der Gattung Pseudocoprinus zugeteilt wird.

Neben diese fleischigeren Tintlinge stellt man noch eine Menge winziger Tintlingarten mit hauchdünnen Hütchen, die aus einer mehr oder weniger gefälteten Haut bestehen und unterseits verhältnismäßig weit voneinander abstehende Lamellen tragen, die fast nur wie schwarze Linien aussehen (Coprinus lagopus mit besonders an der Basis kurzhaarigem Stiel, Coprinus plicatilis, eine noch hinfälligere Art, häufig auf Rasenflächen, usw.).

Die Gattung Panaeolus (Düngerling) wurde früher wegen ihrer Sporenfarbe den Tintlingen angeschlossen, doch bestehen sicher zu den Träuschlingen einerseits und zu den Schwefelköpfen und Kahlköpfen andererseits wesentlich engere Beziehungen.

Die *Träuschlinge (Stropharia)*. Der Stiel ist bei diesen Pilzen gewöhnlich beringt, der Sporenstaub schwarzviolett, etwa wie bei den Schwefelköpfen. Häufigste Art ist der Grünspanträuschling (Abb. 72), dessen klebriger Hut mit grünem Schleim bedeckt ist; er wächst an gebüschreichen Orten auf dem Boden. Stropharia coronilla, ein kleiner, gelber, relativ kurzstieliger Träuschling ist eher ein Wiesenpilz. Andere Träuschlinge gedeihen besser auf Mist oder auf gut gedüngtem Ackerboden; das betrifft einmal Stropharia semiglobata, einen Pilz mit halbkugeligem, gelbem, schmierigem

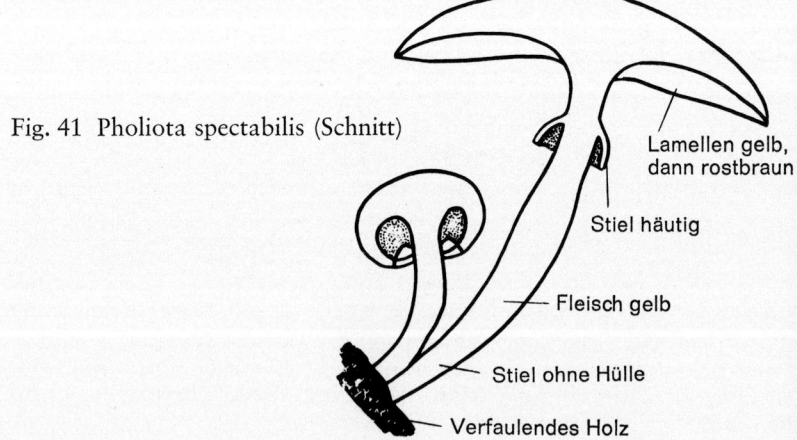

Fig. 41 Pholiota spectabilis (Schnitt)

Lamellen gelb,
dann rostbraun

Stiel häutig

Fleisch gelb

Stiel ohne Hülle

Verfaulendes Holz

Hut und schlankem Stiel, der früher auf Pferdemist und Roßäpfeln sehr häufig war, es gilt zum anderen auch für die ockerhütige Stropharia merdaria, die auf Dungstätten und Kuhfladen nicht selten ist, usw.

Die *Schüpplinge (Pholiota)* sind Holzbewohner mit in der Regel wohlentwickeltem Stielring, deren Sporenstaub nicht schwärzlichviolett wie bei den Schwefelköpfen oder schwarz wie bei den Glimmerköpfchen, sondern ockerbraun gefärbt ist.

Der Hut der Schüpplinge kann zumindest im Jugendzustand glatt sein (Pholiota spectabilis, Fig. 41, mit falbgelbem Hut, der erst im Alter mit seidigen Fasern bedeckt ist), oder er ist, häufiger noch, mit braunen Schuppen bekleidet, die dann ziemlich zerstreut stehen können: Pholiota adiposa und Pholiota aurivella, beide mit goldbrauner Hutfarbe; der volle, nur schwach schuppige Stiel der letztgenannten Art ermöglicht die Unterscheidung von Ph. adiposa, deren röhriger Stiel unter dem Ring mit auffälligen, schleimigen Schuppen besetzt ist.

Bei Pholiota squarrosa (Abb. 102) sind die reichlich vorhandenen Schuppen dagegen fest angeheftet und bedecken den Hut und unterhalb des Ringes auch den Stiel; das gleiche gilt für die meist kleinere, goldgelbe, an Ästen und Stümpfen der Nadelhölzer wachsende Pholiota flammans (Abb. 77). Bei Pholiota destruens werden die Schuppen zu breiten, fransigen Lappen, die über Hut und Stiel verteilt sind.

Das Stockschwämmchen (Abb. 73), dessen Fruchtkörper in vielhütigen Büscheln auf alten Stümpfen erscheinen, besitzt einen zimtbraunen, bei Trockenheit blasseren Hut und einen schlanken, unterhalb des häutigen Ringes mit Schüppchen besetzten Stiel; der Pilz nimmt unter den Schüpplingen einen besonderen Platz ein (weshalb er von diesen bisweilen unter dem Namen Kuehneromyces mutabilis abgetrennt wird), und zwar wegen seines stark hygrophanen Hutes und gewisser Eigenheiten seiner Basidiosporen.

Die Flämmlinge sind Schüpplinge ohne Ring, bei denen am Stiel manchmal einige cortinaähnliche Fasern hängenbleiben, meistens aber keine Spuren des Velum partiale mehr zu sehen sind. Zahlreiche Autoren berücksichtigen jedoch dieses Merkmal nicht und versetzen die Flämmlinge mit den Schüpplingen in die Gattung Pholiota. Kleinbüschelig oder einzeln wachsend, finden wir auf Erlenstümpfen Flammula alnicola, einen Pilz mit gelbem Hut und langem, dünnem Stiel. Auf Nadelholz nicht selten ist Flammula penetrans in der Farbe der bekannten Ringelblumen. Flammula lenta hat einen helltonfarbigen, deutlich schmierigen Hut; die Art ist übrigens nicht ausschließlicher Holzbewohner, sondern kommt auch häufig auf Buchenlaubstreu vor.

Rozites caperata, unter den Namen Reifpilz und Zigeuner ein geschätzter Speisepilz, ist eigentlich nur ein ausschließlich auf dem Waldboden wachsender Schüppling mit warzigen Sporen und einem hellaprikosenfarbigen Hut, dessen Mitte zumindest im Jugendzustand weißmehlig bereift ist.

Die *Ackerlinge (Agrocybe)* besitzen Stiele mit oder ohne Ring, haben schmutzigbraune Sporen und wachsen wie Rozites gewöhnlich auf dem Boden, sind also nicht Holzbewohner wie die Schüpplinge und die Flämmlinge. Die häufigste Art ist Agrocybe praecox, der einen gelblichtonfarbigen Hut und einen weißlichen Stiel mit herabhängendem Ring hat und von Juni ab in lichten Wäldern, auf Heideland und sogar auf Wiesen zu finden ist. In der Gattung Agrocybe bringt man auch den Südlichen Schüppling (Agrocybe cylindracea oder Pholiota aegerita) unter, einen erstklassigen Speisepilz, der auf gefällten Pappelstämmen wächst und schon im Altertum auf Pappelstammstücken, die man in die Erde eingrub, kultiviert wurde.

Die *Häublinge (Galerina)*, ebenfalls mit ockerfarbigen Sporen, sind zierliche, gebrechliche Pilze, die in ihrem Äußeren an die Helmlinge (s. S. 162) erinnern. Unter Galerina faßt man zahlreiche Arten zusammen, die zwischen Moosen (Galerina hypnorum, G. mycenopsis, G. sphagnorum), auf Wiesen (Galerina graminea) usw. vorkommen. Von der nahestehenden Gattung Galerina unterscheidet sich Conocybe durch ihre Hutbekleidung und bestimmte Merkmale ihrer Basidiosporen; auch hier finden wir eine große Artenzahl vor; die häufigste davon ist wohl Conocybe tenera.
Bolbitius vitellinus, ein schmächtiger, gelber, klebriger Pilz, gehört ebenfalls in die Verwandtschaft der Häublinge. Desgleichen werden hier noch andere kleine Pilze, alle mit ockerbraunen Sporen, angeschlossen, so die Gattungen Naucoria oder Tubaria, doch können wir bei diesen Gruppen nicht verweilen; ihr Studium ist sehr schwierig, und es gibt nur einige wenige Spezialisten, die sich in ihnen gut auskennen.

Die *Egerlinge* (›Champignons‹, *Agaricus*). Es sind weichfleischige Pilze mit braunpurpurnen Sporen und jung weißen, bald rosa werdenden und beim Reifen schließlich rötlichbraune Tönung annehmenden Lamellen. Ihr Stiel läßt sich leicht vom Hut trennen, ohne daß die Gewebe viel zerrissen werden, und ist stets beringt. Der Zuchtchampignon ist ein überall in der Welt bekannter Vertreter dieser Gattung.
Unter den Egerlingen gibt es welche, deren Fleisch rosa oder fleischrötlich anläuft, wenn es gerieben wird. Das trifft schon auf den Zuchtchampignon (Agaricus bisporus) zu, gleichermaßen auf den ebenfalls wohlbekannten Wiesenegerling oder Feldchampignon (Agaricus campestris, Fig. 42 und

Abb. 74) sowie auf Agaricus bitorquis, der an und auf Straßen vorkommt und fähig ist, deren Beläge in die Höhe zu heben; immerhin ist bei diesen Egerlingen das Röten noch schwach und meist wenig ausgeprägt. Es ist schon viel kräftiger bei Agaricus silvaticus, einem Pilz von geringerer Größe, der im Nadelwald ziemlich häufig vorkommt, ganz besonders aber bei Agaricus haemorrhoidarius.

Andere Egerlinge haben gelb anlaufendes Fleisch, wobei dieses Gilben sehr langsam eintreten kann (Agaricus arvensis, ein Pilz mit doppeltem Ring, der auf Wiesen, seltener in lichten Wäldern oder in Gärten wächst, und Agaricus silvicola, ein sehr häufiger Waldbewohner mit seidigem Hut und feinem Anisduft) oder im Gegenteil sehr rasch und intensiv erfolgt. Das ist namentlich bei Agaricus xanthodermus (Abb. 92) der Fall, einem Giftpilz mit unangenehmem Geruch, in der Jugend abgestutzt kegeligem Hut und sofortigem, lebhaftem Gilben, sobald man ihn mit dem Finger ritzt.

Es gibt schließlich weitere Egerlinge, bei denen beide Arten der Verfärbung auftreten. Agaricus augustus z.B., ein Pilz, der sehr groß werden kann, besitzt ein zum Röten neigendes Fleisch, während er gerieben äußerlich gelbfleckig wird.

Die *Scheidlinge (Volvaria)*. Sie bilden eine kleine Pilzgruppe mit rosa werdenden Lamellen, die ihre Farbe durch die reifenden Sporen bekommen. Ihr Stiel zeigt keine Spur eines Ringes, ist aber am Grund von einer hautartigen Volva eingehüllt. Ihr Hut läßt sich leicht vom Stiel trennen. Volvaria bombycina (Abb. 78), ein ansehnlicher Scheidling mit weißlichem, seidigfilzigem Hut und schmutziggelber bis blaßbräunlicher Volva kommt auf faulendem Holz, vermoderten Stämmen und zuweilen auf gehäuften Sägespänen in Sägewerken vor. Beim Großen Scheidling (Volvaria speciosa, Fig. 43) mit klebrigem, hellem (bei seiner Varietät gloiocephala dunklerem) Hut bleiben die Lamellen lange Zeit weiß; man trifft ihn gelegentlich in Gärten und auf reichlich gedüngten Feldern, manchmal auch auf Komposthäufen an. Volvaria loveiana (oder Volvaria surrecta) vegetiert auf den Fruchtkörpern des Nebelgrauen Trichterlings (s. S. 163), aus denen er seine Nahrung bezieht. Zum Schluß sei auf einen tropischen Scheidling hingewiesen. Volvaria esculenta ist in Ostasien Gegenstand eines ausgedehnten Handels. Der Pilz wird dort von alters her auf Reisstroh, das der Witterung ausgesetzt wird, kultiviert.

Die *Dachpilze (Pluteus)*. Mit den Scheidlingen nahe verwandt, unterscheiden sich die Dachpilze von ihnen fast nur durch den Mangel einer Volva am Stielgrund. Sie sind zudem durchweg Holzzerstörer. Wie die Scheidlinge haben sie weiße, bei der Reife rosa werdende Lamellen und leicht

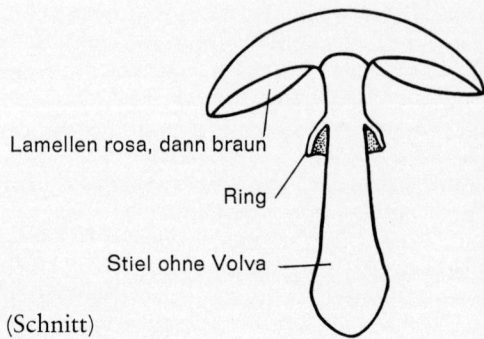

Lamellen rosa, dann braun

Ring

Stiel ohne Volva

Fig. 42 Agaricus campestris (Schnitt)

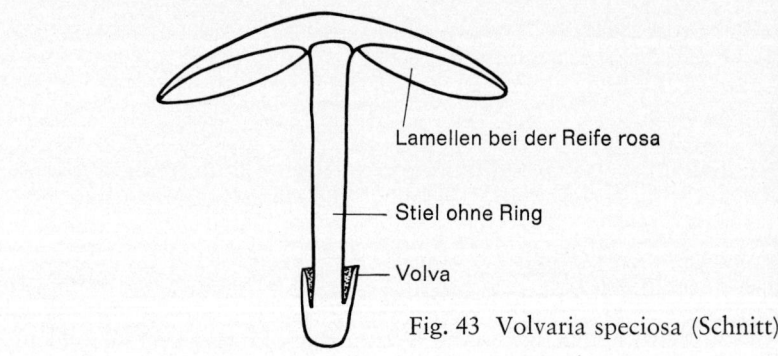

Lamellen bei der Reife rosa

Stiel ohne Ring

Volva

Fig. 43 Volvaria speciosa (Schnitt)

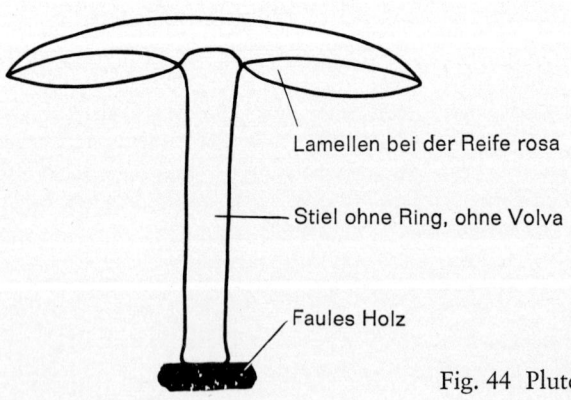

Lamellen bei der Reife rosa

Stiel ohne Ring, ohne Volva

Faules Holz

Fig. 44 Pluteus cervinus (Schnitt)

vom Stiel abtrennbare Hüte. Die gewöhnlichste Art ist Pluteus cervinus (Fig. 44), mit braunem, in der Mitte meist dunklerem, glattem, oft etwas klebrigem Hut, auf Laubholzstümpfen eine sehr häufige Art. Seltener trifft man auf Pluteus atromarginatus – am ehesten noch auf gehäuften Sägespänen –. Sein Hut ist dunkler, seine Lamellen haben schwarze Schneiden. Diese Eigenschaft findet sich auch bei Pluteus umbrosus, dessen Hut rußbraun und etwas gerunzelt ist. Auch er ist nicht häufig.
Pluteus leoninus ist dagegen ein hübscher, kleiner Dachpilz mit samtigem, lebhaft dottergelbem Hut, während der seltene Pluteus coccineus, der vor allem auf Stümpfen von Ulmen und Eschen vorkommt, einen schön orangefarbigen, im Alter verblassenden Hut zeigt.

Die *Schirmlinge (Lepiota)* sind ebenso bekannte Pilze wie die Egerlinge (Champignons); sie haben im typischen Fall weiße Sporen und einen meist auffällig beringten Stiel. Der Ring kann auf Flocken beschränkt sein oder im Alter hinfällig werden und dann ganz verschwinden. Die Schirmlinge haben keine Volva, ihr Hut läßt sich wie bei Egerlingen, Scheidlingen und Dachpilzen leicht vom Stiel ablösen. Gewissen Schirmlingen ist ein doppelter, verschiebbarer, den Stiel umfassender Ring eigen; es sind dies haupt-

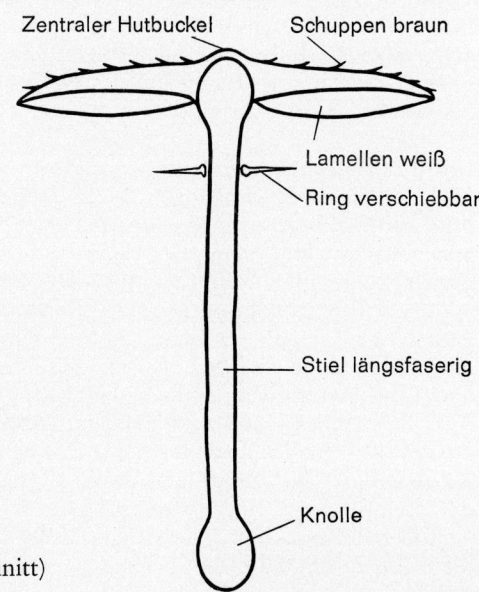

Zentraler Hutbuckel

Schuppen braun

Lamellen weiß

Ring verschiebbar

Stiel längsfaserig

Knolle

Fig. 45 Lepiota procera (Schnitt)

sächlich die großwüchsigen Schirmlinge, der Parasol (Fig. 45 und Abb. 75) und der Safranschirmling (Abb. 76), aber auch weniger große Arten wie Lepiota excoriata, deren Fleisch wie das des Parasols weiß bleibt und dessen blasser Hut in seidige Platten, nicht in Schuppen, aufreißt.

Lepiota naucina, ein Pilz mit fast weißem Hut und manchmal schwach rot getönten Lamellen, besitzt einen häutigen Stielring, der erst sehr spät freibeweglich wird oder sich ablöst und abfällt. Bei Lepiota acutesquamosa, mit rotbraunem von spitzen, kegeligen Warzen besetztem Hut, ist der Ring überhaupt nicht mehr beweglich, sondern hängt am Stiel herab.

Bei den kleinen Schirmlingen ist der Ring weniger sichtbar und oft abfällig. Ist er bei der unangenehm riechenden Lepiota cristata noch gut ausgebildet und häutig, wenn auch schon ziemlich vergänglich, so zeigt die schwächer riechende Lepiota clypeolaria einen flockigen, noch vergänglicheren Ring, von dem an abwärts außerdem der Stiel feinschuppig ist. Von den kleinen Giftschirmlingen (Lepiota helveola, L. subincarnata, L. brunneoincarnata) kann man sagen, daß der immer geringer ausgebildete, flüchtige Ring praktisch nicht mehr vorhanden ist.

In die Nähe der eigentlichen Schirmlinge gehören die Körnchenschirmlinge, ebenfalls mit weißen Lamellen, aber ihr Stiel ist bis zur Höhe des Ringes gestiefelt mit einer Art Futteral, das aus körnigen Flocken besteht, wie sie den Hut überkleiden. Es sind Pilze, bei denen lebhafte Farben vorherrschen; die häufigste Art ist Cystoderma amianthinum, freudig ockergelb, dazu Cystoderma cinnabarinum mit zinnoberrotem, Cystoderma haematites mit rosenrotem und Cystoderma carcharias mit blaßrosalila bis weißlich gefärbtem Hut.

Die *Wulstlinge (Amanita)* sind erdbewohnende Waldpilze, die man aber auch am Rand von Lichtungen, gelegentlich selbst auf Wiesen in der Nachbarschaft von Baumgruppen antreffen kann. Der auch bei ihnen leicht vom Stiel ablösbare Hut trägt weiße (bei Amanita caesarea gelbe) Lamellen, bei einzelnen Arten mit grünlichem oder zitronengelblichem Schimmer. Da die Sporen der Wulstlinge weiß sind, verändern sie die Lamellen selbst bei ganz reifen Exemplaren nicht. Der Stiel wird von einem einfachen, derbhäutigen oder leicht zerreiblichen, mitunter bei Berührung in Flocken hängenbleibenden Ring umfaßt; dieser Ring geht aus den Resten der beim Aufschirmen des Hutes zerreißenden inneren Hülle (Velum partiale) hervor. Er kann freilich auch flüchtig (Amanita gemmata) oder überhaupt nie sichtbar sein (Wulstlinge der Untergattung Amanitopsis). Außerdem ist der Stielgrund von einer häutigen Hülle, der Volva, oder von gürtelig angeordneten Resten der allgemeinen Hülle (Velum universale) eingefaßt; diese dehnt sich und zerreißt ebenfalls, wenn der Pilz heranwächst, so daß dann mehr oder weniger bedeutende Bruchstücke übrigbleiben, und zwar als Volva, wenn die äußere Hülle von fester, hautartiger Konsistenz ist, als wulstige Gürtel, wenn sie von lockerem Gewebe aufgebaut wird. Hinzu kommt, daß die äußere Hülle, falls sie leicht zerreißt, oft Flocken, Fetzen oder Warzen auf dem Hut hinterläßt; doch sind diese Verzierungen leicht abwischbar und können vom Regen sogar ganz weggewaschen werden.

Unter den Wulstlingen mit häutiger Volva befindet sich der hochgeschätzte Kaiserling (Amanita caesarea); die weit abstehende Volva in Verbindung mit dem orangenroten Hut und vor allem der prächtig gelben Farbe von Lamellen, Stiel und Hut machen ihn leicht kenntlich: alle anderen Wulstlinge mit häutiger Volva haben nicht gelbe, sondern weiße Lamellen, weißen Stiel und Ring. Immerhin, wenn diese Gruppe im Kaiserling einen der wertvollsten Pilze überhaupt enthält, so gehören ihr auch drei tödlich giftige Wulstlinge an: der Grüne Knollenblätterpilz (Fig. 46 und Abb. 90), der Frühlingsknollenblätterpilz (Amanita verna) und der Kegelhütige Knollenblätterpilz (Amanita virosa), alle drei mit weißen Lamellen, häutigem, weißem Ring (da herabhängend, meist als Manschette bezeichnet) und weißem Stiel (letzterer mit gelblichem Schein und oft von blaßgrünen Bändern genattert bei A. phalloides, wolligflockig bei A. virosa). Der Hut ist von unterschiedlicher Farbe, beim Grünen Knollenblätterpilz mehr oder weniger kräftig grüngelb, auch leicht ockerlich, oliv oder gar weiß, aber stets von feinen, strahlig verlaufenden Fasern gestreift, bei den zwei anderen weiß oder in der Mitte leicht ockerfleckig. Das sind drei Pilzarten, die man unbedingt und absolut sicher kennenlernen muß.

Zu dieser Gruppe von echten Wulstlingen mit häutiger Volva zählt auch der Eierwulstling (Amanita ovoidea), ein kräftiger, gedrungener, weißer Pilz mit einer weißen oder blaßockerfarbigen Volva und einem Ring von charakteristischer flockigcremiger Beschaffenheit: das watteartig-flockige Velum partiale hinterläßt auf dem Hutumfang, im Bereich des Ringes und am oberen Stielteil zahlreiche Flocken, die beim Berühren am Finger hängenbleiben. Amanita gemmata, eine bis weit in den Winter hinein besonders unter Nadelbäumen vorkommende Art, hat oft eine ziemlich vergängliche Manschette; von ihrer anfangs deutlich hautartigen Volva bleiben zuletzt nur mehr gürtelige Reste übrig.

Eine häutige Volva findet sich wieder bei Wulstlingen ohne jede Spur eines Ringes, aber mit starken Riefen am Hutrand; diese Wulstlinge werden auch unter dem Namen Amanitopsis zusammengefaßt. Die häufigste Art ist Amanita vaginata (Abb. 79) in einer grauhütigen Typusform, mit verschieden gefärbten Varietäten im Bereich der Hauptart: braunrot die Varietät fulva, hellgrau Varietät plumbea, weiß Varietät nivea. Es gibt in dieser Gruppe noch andere, unberingte, weniger häufige Arten wie Amanita

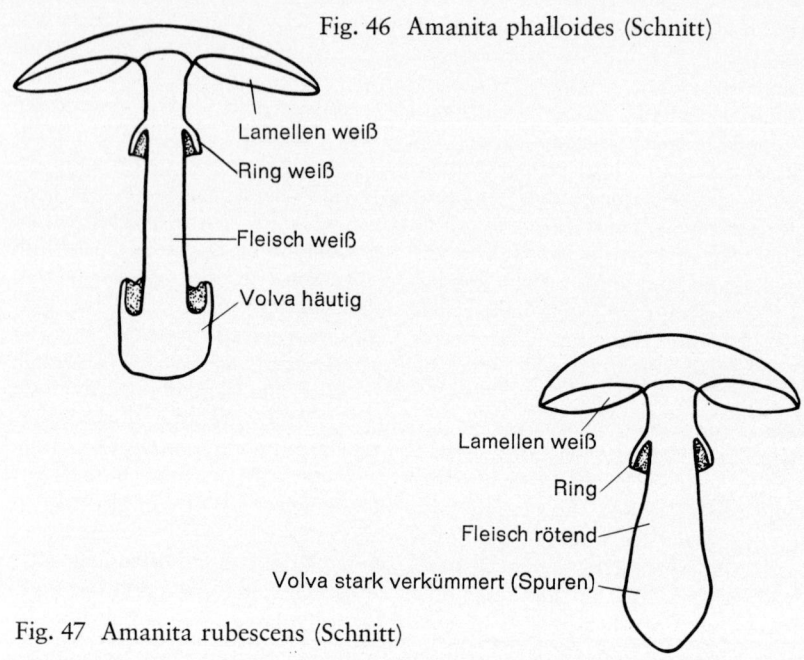

Fig. 46 Amanita phalloides (Schnitt)

Lamellen weiß
Ring weiß
Fleisch weiß
Volva häutig

Lamellen weiß
Ring
Fleisch rötend
Volva stark verkümmert (Spuren)

Fig. 47 Amanita rubescens (Schnitt)

lividopallescens mit hellnußbraunem, nach Grau neigendem Hut und einer in blaßgelbe Flöckchen zerklüfteten Stieloberfläche oder Amanita umbrinolutea und Amanita crocea, letztere mit mattem Hut, dessen Färbung von Creme bis Braunrot schwanken kann, stets aber einen Orangeton enthält.

Bei anderen Wulstlingen mit Hautring ist der Stiel zwiebelig angeschwollen oder in den Boden eingesenkt, entbehrt aber einer echten hautartigen Volva: die sich zerklüftende Außenhülle bleibt auf dem Hut in Form von Flöckchen oder von Warzen bestehen, hinterläßt aber am Stielgrund nur warzige Gürtel. Hierher gehören der Perlpilz (Amanita rubescens, Fig. 47 und Abb. 80) mit rötendem Fleisch, ein besonders jung ausgezeichneter Speisepilz, aber auch andere Wulstlinge, deren Fleisch unverändert weiß bleibt wie das von Amanita spissa, einer braunhütigen Art, bei der die am Stielgrund von der Außenhülle verbliebenen Gürtel wenig ausgeprägt sind; sie ist eßbar, von geringer Qualität, aber jedenfalls unschädlich.

94 TUBER MELANOSPORUM, Schwarze Trüffel, Perigordtrüffel ▶
(fast ausgereift)

Klasse: ASCOMYCETES (Schlauchpilze)
Ordnung: TUBERALES (Trüffelpilze)

Die Perigordtrüffel, ein völlig unterirdisch lebender Ascomycet (s. S. 56) kann in Verbindung mit verschiedenen Baumarten gedeihen; es sind aber hauptsächlich Eichen, in deren Nähe man sie sammelt und ihre Kultur in den Trüffelfarmen betreibt. Der stark riechende Fruchtkörper ist von schwarzer Farbe, kugeliger Knollengestalt und von kleinen, sechseckigen, gerieften, zugespitzten Warzen besetzt. Im Anschnitt erscheint das Fleisch schwärzlich oder violettschwarz und von weißlichen, an der Luft rötenden Adern durchzogen.
Vorkommen: Tuber melanosporum ist ein Pilz mit ausgesprochen südlicher Verbreitung. Er ist aber auch schon weiter nördlich und vereinzelt sogar in der Gegend von Paris gefunden worden, ist hier aber selten, im Unterschied zur Sommertrüffel (Tuber aestivum, s. S. 56), die ebenfalls wohlschmeckend, aber nicht so aromatisch ist.
Anmerkung: Die Perigordtrüffel ist ein sehr begehrter Pilz, dessen kräftiger, angenehmer Geschmack viele Gerichte würzt.

95 MYCENA SEYNII, De Seynes Helmling (fast ausgewachsen) ▶

Klasse: BASIDIOMYCETES (Ständerpilze)
Ordnung: AGARICALES (Blätterpilze)

Dieser Helmling (s. S. 162) besitzt einen glockigen, rotbraunen oder bräunlichen Hut, der durch die Lamellen der Unterseite gerieft erscheint; diese stehen nicht sehr gedrängt, sind rosa und haben eine bräunliche Schneide. Der gelbrötliche Stiel ist am Grund feinhaarig.
Vorkommen: De Seynes Helmling ist auf einen recht eigentümlichen Wuchsort spezialisiert: er wächst auf alten Kiefernzapfen am Erdboden oder sogar schon, bevor sie vom Baum fallen. Es ist eine Art mit hauptsächlich mediterran-atlantischer Verbreitung und ziemlich gewöhnlich auf den Zapfen der Strandkiefer (Pinus maritima).
Anmerkung: Auf Kiefernzapfen, die einen besonderen Standorttyp darstellen, findet man auch Rüblinge (wie Collybia conigena, s. S. 157), Pilze, die den Helmlingen noch einigermaßen nahestehen, aber auch Arten, die ganz anderen Gruppen angehören, wie der Ohrlöffel-Stachelseitling.

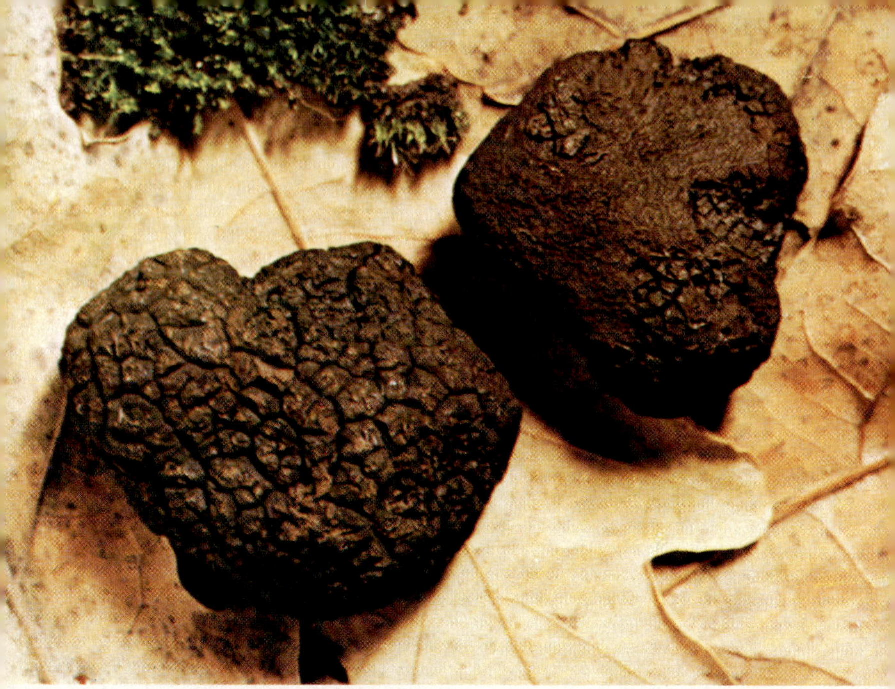

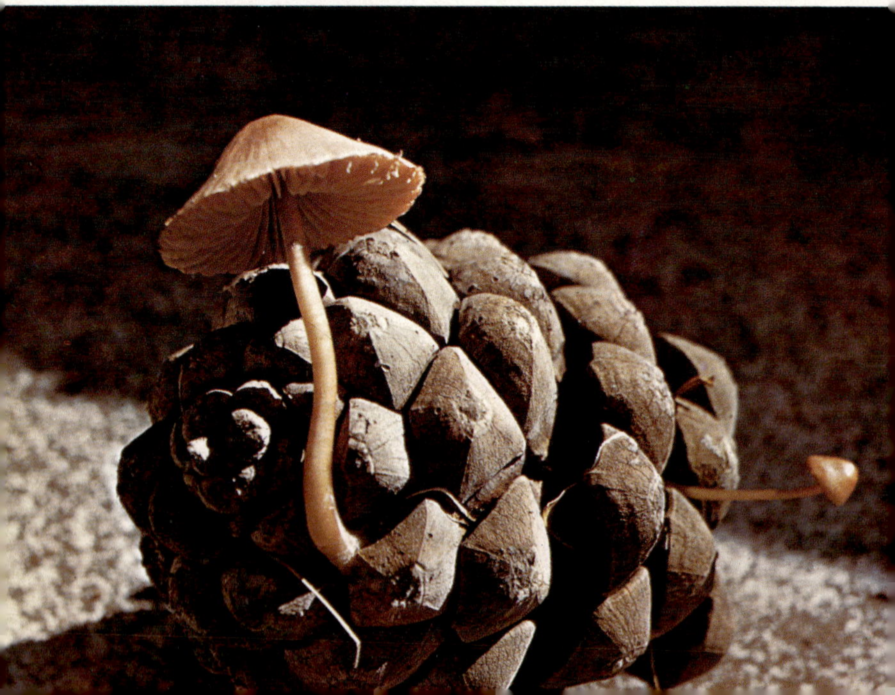

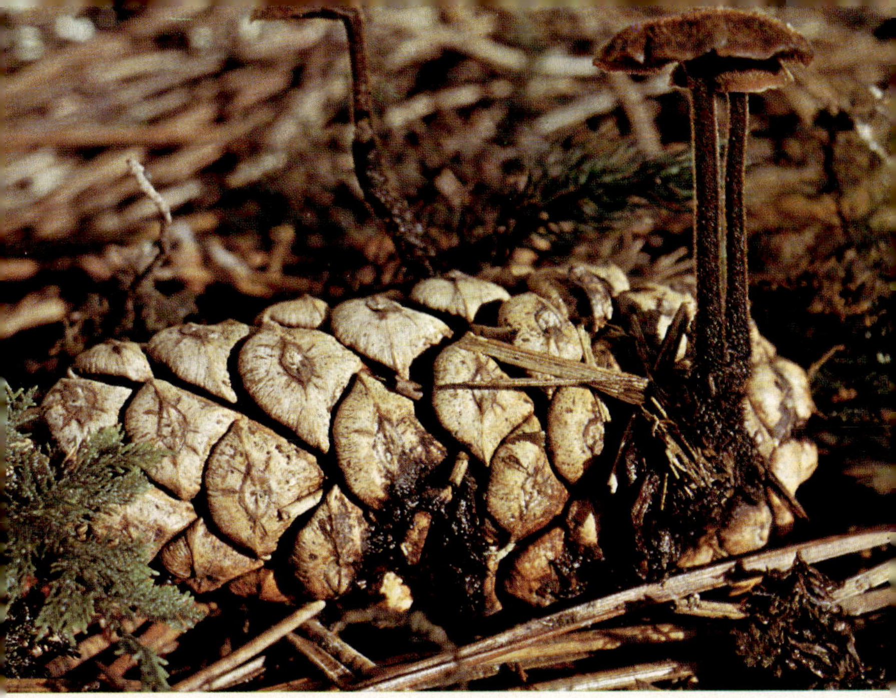

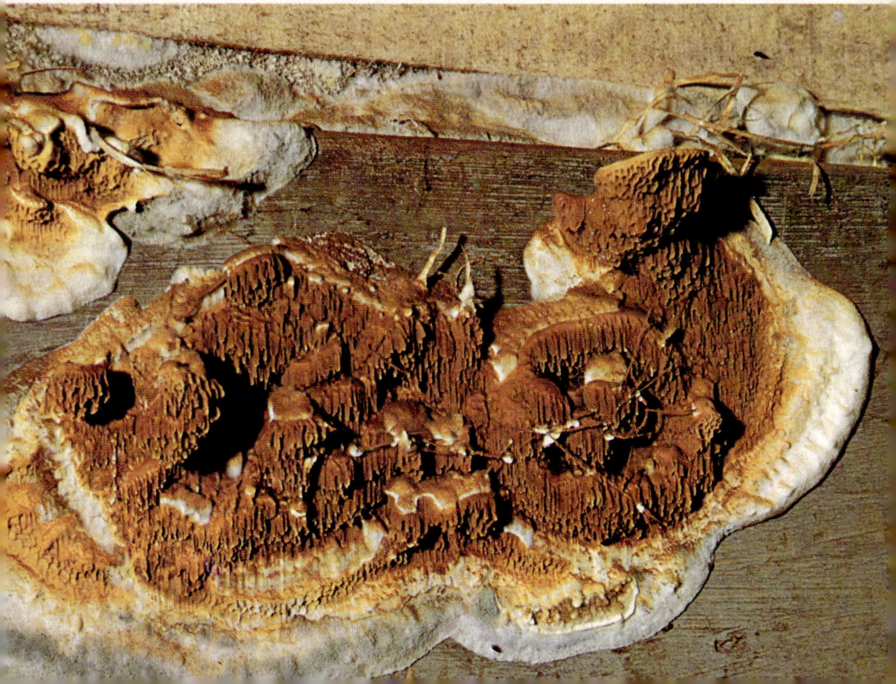

◄ 96 AURISCALPIUM VULGARE, Ohrlöffel-Stachelseitling (fast erwachsen)

Klasse: BASIDIOMYCETES (Ständerpilze)
Ordnung: APHYLLOLPHORALES (Nichtblätterpilze)

Dieser Stacheling ist unscheinbar, von kleinem Wuchs, zäh, ganz dunkelbraun und feinbehaart; unter dem Hut befinden sich feine, anfangs hellgraue, bei voll entwickelten Exemplaren bräunlich werdende Stachelchen. Der Hut sitzt seitlich auf einem dünnen, gewöhnlich ziemlich langen Stiel.

Vorkommen: Wie der Helmling auf dem vorigen Bild lebt der Ohrlöffel auf Kiefernzapfen, erscheint aber auf solchen, die am oder teilweise im Boden liegen und hier vermodern. Er ist ein weitverbreiteter Pilz, wird aber oft übersehen.

Anmerkung: Man beachte, daß der Ohrlöffel und De Seynes Helmling übereinstimmende Wuchsorte haben, da beide auf Kiefernzapfen wachsen, daß sie aber keineswegs dasselbe biologische Verhalten zeigen: Der Stacheling lebt auf durchfeuchteten, in Zersetzung begriffenen Zapfen, während der Helmling sich auf kaum oder noch gar nicht zersetzten, trockeneren Zapfen entwickelt.

◄ 97 GYROPHANA LACRYMANS, Echter Hausschwamm
   (im reifen Zustand)

Klasse: BASIDIOMYCETES (Ständerpilze)
Ordnung: APHYLLOPHORALES (Nichtblätterpilze)

Im Walde selten, entwickelt sich der Hausschwamm auf Bauholz, selbst auf dem verarbeiteten Holz in Gebäuden, das er nach der Art des würfeligen Braunfäuletyps zersetzt (s. S. 242). Zunächst entwickelt er sich fächerartig oder in weißlichen, von vereinigten Mycelfäden gebildeten Bändern, überbrückt Zwischenräume von Holz zu Holz durch Stränge und breitet sich auf dem angegriffenen Holz in Gestalt watteartiger Kissen aus, auf denen dann die Fruchtkörper erscheinen. Diese nehmen verschiedene Gestalt und Größe an und bedecken das Mycelkissen mit einer gleichartigen Platte, die rostbraun wird und an der Oberfläche unregelmäßig zu einem Netz verbundene Falten zeigt, wobei die Netzmaschen von der Hymenialschicht ausgekleidet werden. Um die sporenbildende Fläche herum bleibt längere Zeit eine weiße Randzone erhalten.

Anmerkung: Dieser Pilz bedeutet für Gebäude, in denen Holz verwendet wurde, eine große Gefahr, der man durch vorherige Schutzbehandlung zu begegnen sucht. Seinen charakteristischen Wuchsort kann der Hausschwamm aufgrund seiner Fähigkeit, sich auf verhältnismäßig trockenem Holz zu entwickeln, besiedeln – im Gegensatz zur Mehrzahl der Holzzerstörer, die nur im Wald verbleibendes Holz angreifen. Andererseits ist die Natur des angegangenen Holzes nicht streng spezifisch, so daß der Hausschwamm in der Lage ist, Bauholz beliebiger Baumarten abzubauen.

98 XYLOSPHAERA HYPOXYLON, Geweihförmige Kernkeule ▶
(ungeschlechtliche Fruchtkörper in reifem Zustand)

Klasse: ASCOMYCETES (Schlauchpilze)
Ordnung: SPHAERIALES (Kugelpilze)

Diese Kernkeule ist ein Ascomycet (s. S. 46), der sich auf toten Stöcken entwickelt, indem er zuerst mehr oder weniger verästelte schwarze Fruchtkörper ausbildet, deren Enden mit einem aus seinen ungeschlechtlichen Sporen bestehenden weißen Staub bedeckt sind (das sind die auf dem Bild dargestellten Fruchtkörper). Die geschlechtlichen Fruchtkörper mit den Perithecien sind ganz schwarz, gewöhnlich nicht ästig, mit welliger Oberfläche; ihr Fleisch ist wie das von Xylosphaera polymorpha weiß (Abb. 7).

Vorkommen und *Anmerkung:* Auch diesem Pilz ist ein relativ engbegrenztes Vorkommen eigen, da er ganz entschieden Stümpfe oder im Walde vermoderndes Holz der Laubbäume bevorzugt. Die Auswahl des Substrats, an dessen Abbau der Pilz aktiv teilnimmt, ist also hier gegenüber dem Hausschwamm erheblich eingeschränkt.

99 COLLYBIA FUSIPES, Spindeliger Rübling (annähernd erwachsen) ▶

Klasse: BASIDIOMYCETES (Ständerpilze)
Ordnung: AGARICALES (Blätterpilze)

Der Spindelige Rübling bricht am Grunde der Stämme, besonders von Eichen und Buchen, in Büscheln hervor. Sein Hut ist glatt, dunkelrotbraun und wird im Alter heller. Die breiten, entfernt stehenden Lamellen sind blaß, werden aber braunrotfleckig. Der spindelige Stiel ist zäh, längsgerillt und wie der Hut gefärbt, mitunter auch etwas heller.

Vorkommen: Auch hier liegt ein auf Laubholz spezialisierter Pilz vor, der wie die oben beschriebene Geweihförmige Kernkeule an Stümpfen, ebenso häufig aber am Fuß noch lebender alter Bäume auftritt.

Anmerkung: Als Eßpilz wenig geeignet, wird er wegen seiner Zähigkeit allenfalls in jungem Zustand verwendet; älter geworden, kann er heftig abführend wirken.

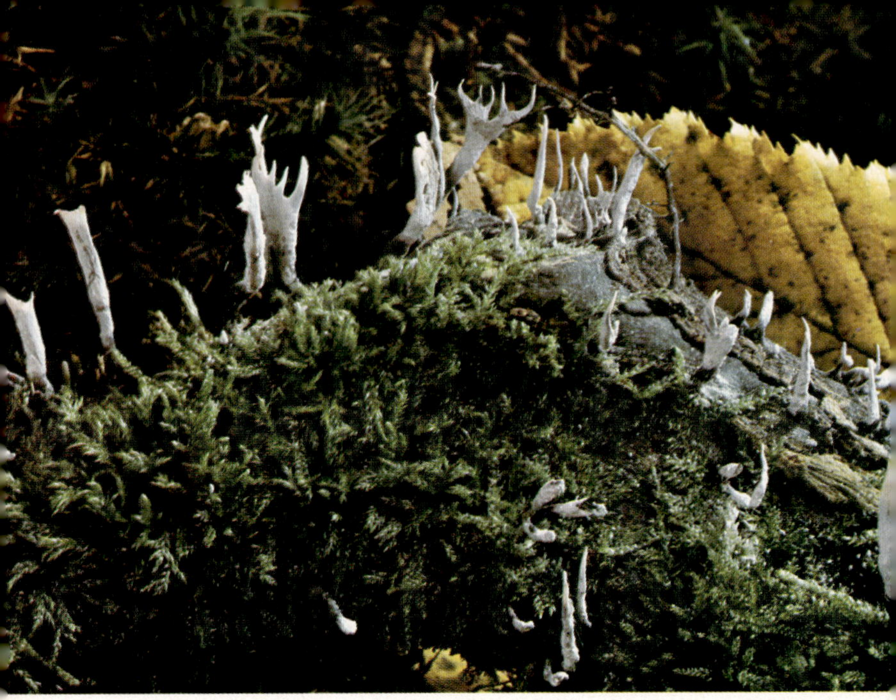

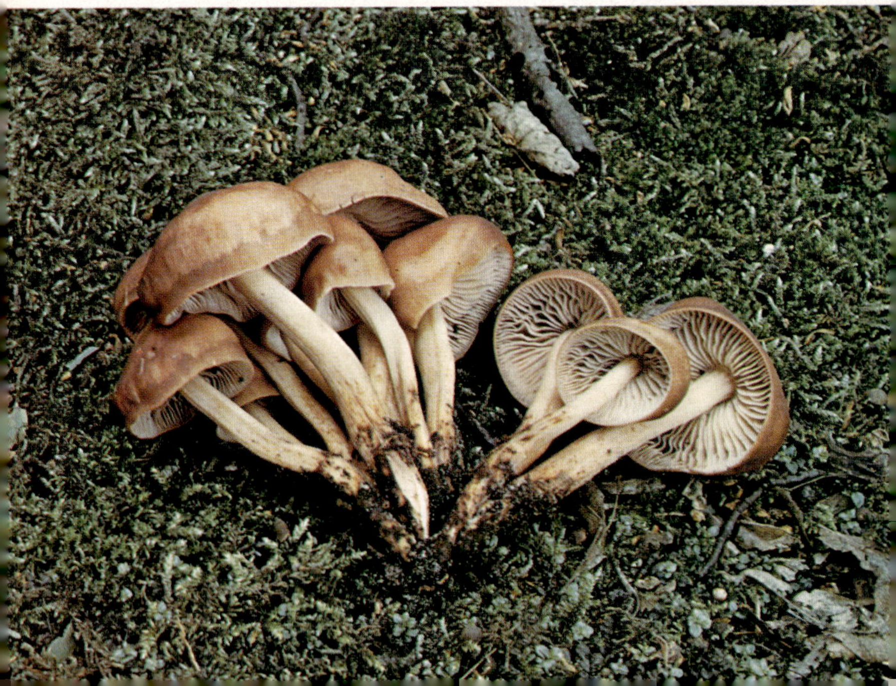

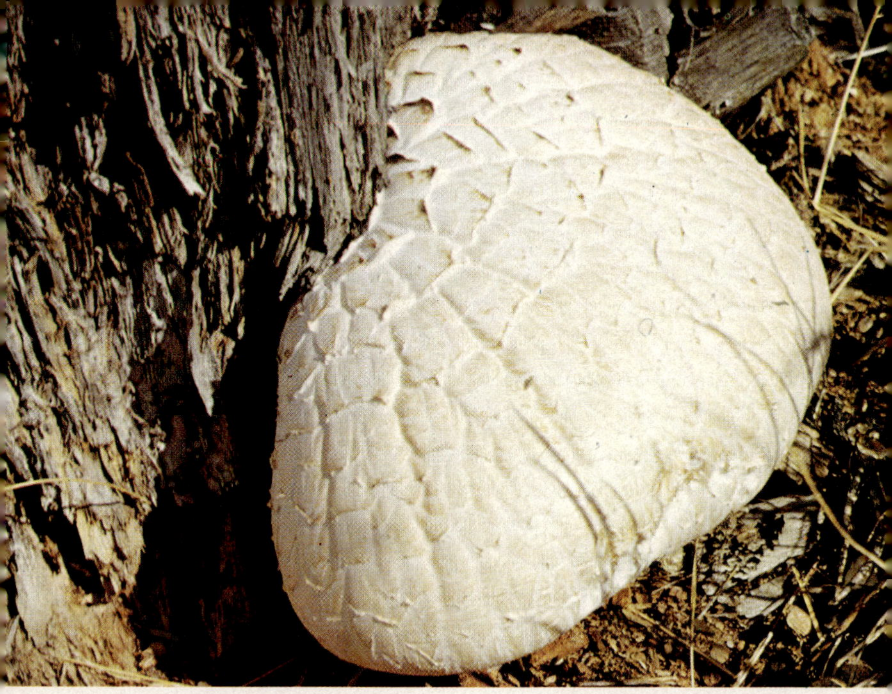

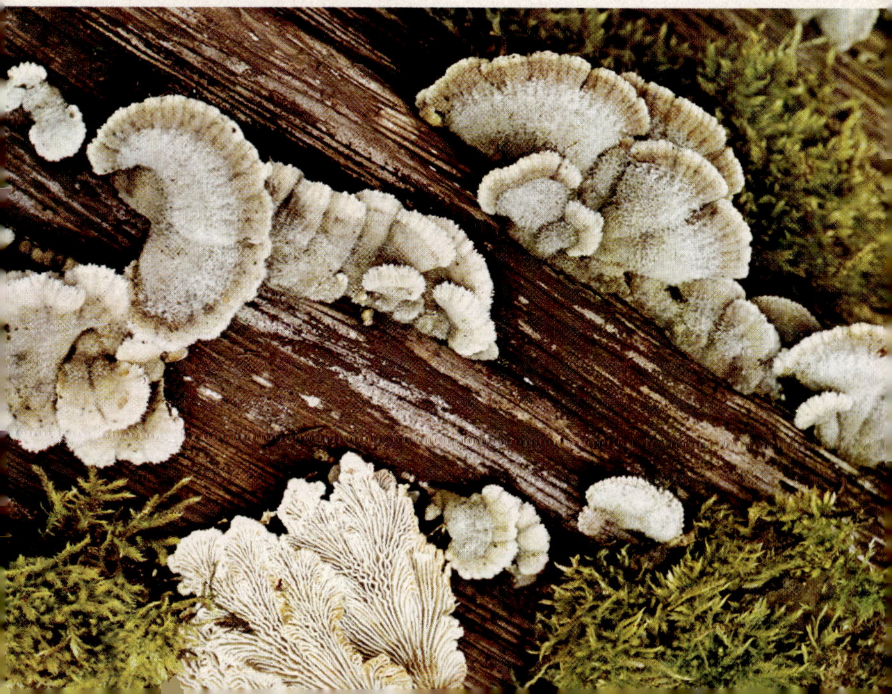

◄ 100 LENTINUS LEPIDEUS, Schuppiger Sägeblättling (fast ausgewachsen)

Klasse: BASIDIOMYCETES (Ständerpilze)
Ordnung: AGARICALES (Blätterpilze)

Sein zähfleischiger Hut ist mit sehr breiten Schuppen bedeckt, die vor allem gegen den Rand hin hellbraun werden. Die weißlichen Lamellen stehen ziemlich weit voneinander ab. Der Stiel ist gewöhnlich kurz und gedrungen und steckt oft tief im befallenen Holz.

Vorkommen: Die Art erscheint an faulendem Nadelholz (selten einmal an noch lebenden Bäumen) und verlangt mehr Feuchtigkeit als der Hausschwamm. Daher befällt dieser Pilz mehr im Freien liegendes, unbearbeitetes Holz (Stümpfe, gefällte Stämme) oder verarbeitetes (Pfosten, Schwellen) und tritt an Holz in Gebäuden nur dort auf, wo es sehr feucht ist (vor allem in Kellern); auch in Bergwerken wird er unter Tage angetroffen.

◄ 101 SCHIZOPHYLLUM COMMUNE, Gemeiner Spaltblättling
(in erwachsenem Zustand)

Klasse: BASIDIOMYCETES (Ständerpilze)
Ordnung: AGARICALES (Blätterpilze)

Dieser kleine Holzbewohner ist sehr häufig auf abgestorbenem, noch nicht zu lange im Freien lagerndem Holz, selten dagegen an noch lebenden Bäumen. Er führt zu einer lamelligen Fäulnis des befallenen Holzes (s. S. 242). Sein Hut ist zäh, graulich, filzig, mit grauen Lamellen, deren Schneide gespalten ist (sie erscheinen verdoppelt); der Hut sitzt unmittelbar ohne Stiel am Holz, an der Ansatzstelle etwas verschmälert.

Vorkommen: Er ist ein treffliches Beispiel für einen kosmopolitischen Pilz, der so ziemlich in allen Klimaten der Erde vorkommt. Wenn auch in den nordischen Ländern nicht so häufig wie in Mitteleuropa, findet man ihn doch bis in die äquatorialen Gebiete, sowohl in Amerika als auch in Afrika und im Fernen Osten.

Anmerkung: Der Spaltblättling wird meist noch zu den Agaricales gestellt (s. S. 170), obwohl er mit den Aphyllophorales nahe verwandt ist.

210

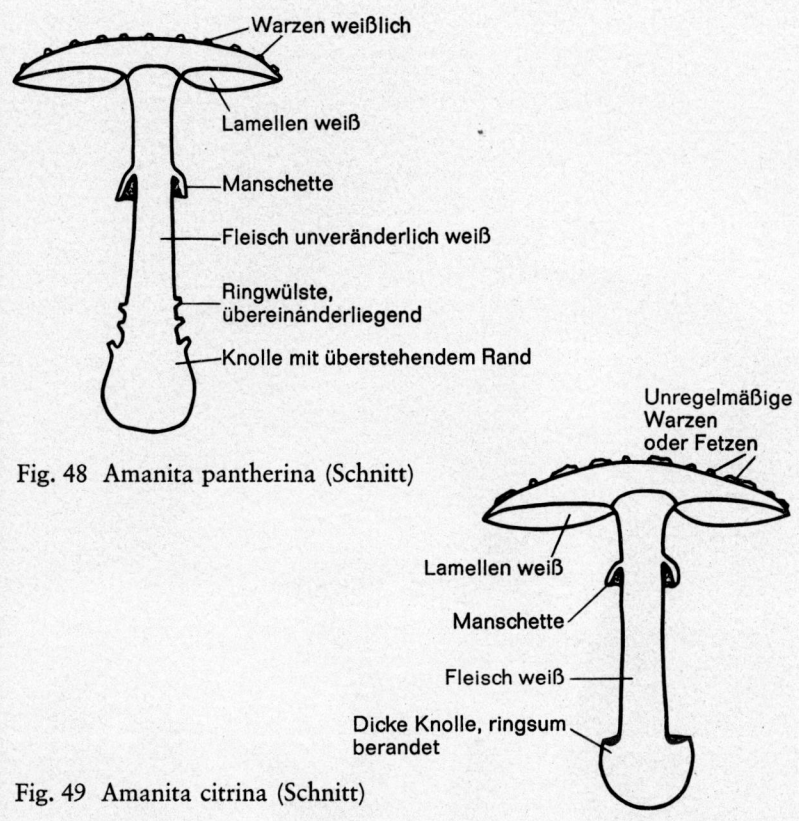

Warzen weißlich

Lamellen weiß

Manschette

Fleisch unveränderlich weiß

Ringwülste, übereinánderliegend

Knolle mit überstehendem Rand

Fig. 48 Amanita pantherina (Schnitt)

Unregelmäßige Warzen oder Fetzen

Lamellen weiß

Manschette

Fleisch weiß

Dicke Knolle, ringsum berandet

Fig. 49 Amanita citrina (Schnitt)

Auf den Pantherpilz (Fig. 48 und Abb. 91) trifft das nicht zu; sein Fleisch bleibt ebenfalls weiß, aber der Stiel sieht aus, als sei er in die schmal waagrecht berandete rundliche Knolle eingepfropft. Über diesem Kragenrand folgen zwei, drei oder sogar vier ausgeprägte Wulstringe übereinander. Der Pilz ist zwar im allgemeinen nicht tödlich, verursacht aber sehr schwere Vergiftungen. Auch bei dem Fliegenpilz (s. Umschlagbild), einem bekannten Giftpilz mit rotem, weißgetupftem Hut, ist die rundliche Stielknolle gut entwickelt und von einem aus den Resten der allgemeinen Hülle bestehenden Rand überhöht.

Bei den zuweilen unter dem Namen Aspidella vereinigten Wulstlingen ist die Volva noch leichter zerreiblich, und die allgemeine Hülle hinterläßt auf dem Hut dicke, anfangs sich berührende, dann voneinander sich trennende, vieleckige Hautfetzen (Amanita solitaria mit cremeartig flockigem Ring) oder erhabene, mehlige Warzen, die oft die Form von kleinen Pyramiden oder Nadeln annehmen (Amanita echinocephala, Abb. 81; Amanita vittadinii, bei der der Stiel vom Grund an bis zur Manschette von aufeinanderfolgenden Schuppengürteln eingefaßt ist).

Die Volva kann auch verkümmert sein und stellt dann nur noch einen schmalen Hautrand um die Knolle (Amanita citrina, Fig. 49 und Abb. 5) oder eine dünne, vergängliche Membran dar (Amanita porphyria).

Die Schleimschirmlinge, den Wulstlingen sehr nahestehende Pilze, haben eine noch flüchtigere Außenhülle, die weder auf dem Hut noch am Stielgrund eine Spur hinterläßt. Limacella guttata, mit blaßtonfarbigem Hut und Mehlgeruch, findet man ab und zu in Gehölzen.

Die *Gasterales*. Diese Ordnung ist außerordentlich heterogen (d.h. uneinheitlichen Ursprungs), da man künstlich um die echten Gasterales Pilze gruppiert, die zweifellos näher mit den Boletales verwandt sind (Rhizopogon luteolus mit rundlichen, gelblichen, im Boden eingesenkten Fruchtkörpern, die herdenweise auftreten und bräunlichen Mycelsträngen ansitzen) oder mit den Asterosporales (Arcangeliella asterosperma, anfangs weiß mit grünlichen Tönen, dann schmutzigbraun, gleichfalls im Boden

◄ 102 PHOLIOTA SQUARROSA, Sparriger Schüppling
(mit jungen Exemplaren)

Klasse: BASIDIOMYCETES (Ständerpilze)
Ordnung: AGARICALES (Blätterpilze)

Der Sparrige Schüppling (s. S. 195) besitzt einen fleischigen, gelben, mit mehr oder weniger abstehenden rotbräunlichen Schuppen bedeckten Hut; die gedrängten Lamellen sind erst blaßgelblich, bei der Reife rostbraun. Der mit einem Ring versehene Stiel ist unterhalb des Ringes wie der Hut geschuppt.
Vorkommen: Er kommt im Herbst in großen Büscheln auf Stümpfen von Laubbäumen, am Fuß abgestorbener Stämme, manchmal auch an abgefallenen Ästen vor.
Anmerkung: Wie alle Schüpplinge ist auch er ein aktiver Holzzerstörer und spielt eine wichtige Rolle beim Abbau von Stümpfen und abgestorbenen Stämmen.

wachsend), oder mit den Agaricales (in der Nähe der Rötlinge, s. S. 171, wenn ihre Basidiosporen rosa, oder der Tintlinge, s. S. 190, wenn sie schwarz oder violett sind). Sie sind keine echten Gasterales, obgleich sie wie solche aussehen und sich so entwickeln, und zwar nach dem angiocarpen Typus (s. S. 99).

Unter den echten Gasterales finden wir auf Erde oder an abgefallenem Holz kleine Arten von Cyathus (Cyathus striatus) oder von Crucibulum (Crucibulum vulgare), deren Fruchtkörper sich bei der Reife mit einem abfälligen Deckelchen öffnen und dann wie kleine Nester mit Eiern aussehen. Diese Eier sind nichts anderes als ›Peridiolen‹, die im Inneren die Basidiosporen sich entwickeln lassen.

Hauptsächlich sind es jedoch die Boviste, die wir auf unseren Exkursionen immer wieder zu Gesicht bekommen. Die echten Boviste oder Stäublinge öffnen sich und entlassen ihre Sporen bei der Reife durch ein Ostiolum, eine enge Mündung oben auf dem Fruchtkörper (Lycoperdon gemmatum, Fig. 50 und Abb. 82), sehr häufig auf dem Waldboden, Lycoperdon echinatum, ganz mit langen, biegsamen Dornen besetzt – diese entsprechen den Warzen bei L. gemmatum –, Lycoperdon pyriforme (Abb. 83), auf alten Stümpfen wachsend. Calvatia enthält Stäublinge, bei denen sich der Fruchtkörper nicht mehr durch ein relativ gut ausgebildetes Ostiolum öffnet, sondern die Außenwand oben zerreißt: Lycoperdon (Calvatia) giganteum, der riesige weiße, kugelige Fruchtkörper auf Wiesen und Rasenplätzen treibt, Lycoperdon (Calvatia) excipuliforme, ein ansehnlicher Stäubling mit einem langen Stiel, usw. Auch bei den Fruchtkörpern der Kartoffelboviste (Scleroderma aurantium, Abb. 84) findet sich dieselbe Öffnungsweise durch Zerreißen der Wand.

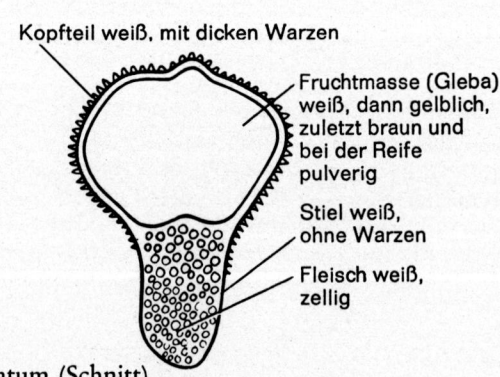

Kopfteil weiß, mit dicken Warzen

Fruchtmasse (Gleba) weiß, dann gelblich, zuletzt braun und bei der Reife pulverig

Stiel weiß, ohne Warzen

Fleisch weiß, zellig

Fig. 50 Lycoperdon gemmatum (Schnitt)

Die Erdsterne (Geastrum, Abb. 85) andererseits erreichen die Öffnung ihrer Fruchtkörper dadurch, daß die äußere Hülle in Lappen aufspringt und sich sternförmig ausbreitet, wobei die innere Hülle unverändert in der Mitte erhalten bleibt, um sich mit einem Ostiolum zu öffnen.

Die *Phallales*. Auch sie gehören zu den Pilzen mit angiocarper Entwicklung wie die Gasterales. Der junge Fruchtkörper (das ›Hexenei‹ der Stinkmorcheln) ist völlig in einer dicken, widerstandsfähigen, innen durch eine gelatinöse Schicht verstärkten Hülle eingeschlossen. Den fruchtbaren Teil (die ›Gleba‹) überzieht eine Vielzahl von eingetieften Kämmerchen, die vom Hymenium ausgekleidet sind.
Bei Phallus, großen, weißstieligen Pilzen (Phallus impudicus, Fig. 51 und Abb. 86, ein häufiger Waldbewohner, der sich durch seinen starken, widerwärtigen Geruch bemerkbar macht), und bei Mutinus, kleineren Pilzen mit gefärbten Stielen (Mutinus caninus, Abb. 87), springt die Volva bei der Reife auf, und die Gleba, die der Außenseite des verhältnismäßig wenig ausgestalteten Hutes aufliegt, wird durch einen porösen, löcherigen Stiel, der am oberen Ende den Hut trägt, durch rasches Streckungswachstum in die Höhe gehoben. Die Sporen bleiben im Schleim der sich verflüssigenden Gleba eingeschlossen; der Pilz verbreitet nun einen durchdringenden aasartigen Geruch. Die durch ihn angelockten Fliegen setzen sich auf den Hutschleim und sorgen so für die Ausbreitung der Sporen. Die Fruchtkörper von Dictyophora, Pilzen, die in den Tropen zu Hause sind, werden durch eine hübsche Halskrause verziert, die wie ein ausgezackter Reifrock unterhalb des fertilen Teils herabhängt (Dictyophora multicolor, Abb. 88). Die Gattung Anthurus, überseeischen Ursprungs, aber mit einer Art jetzt in Europa eingebürgert und aus fast allen Gegenden Frankreichs und Westdeutschlands bekannt, enthält Pilze von großem Wuchs, deren ›Hut‹ die Gleba auf der Innenseite trägt und sich ohne eigentlichen Stiel in ›Arme‹ aufteilt. Diese trennen sich an der Spitze voneinander, um sich zu einer Sternform auszubreiten (Anthurus archeri, Fig. 52 und Abb. 89). Ganz vereinzelt wird auch Clathrus cancellatus gefunden, ein Pilz ohne erkennbaren Stiel, dessen Hut sich zu einem Netz entwickelt, das eine Art Hohlkugel aus durchbrochenem Gitterwerk von roter Farbe darstellt und wie bei Anthurus die Gleba auf der Innenseite trägt.

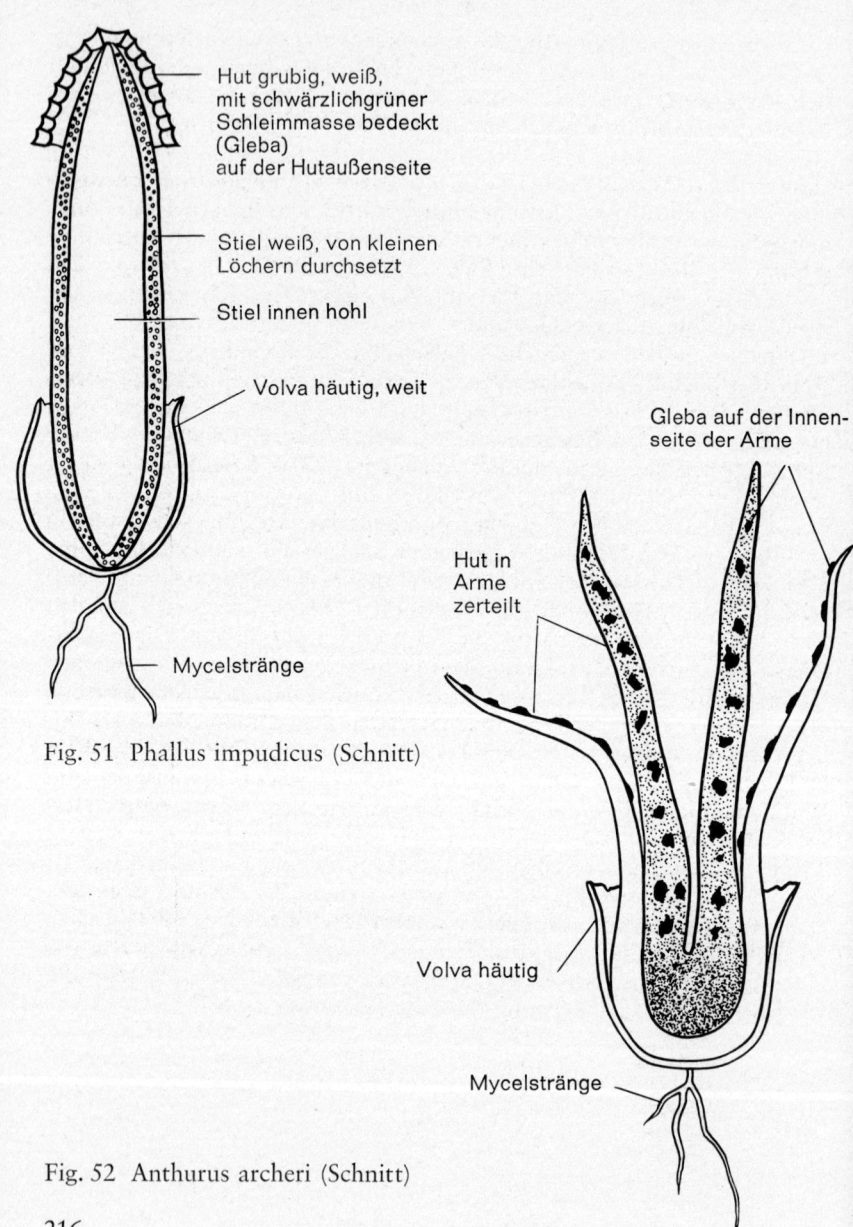

Hut grubig, weiß,
mit schwärzlichgrüner
Schleimmasse bedeckt
(Gleba)
auf der Hutaußenseite

Stiel weiß, von kleinen
Löchern durchsetzt

Stiel innen hohl

Volva häutig, weit

Mycelstränge

Fig. 51 Phallus impudicus (Schnitt)

Gleba auf der Innen-
seite der Arme

Hut in
Arme
zerteilt

Volva häutig

Mycelstränge

Fig. 52 Anthurus archeri (Schnitt)

216

DIE GIFTPILZE

Wir haben auf unserem kurzgefaßten Gang durch die Hauptgruppen des Pilzreichs gesehen, daß man gefährliche Pilze in den verschiedensten Gruppen antrifft. Bei den Wulstlingen im besonderen stehen Arten wie der Kaiserling (Amanita caesarea), einer der edelsten Speisepilze, unmittelbar neben dem Grünen Knollenblätterpilz (Abb. 90), da beide zu den Wulstlingen mit hautartiger Stielscheide und mit Manschette zählen. Ebenso gehört der Perlpilz (Abb. 80) in dieselbe systematische Gruppe wie der Pantherpilz (Abb. 91).

Tatsächlich gibt es kein einfaches Hilfsmittel, um einen guten Pilz von einem giftigen oder nur unbekömmlichen zu unterscheiden. Man muß die Pilze kennenlernen, um sie wiederzuerkennen, und nur ein beharrliches Bemühen kann zum Ziel führen. Gewiß gibt es überaus giftige Arten, vor denen man sich in acht nimmt, auch wenn man sie kaum einmal zu sehen bekam, weil alle Bücher, die sich mit Pilzen befassen, vor ihnen warnen, ihre schlimmen Wirkungen hervorheben und die Notwendigkeit, sie genauestens kennenzulernen, betonen. Aber da gibt es auch die anderen, von denen nicht so viel die Rede ist, weil sie weniger gefährlich sind, denn sie veranlassen lediglich vorübergehende Beschwerden oder werden von den einen gut vertragen, während anderen ihre Pilzmahlzeit übelbekommt.

Man kann beim Pilzsammeln nie genug zur Vorsicht mahnen: Auf diesem Gebiet sich auf Abenteuer einzulassen, ist gegen alle Vernunft, und man kann nur mit aller Eindringlichkeit den guten Rat geben, nur solche Pilze zu sammeln, die man mit Sicherheit richtig bestimmt hat und ausdrücklich als eßbar kennt. Wer zweifelsfrei nur Steinpilze unterscheiden kann, der soll nur Steinpilze sammeln; will er Pfifferlinge oder sonst irgendwelche Pilze kennenlernen, so möge er es tun. Man sollte niemals Pilze essen, an deren Bekömmlichkeit der geringste Zweifel besteht.

Trotzdem genügt es nicht, nur die Pilze kennenzulernen, die man gern sammeln möchte; es ist genauso unentbehrlich, kennenzulernen, wovor man sich in acht nehmen muß, und das sind in erster Linie die tödlich giftigen *Knollenblätterpilze*. Es sind drei Vettern, und zwar tödlich wirkende, denn die Vergiftungserscheinungen treten sehr spät (oft 8–10 Stunden nach der Mahlzeit) ein, also erst dann, wenn die Giftstoffe nicht mehr aus dem Verdauungstrakt entfernt werden können und ihre verhängnisvolle Wirkung begonnen hat. Es liegt nicht in unserer Absicht, hier die auftretenden Vergiftungssymptome zu beschreiben; begnügen wir uns mit dem Hinweis, daß der Kranke nach einer qualvollen Übergangsphase unerbittlich in ein mit dem Tod endendes Koma verfällt.

Der Grüne Knollenblätterpilz (Abb. 90) ist verantwortlich für die meisten

Vergiftungsfälle, denn er ist der bei weitem häufigste und der am weitesten verbreitete Giftpilz. Dieser Pilz tritt überall auf und kommt praktisch unter allen Waldbaumarten vor, trotz seiner deutlichen Vorliebe für die Eichen. Sein Hut ist typisch olivgrünlich und von radialen Fasern gestreift, aber diese Farbe kann zu mehr gelblichen Tönen verbleichen und bis zu weiß gehen; die beiden anderen tödlichen Knollenblätterpilze (s. S. 201), der Kegelhütige K. (Amanita virosa) und der Frühlingsknollenblätterpilz (Amanita verna) sind weiß (manchmal in der Hutmitte etwas ockerlich), aber alle drei haben weiße Lamellen, eine weiße Manschette und eine häutige Volva (äußere Hülle). Dieses letztere Merkmal ist äußerst wichtig. Die bei den Pilzsammlern leider übliche Praxis, die darin besteht, die Pilze nicht auszugraben, sondern den Stiel direkt mit einem Messer abzuschneiden (um die schon im Korb befindlichen Pilze nicht mit Erde zu verunreinigen), ist zu verwerfen: sie kann nämlich dazu führen, daß eine etwa vorhandene häutige Volva übersehen wird, weil sie mit der Stielbasis im Boden zurückblieb. Gewöhnen wir es uns also an, die Pilze sorgfältig aus dem Boden herauszuheben und das untere Ende des Stiels erst abzuschneiden, nachdem wir uns vergewissert haben, daß der Pilz keine häutige Volva besitzt.

Ebensowichtig ist aber auch die Kenntnis des Kegeligen Knollenblätterpilzes, der einen recht bezeichnenden feinwolligen Stiel besitzt (er ist nicht überall häufig, doch gibt es Wälder, in denen er alljährlich, manchmal sogar in großer Menge, erscheint); desgleichen sollte man den Frühlingsknollenblätterpilz erkennen können, obwohl er in unserem Gebiet die seltenste der drei Arten ist. Schließlich ist es gut, sich daran zu erinnern, daß die Individuen einer und derselben Art – das gilt sowohl für die gefährlichen Knollenblätterpilze als auch für alle anderen Pilze und für alle Lebewesen überhaupt – unter sich nicht genau gleich sind und niemals streng den Schematypen entsprechen, die man von ihnen entwerfen könnte, selbst nicht im besten aller Bücher. Wir sahen, daß die Hutfarbe des Grünen Knollenblätterpilzes veränderlich ist; das gilt für die Größe ebenso wie für die Gestalt, ob mehr schlank oder mehr gedrungen, usw. Man darf auch nicht vergessen, daß gewisse Merkmale gelegentlich fehlen können: die Manschette kann verschwinden, weil Schnecken sie angefressen hatten und sie deshalb abfiel; eine vorhandene Volva kann übersehen worden sein, weil der Pilz unsachgemäß gesammelt wurde, usw.

Es gibt kein Kriterium für unfehlbare Erkennbarkeit. Die drei tödlichen Amaniten können durch eine ganze Anzahl von Eigenschaften beschrieben werden (häutige Volva, weiße Manschette, weiße Lamellen, ungeriefter Hutrand, erst schwacher, dann etwas an verwelkte Rosenblätter erinnernder Geruch bei Amanita phalloides, der schließlich bei alten Exemplaren widerlich wird, usw.). Aber es ist unerläßlich, selbst eine große Zahl von Exemplaren von allen Formen und Umrissen und, besonders beim Grünen Knollenblätterpilz, von allen Farben geprüft zu haben, wenn man der Gefahr aus dem Wege gehen will, eines Tages durch einen Pilz von anormalem Aussehen oder mit einem schlecht ausgeprägten Merkmal hinters Licht geführt zu werden.

Trotz alledem sind diese drei Amaniten nicht die einzigen gefährlichen Pilze, die es kennenzulernen gilt. Es gibt in der Tat noch andere Pilze, die sehr bedenkliche und sogar tödliche Vergiftungen nach sich ziehen können. Dies ist der Fall bei den kleinen Giftschirmlingen: Lepiota helveola, Lepiota brunneoincarnata (s. S. 200) und den ihnen nahestehenden Arten. Es sind kleine Schirmlinge (etwa 2–5 cm) mit schuppigem oder getüpfeltem, mehr oder weniger rosa oder rotbraun getöntem Hut und oft sehr flüchtigem Ring. Sie kommen selten in Wäldern (und da nur in lichten Beständen), sondern mehr auf Wiesen, am Rand von Lichtungen, unter Hecken und auch in Gärten vor. Wenn sie für die Küche selten gesammelt werden, dann wohl eher wegen ihrer geringen Größe als aufgrund wirklicher Kenntnis der ihnen innewohnenden Gefahren, ausgenommen vielleicht, wenn sie in Gärten auftreten: in mehreren Fällen neueren Datums wurden die Pilze in Gemüsegärten gesammelt. Die Vergiftungssymptome haben Ähnlichkeit mit denen, die nach dem Genuß von Grünen Knollenblätterpilzen eintreten.

Ähnliche Erscheinungen wie bei Knollenblätterpilzvergiftungen stellen sich bei Vergiftungen durch Cortinarius orellanus (s. S. 186) ein, wenigstens was ihre Schwere und die lange Inkubationszeit betrifft. Wenn zahlreiche ältere Pilzwerke feststellen, daß man zu ihrer Zeit keine Giftpilze unter den Haarschleierlingen kannte, so haben verschiedene, vor etwa 20 Jahren in Polen beobachtete Vergiftungsfälle (davon mehrere tödliche) die Aufmerksamkeit auf diesen Schleierling gelenkt, der sich als der für diese Fälle verantwortliche Pilz erwiesen hat. Seither haben Studien über Schleierlinge aus dem Verwandtschaftskreis des C. orellanus ebenfalls eine gewisse Giftigkeit gegenüber Versuchstieren ergeben. Wir müssen beiläufig darauf hinweisen, daß der Fall Cortinarius orellanus, ein Pilz, der lange als harmlos galt (obwohl er in Wirklichkeit äußerst gefährlich ist), da praktisch nie verwendet, wahrscheinlich kein Einzelfall ist. Zur Zeit sind Untersuchungen im Gang über andere verdächtige Arten, die gewöhnlich nicht gesammelt werden (deshalb also auch nicht bei den Giftpilzen erwähnt), aber im Verdacht stehen, Urheber von Vergiftungen zu sein: Hypholoma fasciculare z.B., wegen seines sehr bitteren Geschmacks so gut wie ungenießbar, soll in Japan Vergiftungen verursacht haben.

Vergiftungen durch Amanita pantherina (Abb. 91) verlaufen meist nicht tödlich, sind aber trotzdem schwerer Art; sie gehören einem anderen Symptomkomplex an als die durch den Grünen Knollenblätterpilz und seine Verwandten verursachten. Vor allem stellen sich die Krankheitserscheinungen viel früher ein (diese Frühzeitigkeit ermöglicht eine rasche Behandlung), wobei eine zweifache Wirkung, nämlich eine toxische und eine erregende, zu beobachten ist. Der Fliegenpilz (s. S. 211) ruft die gleichen Störungen hervor, ist aber weniger gefährlich, da sie im Vergleich zum Pantherpilz abgeschwächt auftreten. Den durch Pantherpilz und Fliegenpilz hervorgerufenen Vergiftungen gleichen etwa jene, an denen Rißpilze, besonders Inocybe patouillardii (s. S. 175) – Inocybe napipes, I. fastigiata, I. geophylla usw., durchweg kleinere Pilze, enthalten dieselben Giftstoffe –, oder weiße Trichterlinge schuld sind (s. S. 166): Clitocybe rivulosa, Clitocybe dealbata, Clitocybe cerussata.

Andere Vergiftungen, diesmal gastro-intestinaler Art, können durch Seitlinge bewirkt werden (Pleurotus olearius, P. illudens), desgleichen durch einen Ritterling (s. S. 152), Tricholoma pardinum, mit grauem, dunklerschuppig getigertem Hut, im Tiefland ziemlich selten, in mittleren Höhenlagen aber viel häufiger, und besonders durch den Riesenrötling (Entoloma sinuatum, s. S. 171). Solche Fälle können ausnahmsweise bei Kindern und alten Leuten oder Menschen mit schwacher Gesundheit tödlich verlaufen (vor allem nach Genuß des Riesenrötlings).

Andere Rötlinge (Entoloma nidorosum, E. rhodopolium) rufen gleichfalls Magen-Darm-Erkrankungen hervor, die bei manchen Betroffenen besonders heftig auftreten, dabei aber viel weniger besorgniserregend sind als die durch den Riesenrötling veranlaßten Folgen.

Sehr viele andere Pilze sind in der Lage, verschiedene Verdauungsstörungen und z. T. recht unangenehme Verstimmungen hervorzurufen, doch sind die Betroffenen ohne ernstliche Gefährdung schnell wiederhergestellt: das Ausmaß der Beschwerden richtet sich nach der Konstitution dessen, der die Pilze verzehrt hat. So verhält es sich bei Entoloma nidorosum und E. rhodopolium, entsprechend auch bei Agaricus xanthodermus (Abb. 92), der mitunter heftig, aber nie wirklich gefährlich wirkt, so bei manchen Täublingen wie Russula emetica (Abb. 93), bei Ziegenbärten (Clavaria formosa) usw. Der Satanspilz ist trotz seines schlechten Rufs nichts sonst als nur sehr schlecht bekömmlich; er vermag bei manchen Menschen die Verdauung gehörig in Unordnung zu bringen, hat aber noch nie jemand umgebracht.

Noch größer wird die Vielfalt der Krankheitsbilder, wo es sich um schwach giftige Pilze handelt. Außer den zuvor angeführten Arten, die fast ausnahmslos giftig wirken, wenn auch mit unterschiedlicher Intensität, gibt es eine Menge anderer Pilze, die imstande sind, Verdauungsstörungen mit Erbrechen und Durchfall hervorzurufen, aber durchaus nicht bei jedermann. Diese Erfahrung macht man mit Trichterlingen (selbst mit Clitocybe nebularis, der Graukappe, s. S. 163, die allerdings häufig ohne unangenehme Folgen verzehrt wird), mit Rötelritterlingen (Rhodopaxillus irinus, s. S. 156), mit Fälblingen (Hebeloma crustuliniforme, s. S. 174), mit Röhrlingen (Boletus albidus) u. a.

Was die wechselnde Giftigkeit bestimmter Pilze anbelangt, so ist darauf hinzuweisen, daß Pilze rasch verderben und daß viele Vergiftungen auf den Genuß zu alter Pilze zurückzuführen sind. Außer den Beschwerden nach dem Verzehr offensichtlich verdorbener Pilze (der Fall ist nicht so selten mit rasch vergänglichen Arten wie Steinpilz oder Perlpilz) gibt es den anderen Fall, den man kennen sollte: gewisse Arten, wie Collybia fusipes (Abb. 99) behalten ein verhältnismäßig festes und tadellos aussehendes Fleisch, selbst wenn sie voll erwachsen oder schon überreif sind; im jungen Zustand unschädlich, können diese Pilze zu heftigem Durchfall oder Erbrechen führen, wenn man sich durch ihr ansprechendes Äußeres verleiten läßt, sie doch zu sammeln. Die gleiche Erfahrung macht man mit dem Hallimasch (Abb. 110). Gelegentliche Gesundheitsstörungen nach dem Genuß von Nebelgrauen Trichterlingen haben z. T. wohl dieselbe Ursache.

Anders liegt der Fall bezüglich der unterschiedlichen Giftwirkung von Coprinus atramentarius (s. S. 191): die von ihm bewirkten üblen Zustände (Pulsbeschleunigung, Gesichtsrötung, Schwellung der Ohren) treten nur ein, wenn der Pilz zusammen mit einem alkoholischen Getränk verzehrt wurde; ohne Verbindung mit Alkohol ist er vollkommen unschädlich.

Dagegen weiß man weniger Bescheid darüber, warum Frühlorcheln (Gyromitra esculenta, den Morcheln, Verpeln und Herbstlorcheln nahestehende Discomyceten, s. S. 53) einmal giftig, das andere Mal ungiftig sind: sie können sogar gekocht sehr schwere, manchmal tödliche Vergiftungen verursachen, wenn sie frisch gesammelt zubereitet wurden; im Handel werden sie gewöhnlich gedörrt und sind in dieser Form völlig unschädlich. Hinzu kommt, daß sich die Vergiftungserscheinungen bei ein und derselben Person oft erst nach der zweiten oder dritten Lorchelmahlzeit einstellen, wenn diese kurz nacheinander eingenommen wurden: man vermutet, daß dabei Phänomene der Sensibilisierung und der Anaphylaxe im Spiel sein könnten, aber das Problem ist noch nicht genügend geklärt.

Zum Schluß haben wir noch vor den Gefahren zu warnen, die von den allgemein zum Genuß verwendeten Pilzen ausgehen können. Mit Ausnahme der wenigen Arten, die man ohne nachteilige Folgen auch roh essen kann (Orangenbecherling, Leberpilz, Zuchtchampignon z. B.), dürfen Pilze erst nach längerem Kochen verzehrt werden. Tatsächlich sind außer den vorher besprochenen roh höchst giftigen Frühlorcheln zahlreiche Pilze in rohem Zustand giftig, die gekocht regelmäßig verwendet werden und dann wegen ihres schmackhaften Fleisches hoch geschätzt sind; zu diesen zählen der Perlpilz (Abb. 80), der Parasol (Abb. 75), verschiedene Becherlinge usw. Dasselbe gilt für den Empfindlichen Krempling (Paxillus involutus, Abb. 40), einen Pilz von geringer Güte, der schon sehr schwere Vergiftungsfälle verursacht hat, weil er roh oder ungenügend gekocht gegessen worden war.

Jedermann weiß aus eigener Erfahrung, wenn er selbst schon Pilze gesucht hat, daß sie nicht an beliebigen Orten und nicht zu allen Jahreszeiten erscheinen. Jeder Pilz hat seinen besonderen Wuchsort; einmal ist er streng an ganz bestimmte Umweltbedingungen angepaßt, das andere Mal weit weniger. Ebenso gibt es Pilze von mehr südlicher Verbreitung (Kaiserling, Blutreizker), während andere dagegen mehr im Norden vorkommen (z. B. Tricholomopsis decora oder der Fliegenpilz). Auch treten Unterschiede in Abhängigkeit von der Meereshöhe auf, wie bei einem Vergleich der Gebirgsflora mit der Flora des Tieflandes deutlich wird.

Die Wuchsorte der Pilze

Die Verschiedenheit der Wuchsorte hat ganz gewiß tiefere Ursachen, wie wir sehen werden, doch zuvor empfiehlt es sich, ein wenig bei einigen typischen Lebensräumen zu verweilen. Wälder und Gehölze stellen die bevorzugten Wuchsgebiete der Pilze dar, aber jeder Waldtyp besitzt seine eigene Pilzflora, abhängig von der Bodenbeschaffenheit, dem Klima der betreffenden Gegend und besonders den einzelnen Baumarten, aus denen sich der Waldbestand zusammensetzt.

Unter Eichen z. B. wird man verschiedene Wulstlinge antreffen, unter ihnen den gefürchteten Grünen Knollenblätterpilz (Abb. 90), den Gelblichen Knollenblätterpilz (Abb. 5), einen unserer häufigsten Waldpilze, den Perlpilz (Abb. 80), einen beliebten Speisepilz mit rötendem Fleisch. Bestimmte Milchlinge erscheinen hier oft: Lactarius quietus, eine rotbraune Art mit starkem Blattwanzengeruch, Lactarius chrysorrheus (Abb. 46), dessen Milch sich rasch lebhaft gelb verfärbt, und andere. Täublinge finden sich ebenfalls gern in Eichenbeständen ein: der Frauentäubling (Russula cyanoxantha), kenntlich an seinen elastisch biegsamen Lamellen und der von Violett nach Grün wechselnden Hutfarbe, der Verkohlende Täubling (Russula nigricans), dessen Lamellen ganz im Gegenteil sehr brüchig sind, und sehr viele andere mehr.

Neben diesen findet man hier zahlreiche andere Blätterpilze, so etwa Ritterlinge (Tricholoma saponaceum mit Seifengeruch, T. sejunctum, Abb. 54, der mit seinem grünlichen Hut dem Grünen Knollenblätterpilz gleicht), dann Haarschleierlinge, Trichterlinge (Clitocybe odora mit Anisgeruch), den Hallimasch (Abb. 110), einen Parasiten an Stamm und Wurzeln der Bäume, Laccaria laccata (Abb. 60), und seinen stets amethystfarbigen Vetter, Laccaria amethystina. Genannt seien noch die Stinkmorchel

(Abb. 86), die ihr Geruch verrät, bevor man sie überhaupt sieht, dazu einige Ziegenbartarten (Clavaria aurea, C. formosa), Holzzerstörer (Schwefelporling, Abb. 21); Trametes quercina und andere.

Von den genannten Eichenwaldpilzen kehren in den Buchenwäldern gewisse Arten wieder (Grüner und Gelblicher Knollenblätterpilz, Verkohlender Täubling, Hallimasch usw.), aber es gibt auch in diesen einige Arten mit stärkerer Bindung an die Buche. Zu ihnen gehören Cortinarius torvus, ein Schleierling, dessen Stiel gleichsam in einem Stulpenstiefel steckt, und Russula fellea, ein brennend scharf schmeckender Täubling mit einem Geruch nach Apfelkompott; weitere Buchenbegleiter sind der reichlich milchende Brätling (Lactarius volemus) und Lycoperdon pyriforme, der truppweise wachsende Birnenstäubling (Abb. 83). Von häufigen Holzzerstörern an Buchen seien der Zunderschwamm (Ungulina fomentaria) und der Buchenschleimrübling (Oudemansiella mucida) genannt, letzterer büschelig an abgestorbenen oder noch lebenden Buchenstämmen, die er mit seinen schneeweißen, durchscheinenden Hüten ziert.

Birkenwälder sind Standorte besonderer Art; hier ist der Fliegenpilz zu Hause (s. S. 211 und Umschlagbild), ein hübscher Pilz, dessen Hut sich zu einem orangeroten, mit groben, weißen Warzen gefleckten Schirm öffnet. Hier gibt es auch den Birkenreizker (Abb. 48), den Birkenröhrling (Boletus scaber), den stämmigen olivbraunen Milchling (Lactarius turpis) und Lactarius glyciosmus mit seinem durchdringenden Geruch nach Kokosflocken. Die Stämme der Birken sind oft vom Birkenporling befallen (Abb. 103).

Die anderen Laubbäume besitzen auch ihr Pilzgefolge: Boletus carpini, ein mit dem Birkenpilz verwandter Röhrling, ist eng an die Gegenwart von Hainbuchen gebunden. Lactarius controversus und Agrocybe cylindracea kommen bei bzw. an Pappeln vor; Lactarius pyrogalus wächst in der Nähe von Haselsträuchern. Diese Beispiele ließen sich beliebig vermehren. Erwähnt seien auch die Waldlichtungen. Sie besitzen ihre eigene Pilzflora. Dort wird man öfters den Parasol (Abb. 75), den Gefelderten Grüntäubling (Russula virescens) und andere ernten können.

Die Nadelwälder bedeuten für den Pilzsammler – wenigstens im Flachland – erst ab Oktober ein ertragreiches Gelände. Während des Sommers ist hier der Boden verhältnismäßig trocken und läßt kein ausgiebiges Pilzwachstum zu. Sobald aber die Herbstregen den Boden durchfeuchtet haben, trifft man hier auf eine recht eigentümliche Flora, die nichts mit der in den Laubwäldern zu tun hat. Unter den Kiefernbegleitern werden wir zahlreiche Röhrlinge entdecken: den Kuhröhrling (Boletus bovinus), einen weichfleischigen, wenig schmackhaften Pilz, den Sandröhrling (Boletus variegatus), für den Kochtopf auch nicht wertvoller, doch auch die Butter-

pilze (Boletus luteus, Abb. 39) und Schmerlinge (Boletus granulatus), ausgezeichnete Speisepilze, die aber leider auch von den Maden sehr geschätzt werden; der Maronenpilz (Abb. 38) unter Kiefern wie unter Laubbäumen zu finden, wird von diesem Übel weniger betroffen: er ist selten madig. Schließen wir noch zwei andere, dem Steinpilz sehr nahestehende Röhrlinge an, Boletus reticulatus und Boletus pinicola (Abb. 37), die gleichermaßen unter Nadel- wie Laubbäumen zu finden sind. Von den Milchlingen trifft man hier den Echten Reizker (Abb. 47), aber auch den Rotbraunen Milchling (Lactarius rufus), einen schlankeren Pilz mit gebuckeltem Hut, Lactarius hepaticus und andere mehr. Auch Täublinge sind hier nicht selten: Russula erythropoda, R. sanguinea (mit Vorliebe für Kalkböden), R. turci mit mehr oder weniger violettem Hut und Jodoformgeruch, R. sardonia mit violettrotem Hut und Lamellen, die durch Reiben ockerfleckig werden, usw.

Obwohl nicht ausschließlich Bewohner der Nadelwälder, sind manche Wulstlinge hier nicht selten. Der Perlpilz (Abb. 80) gedeiht darin vorzüglich, der Fliegenpilz ist nirgends häufiger als unter Birken und Nadelbäumen, der Gelbliche Knollenblätterpilz (Abb. 5), unter Laubbäumen zwar stärker vertreten, kommt hier auch nicht selten vor. Ihnen gesellt sich Amanita gemmata zu, eine früh im Jahr auftretende, im Herbst spärlicher werdende Art. Unter Nadelhölzern kann man außerdem noch eine Menge anderer Pilze sammeln. Wir nennen nur den Falschen Pfifferling (Hygrophoropsis aurantiaca), Ritterlinge (Tricholoma equestre, eine sehr begehrte

◀103 UNGULINA BETULINA, Birkenporling (in erwachsenem Zustand)

Klasse: BASIDIOMYCETES (Ständerpilze)
Ordnung: APHYLLOPHORALES (Nichtblätterpilze)

Dieser Porling (s. S. 103) mit sitzendem Hut, der anfangs knollen- oder hufförmig hervorwächst und sich dann ausbreitet, ist weißlichgrau bis graubräunlich und hat weißes, zuerst zartes, später korkiges Fleisch. Die Poren sind klein, weißlich, bräunen aber bei alten Exemplaren.

Vorkommen: Auf Birkenstämmen sehr häufig auftretend, baut dieser Porling ihr Holz rasch ab und erzeugt dabei eine Weißfäule (s. S. 242).

Anmerkung: Wenn dieser Pilz sich auf toten Birkenstämmen entwickelt, so ist er hauptsächlich Wundparasit (s. S. 243), indem er an einer Rißstelle im Holz eindringt und dessen rasches Absterben bewirkt.

104 STEREUM PURPUREUM, Violetter Schichtpilz ▶
(in reifem Zustand, krustenförmig aufgewachsen)

Klasse: BASIDIOMYCETES (Ständerpilze)
Ordnung: APHYLLOPHORALES (Nichtblätterpilze)

Ebenfalls ein Holzzerstörer (s. S. 102), bildet dieser Pilz Krusten mit abgebogenen Rändern oder von der Unterlage abstehende Bänder. Im letzteren Fall ist die Hutoberseite weißlich bis graulich, kaum violett, und filzig. Die Fruchtschicht unter dem Hut oder bei Krustenwachstum auf der Oberseite ist violett; sie entfärbt sich etwas mit dem Alter oder bei Trockenheit.
Vorkommen: Sehr gewöhnlich auf geschlagenem Holz, besonders auf gestapeltem Brennholz im Walde, auch an verarbeitetem Holz, das im Freien liegt.
Anmerkung: Sein Befall führt nicht zu echter Holzfäule, sondern zu einem Abbau mäßigen Grades, der die Holzstruktur wenig verändert (s. S. 243).

105 CORDYCEPS CAPITATA, Kopfige Kernkeule (noch etwas jung) ▶

Klasse: ASCOMYCETES (Schlauchpilze)
Ordnung: CLAVICIPITALES (Kernkeulenpilze)

Cordyceps capitata (s. S. 48) lebt als Parasit auf anderen Pilzen, den Hirschtrüffeln (Elaphomyces, s. S. 42), unterirdischen Pilzen mit rundlichknolligen Fruchtkörpern (nur einer der beiden auf dem Bild sichtbaren ist von Cordyceps parasitiert). Die jungen Fruchtkörper von Cordyceps capitata, 5–8 cm hoch, haben einen länglichen, gelblichen, festen Stiel, dem ein elliptischer oder rundlicher Kopf von gelbbrauner bis rotbrauner Farbe aufsitzt; seine Oberfläche ist warzig und punktiert. In reifem und etwas ausgetrocknetem Zustand nehmen diese Fruchtkörper am Stiel olivbräunliche Töne, der Kopf noch dunklere an. Der Kopf als der fertile Teil enthält die Perithecien (s. S. 48), die die rauhe Oberfläche bewirken.
Anmerkung: Cordyceps capitata ist ein ganz spezifischer Parasit, der fast ausschließlich zwei Arten von Elaphomyces befällt (Elaphomyces granulatus und Elaphomyces variegatus).

Art, T. terreum, Tricholomopsis rutilans), den Umgewendeten Trichterling (Clitocybe inversa), eine Anzahl Haarschleierlinge (Cortinarius semisanguineus, Abb. 64), den Gefleckten Rübling (Collybia maculata), Gelbfüße (Gomphidius viscidus, besonders unter Kiefern; G. glutinosus, der Fichten bevorzugt), den Rötenden Erdstern (Geastrum rufescens), den Klebrigen Hörnling (Calocera viscosa, Abb. 16), den Eispilz (Pseudohydnum gelatinosum (Abb. 15) und viele andere.

Wälder und Haine sind es nicht allein, die als interessante Pilzstandorte ins Auge zu fassen sind; auch die Wiesen abzusuchen lohnt sich. Die Mannigfaltigkeit der wiesenbewohnenden Pilzflora spiegelt die Unterschiede in der unter dem Namen Wiesen zusammengefaßten, durch den Graswuchs bestimmten Vegetation wider, ob diese Flächen beweidet werden oder nicht: baumlose oder mit einzelnen Bäumen bestandene Wiesen, solche in Hanglage oder in Talniederungen, von Hecken gesäumte offene Wiesen usw. Das sind die Fundplätze des Wiesenegerlings (Agaricus campestris, Abb. 74), der in Kreisen angeordnet oder truppweise wächst und unbestritten der bestbekannte und meistgesammelte Wiesenpilz ist; er ist

106 CLAVICEPS PURPUREA, Mutterkorn (beinahe reife Sklerotien)

Klasse: ASCOMYCETES (Schlauchpilze)
Ordnung: CLAVICIPITALES (Kernkeulenpilze)

Das Mutterkorn ist das Erzeugnis eines parasitischen Pilzes, der verhärtende, dunkelviolette bis schwärzliche Gebilde (s. S. 48) von hornartig gekrümmter Gestalt in den Ähren des Roggens ausbildet. Es ist übrigens sehr giftig (früher pharmakologisch verwendet, daher der Name ›Mutterkorn‹) und war Ursache schlimmer Erkrankungen, wenn es mit den Roggenkörnern gemahlen ins Brot gelangte. Die Mutterkorn genannten Bildungen sind nicht die Fruchtkörper des Pilzes, sondern nur hornartig verfestigte Organe, die Sklerotien genannt werden. Sie fallen ab und liefern bei der Keimung im nächsten Frühjahr Fruchtkörper, auf langen Stielen stehende Köpfchen, in ihrem Bau dem der Fruchtkörper von Cordyceps vergleichbar.

Anmerkung: Claviceps purpurea entwickelt sich in Roggenähren, kann aber ebenso die Blütenstände wilder Grasarten befallen (Schwingel, Lolch, Quecke, Pfeifengras, Wiesenhafer u. a.). Parasit wie Cordyceps capitata, ist die Art weniger spezialisiert als diese, da sie fähig ist, auf recht unterschiedlichen Pflanzenarten derselben Familie zu schmarotzen.

aber nicht der einzige Wiesenpilz an solchen Orten. Der stämmigere, im Fleisch nicht bräunende, sondern stellenweise etwas gilbende Schafegerling ist hier nicht selten. Der Nelkenschwindling, ein geschätzter Speisepilz, erscheint ebenfalls, in weiten Kreisen wachsend, auf Wiesen, oft in der Nachbarschaft von Hecken. Hecken und Waldränder sind auch die bevorzugten Wuchsorte des Maipilzes, der auch Georgsritterling genannt wird, Tricholoma georgii, und der Frühlingsrötlinge. Groß ist auch die Zahl der Saftlinge auf den Wiesen, und es wachsen hier Schirmlinge (Abb. 75 und 76), Ritterlingverwandte wie Rhodopaxillus panaeolus, der Wasserfleckige Rötelritterling, oft in der Nähe einzelstehender Kiefern, aber auch giftige Pilze wie die weißen Trichterlinge (Clitocybe dealbata, C. rivulosa) oder sogar der Riesenrötling (Entoloma sinuatum), der bei Eichen in lichten Wäldern, auf Lichtungen und auf Wiesen in Waldrandnähe auftritt. Diesen gefährlichen Pilz sollte man unbedingt kennenlernen, denn unkundige Pilzsammler verwechseln ihn leicht mit dem Wiesenegerling, wenn sie ihn an waldfreien Plätzen, und mit dem Nebelgrauen Trichterling, wenn sie ihn im Waldesinnern finden.

107 EPICHLOE TYPHINA, Spindelschimmel der Gräser ▶
(noch ziemlich junges Stroma)

Klasse: ASCOMYCETES (Schlauchpilze)
Ordnung: CLAVICIPITALES (Kernkeulenpilze)

Auch dieser Ascomycet parasitiert auf Gräsern (s. S. 48), seine Fruchtkörper sind jedoch nicht mehr gestielt-kopfförmig wie die der beiden vorausgehenden Pilze. Er bildet Stromata, die den Halm der befallenen Pflanze wie eine Manschette umfassen und etwa einer Spindel gleichen. Diese Stromata sind erst weiß und werden bei der Reife hart und gelb (das abgebildete Exemplar ist noch jung und fängt eben erst zu gilben an). Sie enthalten die über ihre ganze Oberfläche in einer einheitlichen Schicht verteilten Perithecien. Der befallene Halm verkümmert gewöhnlich und erzeugt höchstens einige sterile Ährchen.
Anmerkung: Diese Krankheit befällt verschiedene lebende Grasarten. Sie ist vom Juni an hie und da an den erwachsenen Gräsern zu beobachten, richtet aber im allgemeinen wenig ins Gewicht fallende Schäden an.

108 COLEOSPORIUM MELAMPYRI, Wachtelweizenrost (Blatt vom ▲ Wachtelweizen, durch die Uredosporen rostgelbfleckig verfärbt)

Klasse: BASIDIOMYCETES (Ständerpilze)
Ordnung: UREDINALES (Rostpilze)

Die Rostkrankheiten der Pflanzen werden durch verschiedene Uredinales verursacht, so z.B. durch den Pilz, der auf den Blättern von Wachtelweizen (Melampyrumarten) orangerostige Flecken bildet, das gewöhnliche Kennzeichen, dem diese Krankheiten ihren Namen verdanken.

Coleosporium melampyri erzeugt Äcidien (vom Peridermiumtyp, s. S. 62) auf Kiefern, um daraufhin die Wachtelweizenpflanzen zu infizieren; auf ihnen bildet der Pilz seine Uredosporen und Teleutosporen aus (s. S. 62 und 66). Nach dieser Lebensweise im Wechsel auf zwei artverschiedenen Wirtspflanzen (Kiefer und Wachtelweizen) nennt man diese Uredinale heterözisch, im Gegensatz zu autözischen Uredinales, die ihre gesamte Entwicklung auf einer einzigen Wirtspflanze ablaufen lassen.

Anmerkung: Die Uredinales sind äußerst zahlreich und die von ihnen hervorgerufenen Rosterkrankungen weit verbreitet; einige von ihnen haben alljährlich durch den Befall von Nutzpflanzen (Getreide, Kaffeestrauch usw.) Ertrags- und Qualitätseinbußen der geernteten Produkte zur Folge.

233

In Mittel- und Westeuropa, vom Mittelmeergebiet abgesehen, fällt das Hauptwachstum der Pilze in die Zeit vom Ende des Sommers bis Anfang November. Während dieser ganzen Zeitspanne läßt sich eine Überfülle an Arten wie an Individuen beobachten, aber je weiter der Herbst fortschreitet, desto spärlicher wird das Wachstum, zuerst auf den Wiesen und im Laubwald, dann auch im Nadelwald.

Gewöhnlich tritt dieses Saisonende nicht unversehens ein; es geht ihm ein Wechsel in der Flora voraus: es werden immer zahlreicher die Nebelgrauen Trichterlinge, Violetter und Lilastieliger Ritterling (Rhodopaxillus nudus, Abb. 55, und Rh. saevus), der Hallimasch (Abb. 110) usw., Pilze, deren gleichzeitiges Massenauftreten ein sicheres Anzeichen dafür ist, daß die Zeit der reichen Herbsternte ihrem Ende zugeht. Diese Spätherbstpilze können noch bis zum Eintritt strenger Fröste ausharren und weiter fruktifizieren. Mit ihnen zusammen findet man, mitunter bis Ende Dezember, den Semmelstoppelpilz (Abb. 17), den Fliegenpilz, Agaricus silvaticus und Lepista inversa. Auf Baumstümpfen gibt es noch lange Seitlinge, wie den Austernseitling (Pleurotus ostreatus, Abb. 61), den Sparrigen Schüppling (Abb. 102), Helmlinge (Mycena inclinata mit ihrem starken, ranzigen Talggeruch, Mycena polygramma), den Hallimasch (Abb. 110), Stereumarten (Abb. 104), Coriolusarten usw., ja sogar die erste Frostperiode überlebende Pilze, die man da und dort den ganzen Winter über antreffen kann: Flammulina velutipes (Abb. 56), Schizophyllum commune (Abb. 101), Tremella mesenterica (Abb. 14), Xylosphaera polymorpha (Abb. 7) und X. hypoxylon (Abb. 98) sowie Herbstbecherlinge mit verlängerter Wachstumszeit (Bulgaria inquinans auf gefällten Eichenstämmen, Coryne sarcoides auf Stümpfen).

Noch im Winter kommen die ersten Becherlinge zum Vorschein wie Sarcoscypha coccinea mit einem schönen Rot auf der Becherinnenseite und weißlichflockiger Außenseite, doch erst zum Winterende und mit Frühlingsbeginn setzen die Discomyceten ein: unter den Becherlingen etwa Urnula melastoma (Abb. 10) in Hecken und Lichtungen, dann Disciotis venosa an gebüschigen Waldrändern und schließlich die Morcheln (Abb. 13).

Der Frühling bringt die Hauptmenge der Morcheln; es folgen Maipilze (Tricholoma georgii) und Frühlingsrötlinge (Entoloma clypeatum, E. sepium), die sich auf Wiesen an die Nähe von Hecken halten. Manche Arten, die man während des ganzen Sommers und bis zum Herbst finden kann, beginnen zunächst ganz zaghaft zu erscheinen, treten dann hier und da auf, um mit Sommerbeginn allgemein häufig zu werden: Pluteus cervinus,

Russula vesca und R. cyanoxantha, der Perlpilz (Abb. 80), einzelne Röhrlinge wie Boletus reticulatus. Jetzt gesellen sich dazu die ersten Pfifferlinge
(Abb. 30), Steinpilze (Abb. 36), der Flockenstielige Hexenpilz (Boletus
erythropus, Abb. 6), einige Wulstlinge wie der Gelbliche Knollenblätterpilz (Abb. 5) und der Scheidenstreifling (Abb. 79), die ersten Parasolschirm-
linge (Abb. 75), verschiedene Täublinge, einzelne Milchlinge usw.

Wir nähern uns damit langsam der Sommerflora, die größtenteils aus
Arten mit einer bis zum Herbst andauernden Fruktifikationszeit besteht.
Trotzdem kennt auch der Sommer seine eigenen Arten wie den Grün-
gefelderten Täubling (Russula virescens) oder den Kaiserling (Amanita
caesarea), zwei der besten Pilze, die es gibt, die aber im Herbst schon viel
seltener werden. Zur Sommerflora wäre noch anzumerken, daß bei manchen Arten, besonders beim Steinpilz und Flockenstieligen Hexenpilz,
die Fruchtkörpererzeugung sehr früh im Jahr beginnt, im Laufe des Sommers aber eine mehr oder minder deutliche Unterbrechung erleidet, um
dann wieder aufzuleben und ihren Höhepunkt im Herbst zu erreichen.

109 USTILAGO MAYDIS, Maisbrand (fast reife kohlige Beule) ▶

Klasse: BASIDIOMYCETES (Ständerpilze)
Ordnung: USTILAGINALES (Brandpilze)

Der Pilz ruft am Mais Brand hervor; dabei entwickelt er dicke Geschwülste, in
denen die Fruktifikation zu einer schwarzen, pulverigen Masse, bestehend aus
Probasidien (s. S. 71) stattfindet. Diese Beulen können beim Mais auf verschiedenen Organen (Stengeln, Ähren u. a.) erscheinen, aber die einzelnen Arten der
Ustilaginales erzeugen oft auf bestimmte Organe beschränkte Krankheitsbilder
(s. S. 82).

Anmerkung: Wie die Roste sind die Brandkrankheiten sehr verbreitet; sie be-
treffen die verschiedensten Kulturpflanzen, im besonderen Getreidearten und
Mais. Die Brandpilze verursachen erhebliche Schäden und zwingen, geeignete
Gegenmaßnahmen zum Schutz der Kulturen zu ergreifen.

Verschiedene Fälle von Vergiftungen bei Menschen und Haustieren wurden
schon dem Verzehr gewisser mit Brand infizierter Pflanzen zugeschrieben, aber
die dieserhalb eingeleiteten Untersuchungen erbrachten nicht völlig übereinstimmende Ergebnisse, und so muß die Frage nach ihrer Giftigkeit als noch nicht gelöst
gelten. Immerhin werden einige Ustilaginales, sogar regelmäßig, ohne Beein-
trächtigung gegessen (Ustilago esculenta, s. S. 83).

Auf diese beiden Beispiele hin muß betont werden, daß auch der Sommer, falls er nicht zu trocken ist, entgegen einer landläufigen Meinung dem Pilzsammler reiche Ernten beschert. Die modernden Baumstümpfe beherbergen bereits eine Menge Arten, wie den Leberpilz (Abb. 19), Rüblinge (Collybia fusipes, Abb. 99, C. platyphylla, Oudemansiella radicata), Schwefelköpfe (Abb. 66 und 67), Dachpilze und andere mehr. Nun sind auch Wulstlinge wie der Perlpilz (Abb. 80), der Gelbliche Knollenblätterpilz (Abb. 5), der Scheidenstreifling (Abb. 79) und seine falbrote Varietät, der Grüne Knollenblätterpilz (Abb. 90) usw. nicht selten. Ebensowenig fehlen die Röhrlinge, vertreten durch den Sommersteinpilz (Boletus reticulatus), den Maronenpilz (Abb. 38). Die Täublinge sind überall zu finden (Russula vesca, R. cyanoxantha, R. heterophylla, R. virescens, R. grisea, R. chamaeleontina, R. pectinata) sowie auch manche Milchlinge (Lactarius piperatus, L. volemus), die Riesenschirmlinge (Abb. 75) usw.

110 ARMILLARIA MELLEA, Hallimasch (in erwachsenem Zustand)

Klasse: BASIDIOMYCETES (Ständerpilze)
Ordnung: AGARICALES (Blätterpilze)

Der Hallimasch ist ein Pilz mit gelbem bis bräunlichgelbem, von dunkleren Schüppchen besetztem Hut, mit weißen, herablaufenden Lamellen, die sich im Alter etwas rötlichbraun verfärben. Der faserfleischige, gelbliche bis bräunlichgelbe, am Grund gewöhnlich dunklere Stiel wird von einem weißlichen Hautring umgürtet, der am Rand oft etwas gelb ist. Der Hallimasch ist ein holzzerstörender Trichterling mit beringtem Stiel (s. S. 166).
Vorkommen: Überaus häufig auf Stümpfen, erscheint er hier in Büscheln, doch auch am Fuß noch lebender Bäume, von wo aus er Mycelstränge unter der Borke aussendet und das Holz angeht. Manchmal sieht man ihn auch einzeln auf der Erde in einer etwas kräftigeren Wuchsform, flach im Boden verlaufenden Wurzeln aufsitzend.
Anmerkung: Der Hallimasch ist ein sehr aktiver Parasit, der die Wurzeln und den Stammgrund befällt; die verursachten Schäden können zum Absterben des Baumes führen. Mit Hilfe seiner Mycelstränge kann er von dem Baum, auf dem er lebt, auf die Wurzeln der Nachbarbäume übergehen.

Die Lebensweise der Pilze

Wir sahen soeben, daß die Pilze während der Jahreszeiten zu verschiedenen Epochen erscheinen, aber diese Nachweise ihrer Existenz machen nur das verborgene Leben sichtbar, das ihr Mycel im Boden führt, sei es in der Streuschicht aus abgefallenen Blättern, im Holz der Baumstümpfe oder der am Boden liegenden abgestorbenen Äste, sei es in den Geweben der Pflanze, in denen es schmarotzt. In der Tat leben die Pilze hier in Gestalt ihres Myceliums, dessen oberirdische Fruchtkörper (auch wenn manche, wie die Trüffeln, Abb. 94, oder bestimmte Gasterales nur unterirdisch ihre Fruchtkörper aufbauen) nichts anderes sind als die sichtbaren Ableger.

Um zu erkennen, wie die Pilze leben, müssen wir auf einige Feststellungen, die wir zu Anfang unserer Entdeckungsfahrt ins Reich der Pilze machten, zurückkommen, nämlich auf jene über saprophytische und parasitische Pilze. Wir haben dort schon ausgeführt, daß die Parasiten ihre Nahrung aus noch lebenden Wesen beziehen, die Saprophyten, im Gegensatz dazu, aus totem Material. Die Wirklichkeit erweist sich trotzdem als nicht so einfach und nicht so schematisch, und zeigt in ihrem Ablauf wesentlich feinere Abstufungen.

Pilze als Mykorrhizabildner. Eine besondere Ausbildungsform des Parasitismus ist die Mykorrhizabildung. Viele Pilze gehen mit den Wurzeln von Bäumen oder krautigen Pflanzen Verbindungen besonderer Art ein, bei denen sich zum Unterschied vom gewöhnlichen Parasitismus eine Art von krankhaftem Gleichgewichtszustand einstellt, in welchem die beiden Lebewesen im Kampf miteinander liegen, jedes aber auch aus diesem Widerstreit einen gewissen Vorteil gewinnt, während der reine Parasit seine Nährstoffe zum Schaden des Wirtes bezieht, ohne ihm irgend etwas als Gegenleistung dafür zu bieten. Diese Bindungen, auf deren im einzelnen recht unterschiedliche Abwandlungen wir hier nicht eingehen können, sind bisher, was ihr feineres Zusammenspiel betrifft, erst ungenügend erforscht. Sagen wir in äußerster Vereinfachung nur, daß die Mykorrhizenpilze in Abwesenheit ihres Partners zuallermeist nicht normal leben noch fruktifizieren können und daß die Sämlinge der Partnerpflanze, wenn sie auf neuen Böden wachsen sollen, verkümmern können, falls man ihnen nicht zugleich Mykorrhizenpilze, mit denen sie normalerweise zusammenleben, beigibt.

Die Mykorrhizen werden ›ektotroph‹ genannt, wenn sie oberflächlich sind, wobei sich das Mycel als eine Art Haube um die Wurzeln zusammenschließt und die Wurzeln selbst kürzer als die gesunden bleiben, zugleich kräftiger entwickelt und oft verästelt erscheinen; der Pilz beschränkt sich dann darauf, einige Abzweigungen zwischen die Wurzelrindenzellen zu treiben. Mykorrhizen dieses Typs sind bei den Waldbäumen, Laub- wie Nadelhölzern, allgemein verbreitet.

Die ›endotrophen‹ Mykorrhizen sind demgegenüber äußerlich weniger sichtbar, aber der Pilz dringt in die Wurzeln ein und verzweigt sich reichlich unter Bildung von Knäueln oder Reihen von Bäumchen in den Rindenzellen. Endotrophe Mykorrhizen beobachtet man bei vielen krautigen Pflanzen, doch auch bei einigen Baumarten, die weniger in großen Waldbeständen, als vielmehr vereinzelt oder in kleinen Gruppen wachsen (Ahorn z. B., der beide Typen von Mykorrhiza, ektotrophe und endotrophe, besitzt).

Zu beachten ist, daß ein und dieselbe Kraut- oder Holzpflanze, gleichzeitig oder auch nicht, mehrere Mykorrhizenpilzarten beherbergen kann, daß dagegen andere stets frei davon zu bleiben scheinen, daß das Fehlen der Mykorrhiza sogar ziemlich allgemein sein kann bei bestimmten systematischen Gruppen (z. B. Kreuzblütler, Steinbrechgewächse, Binsengewächse) oder bei bestimmten biologischen Gruppen, im besonderen bei solchen, die an wasserdurchtränkte und dadurch schlecht durchlüftete Standorte gebunden sind (Hochmoorpflanzen, Uferpflanzen). Ebenso gibt es unter den Pilzen gewisse Gruppen wie die Porlinge oder die Tintlinge, die praktisch niemals Mykorrhizenbindungen eingehen, während z. B. die Röhrlinge oder die Gelbfüße fast alle solche mit Bäumen oder Sträuchern aufnehmen. Es gibt anscheinend auch geographische Varianten in der Weise, daß gewisse Gruppen in den gemäßigten Klimazonen als mykorrhizische, in den Tropen mehr oder weniger als holzbewohnende Pilze auftreten (Täublinge, Röhrlinge).

Die mykorrhizenbildenden Basidiomyceten (Pfifferlinge, Röhrlinge, Täublinge, Milchlinge, Ritterlinge, Haarschleierlinge, Wulstlinge) bilden meistens ektotrophe Mykorrhizen; die wenigen endotrophe Mykorrhizen bildenden Pilze, die man mit Sicherheit bestimmen konnte, scheinen dagegen zu Gruppen der niederen Pilze oder zu imperfekten Formen von Ascomyceten zu gehören (Pythium, Endogone, vielleicht Fusarium, usw.).

Die holzbewohnenden Pilze. Es sind dies Pilze, die sich im Holz entwickeln, von dem sie sich ernähren. Unter ihnen gibt es echte Parasiten, die auf Kosten der Holzzellen selbst oder ihrer Reservestoffe leben, aber sie greifen nicht die Zellwände, die den eigentlichen Holzstoff enthalten, an; ihre Lebensweise ist von der der parasitischen Pilze, wie wir sehen werden, nicht grundsätzlich verschieden. Demgegenüber sind zahlreiche andere, als ›Holzzerstörer‹ einzustufende Arten (verschiedene Porlinge, Seitlinge, Schüpplinge z. B., aber auch Ascomyceten wie Xylosphaera, Daldinia,

s. S. 46) keine wirklichen Parasiten mehr, denn sie ernähren sich hauptsächlich von den Bestandteilen der Zellmembranen (Zellulosen und Ligninen), unbelebten Elementen, und nicht mehr auf Kosten der Zellsubstanz selbst.

Unter den Holzzerstörern bestehen noch unterschiedliche Typen. Manche kann man noch als Parasiten betrachten (Schleimrübling, gewisse Seitlinge oder Porlinge usw.), da sie fähig sind, sich auf physiologisch geschwächten, aber noch lebenden Bäumen anzusiedeln; sie dringen an Wundstellen ein, die von gebrochenen Ästen, von Frostrissen, von bohrenden Insekten u. dgl. stammen können. Im Zuge eines fortschreitenden Abbaus bewirken sie eine Schwächung der mechanischen Widerständigkeit des Holzes in der Zone um den Ansteckungsherd, die nach mehr oder weniger lang andauernder Verfallszeit zum Umstürzen des Stammes oder zum Abbrechen des betroffenen Astes führt. In dem noch stehenden oder liegenden (natürlich auch nach Fällung durch den Menschen), absterbenden Holz zieht der fortschreitende Zelltod eine Abnahme und schließlich das völlige Aufhören der Abwehrreaktionen in den Geweben gegenüber dem Pilzbefall nach sich. Man wird daraufhin, wenigstens anfänglich, die genannten Arten weiter vorfinden, dazu aber auch andere von mehr saprophytischem Charakter, die jetzt Fuß zu fassen beginnen; und so verschiebt sich allmählich der Artenbestand gegen eine ausschließlich saprophytisch lebende Gemeinschaft hin, die als charakteristisch zu gelten hat für im Wald herumliegendes totes Holz und vermodernde Baumstümpfe, bestehend aus Arten, deren gemeinsame Tätigkeit schließlich das tote Holz zu Staub werden und ganz verschwinden läßt.

Bei den holzverzehrenden Saprophyten ist übrigens eine gewisse Spezialisierung vorhanden; auf diese Weise wird die Beseitigung aller Holzreste gewährleistet. Bestimmte Arten wie Pholiota squarrosa (Abb. 102) erscheinen am Grund abgestorbener Bäume oder wie Hericium coralloides (s. S. 102) auf starken gefällten und faulenden Stämmen, andere vielmehr auf Reisig (verschiedene winzige Schwindlinge, s. S. 160) oder auf faulenden Koniferenzapfen (Mycena seynii, Abb. 95, Collybia conigena, s. S. 157, Auriscalpium vulgare, Abb. 96), oder auf vermoderten Stümpfen (Xylosphaera hypoxylon, Abb. 98, Collybia fusipes, Abb. 99, Lentinus lepideus, Abb. 100, u. a). Andere holzverzehrende Parasiten kommen im Wald selten vor, sind aber unerwünschte Gäste in unseren Behausungen; zu ihnen gehört der Echte Hausschwamm (Gyrophana lacrymans, Abb. 97), der Balken und Holzfußböden in feuchten Häusern zerstört, ein Pilz, der in zunehmendem Umfang in Sommerhäusern, die völlig verschlossen und während des Winters ungeheizt sich selbst überlassen bleiben, Schaden anrichtet.

Holzzerstörende Pilze sind befähigt, im befallenen Holz die Bestandteile der holzstoffhaltigen Membranen, Lignine und Zellulosen, zu trennen und zumindest einen der beiden abzubauen. Die erzeugte Holzfäule sieht weißlich aus, wenn sie die Lignine, nicht die Zellulosen zerstören, sie sieht bräunlich oder rötlichbraun aus, wenn sie die Zellulosen verarbeiten, ohne die Lignine anzugreifen. Außerdem ändert sich die Beschaffenheit des Holzes, wenn es in Fäulnis übergeht.

So wird das Holz bei alleinigem Zelluloseabbau leicht zerreibbar, nimmt eine dunkle Farbe (bräunlich oder rötlichbraun) an und spaltet sich in drei genau senkrecht zueinander stehenden Richtungen, wobei die in den Spalten entstehenden Höhlungen vom Mycel ausgefüllt werden: das ist eine würfelige Fäule, wie sie z. B. vom Leberpilz (Abb. 19), vom Schwefelporling (Abb. 21) oder von Phaeolus schweinitzii (Abb. 23) an noch stehenden Stämmen, vom Hausschwamm (Abb. 97) an verarbeitetem Holz hervorgerufen wird.

Oft werden die beiden Bestandteile, Lignine und Zellulosen, gleichzeitig, aber mit verschieden großer Intensität abgebaut. Sind die Lignine völlig, die Zellulosen jedoch nur z. T. zerstört, dann bewahrt das Holz einen gewissen Zusammenhalt, nimmt eine weichfaserige Struktur und eine helle oder häufiger weißliche Farbe an. Diese faserige Fäule wird hervorgerufen hauptsächlich durch Baumschwämme (Ungulinaarten, s. S. 111), wie Ungulina annosa an Tannen und Fichten oder Ungulina betulina (Abb. 103) an Birken, durch Leptoporusarten (s. S. 106), wie Leptoporus adustus, oder durch Schizophyllum commune (Abb. 101), überaus häufig auf abgestorbenen Hölzern und im Freien der Witterung ausgesetztem Bauholz. Wenn Lignine und Zellulosen fast ganz abgebaut sind, richtet sich die Tätigkeit des Pilzmycels oft auf kleine, abgegrenzte Bezirke, was im Holz zu kleinen, getrennten Höhlungen führt (eine alveolare Fäule, die z. B. von Xanthochrous pini in Nadelhölzern bewirkt wird), oder diese Höhlungen verbinden sich zu Galerien (eine tubulare Fäule, wie sie von Coriolus abietinus bei Kiefern oder Tannen verursacht wird).

Läßt sich auch die Mehrzahl der von holzzerstörenden Pilzen hervorgerufenen Fäulen als typisch in die eine oder in die andere der hier dargestellten großen Gruppen einordnen, so kommen doch auch Zwischenstufen vor. Außerdem kann derselbe Pilz, wie z. B. Ungulina annosa, in bestimmten Fällen eine faserige Fäule hervorrufen (auf Tanne und Fichte) und in anderen Fällen Fäulebilder, die mehr dem alveolären Typ entsprechen (besonders auf Kiefer). Schließlich ist darauf hinzuweisen, daß manchmal der Befall durch bestimmte holzzerstörende Pilze, wenn überhaupt, dann nur selten bis zu scharf ausgeprägten Fäulen führt: das befallene Holz erscheint nur ungewöhnlich verfärbt, aber seine Struktur bleibt verhältnismäßig wenig verändert (obwohl die mechanische Festigkeit schon erheblich vermindert ist); es handelt sich dann um angegangenes Holz, wie man es an Buchenholz beobachtet, das von Stereum purpureum (Abb. 104) befallen ist.

Die parasitischen Pilze. Der Begriff des Parasitismus enthält, wie wir gesehen haben, den Kampf zwischen dem Parasiten und seinem Wirt, einen Kampf, dessen Ausgang von der Aktionskraft, der Virulenz, des ersten und der Widerstandsfähigkeit des zweiten abhängt. Je nach den Fähigkeiten der Beteiligten kann die ›Mykose‹ (eine bei der Pflanze durch ihren pilzlichen Parasiten hervorgerufene Krankheit) bis zu einem bestimmten Stadium fortschreiten, das – im Fächer der Möglichkeiten – vom Tod des Betroffenen bis zu seiner Gesundung reichen kann. Verstandesmäßig mögen diese Begriffe befriedigend definiert sein, sie sind aber leider viel zu schematisch, als daß sie der feiner gestuften und zugleich komplexeren Wirklichkeit Rechnung tragen könnten.

Tatsächlich sind die Fälle, in denen ein parasitischer Pilz seine Wirtspflanze aus eigener Kraft umbringt, verhältnismäßig selten. Wenn ein im strengsten Sinn des Wortes eindeutig parasitischer Pilz eine Pflanze befällt, so gelingt es ihm, sie zu schwächen und ihre natürlichen Abwehrkräfte zu vermindern. Man sieht dann, wie nacheinander eine ganze Kolonne von anderen Pilzarten anrückt und sich ansiedelt, Pilzarten, die im Normalfall hierzu unfähig sind, solange die Pflanze noch gesund und lebenskräftig ist. Deshalb erscheint neuerdings der Begriff der ›Sekundärparasiten‹ oder ›Schwächeparasiten‹, der zugleich dem der ›Primärparasiten‹ als den eigentlichen, dem strengsten Sinn entsprechenden Parasiten und dem der Saprophyten entgegengestellt wird. Ein anderer Parasitentyp, von dem wir Beispielen bei der Erörterung gewisser Holzzerstörer (s. S. 241) begegnet sind, wird durch die ›Wundparasiten‹ vertreten; sie sind oft nicht in der Lage, sich in ihren Wirten festzusetzen, wenn diese unbeschädigt sind, wohl aber fähig, die geringste Wundstelle dazu auszunutzen; ein Wundparasit kann, das sei besonders betont, sowohl die Rolle eines Primärparasiten spielen (wenn er sich als erster auf einer verletzten und dann auch noch meist mehr oder minder altersschwachen Pflanze festsetzt) als auch die eines Sekundärparasiten, und zwar in jenen Fällen, in denen sein Eindringen dadurch begünstigt wird, daß vor ihm ein Befall durch einen anderen, stärker virulenten Parasiten erfolgt war.

Diese verschiedenen Kategorien von Parasiten unterscheiden sich in Wirklichkeit nur in der Stärke ihrer Wirkungsweise: besonders hoch bei Primärparasiten und gewissen Wundparasiten, mittelmäßig oder ziemlich schwach bei Sekundärparasiten, null oder fast null bei Saprophyten. Die

Grenzen sind also nicht scharf zu ziehen, und verschiedene Sekundärparasiten können z. B. auf den zum Absterben gebrachten Pflanzenteilen weiterleben und so als Saprophyten ihr Zerstörungswerk vollenden.

So schematisch diese biologische Einteilung der Parasiten auch sein mag, sie ist doch in unbestreitbaren genetischen und physiologischen Unterschieden begründet und deckt sich einigermaßen mit der, die man auf der Grundlage der ›Polyphagie‹ (der Fähigkeit desselben parasitischen Pilzes, auf Pflanzen verschiedener Zugehörigkeit zu leben) treffen könnte: so sind Primärparasiten, die sich auf gesunden, unbeschädigten Wirten ansiedeln können, wie z. B. Boletus parasiticus (s. S. 116) und Cordyceps capitata (Abb. 105), deren Wirte andere Pilze sind, oder Claviceps (Abb. 106), Epichloe (Abb. 107) und Basidiomyceten (Uredinales, Abb. 108, Ustilaginales, Abb. 109), deren Wirte höhere Pflanzen sind, zugleich Parasiten, die sich fast ausnahmslos auf eine oft sehr begrenzte Anzahl von Wirtspflanzen spezialisiert haben, während die Auswahlmöglichkeiten bei wenig virulenten Sekundärparasiten viel höher liegen. Nichtsdestoweniger bleibt auch diese Einteilung noch sehr im Schematismus stecken, und man kennt Primärparasiten, die polyphag sind, und daneben Saprophyten, denen praktisch jede Virulenz abgeht und deren Substrat höchst einseitig ist.

Die sehr virulenten, d. h. mit starker Angriffsfähigkeit ausgestatteten Pilze (gewöhnlich Primärparasiten) befallen die lebenden Gewebe ihrer Wirtspflanzen, um aus ihren Zellen die benötigten Nährstoffe zu beziehen. Dazu müssen sie eindringen und die Pflanzengewebe durchwuchern, die Membranen mittels spezieller Organe, der ›Appressorien‹, durchbohren und sich zwischen den Zellen ausbreiten, wobei sie ihr Weiterwachsen dadurch vorbereiten, daß sie die Pektinsubstanzen abbauen, die den Zusammenhalt der Zellen untereinander ermöglichten (sie greifen im allgemeinen nicht die Zellulosemembranen selbst an, im Gegensatz zum Verhalten der Holzzerstörer). Sie können in die noch lebenden Zellen Saughyphen entsenden oder die Zellen auf kurze Entfernung abtöten durch die Wirkung von Toxinen oder Enzymen, welche die Eigenschaft der Semipermeabilität (Halbdurchlässigkeit) ihrer Membranen aufheben; dadurch verlieren die Zellen Wasser und für ihr Weiterleben unentbehrliche Stoffe. In diesem Fall ernährt sich der parasitische Pilz von den toten Resten der durch ihn abgetöteten Zellen.

Die Sekundärparasiten sind weniger virulent und können deshalb meist nur die schon vorher teilweise geschädigten Zellen abtöten, sei es, daß ein Primärparasit durch seine Tätigkeit den Zellhaushalt der Wirtspflanze in Unordnung gebracht hatte, sei es, daß Stoffwechselstörungen oder einfach Altersschwäche die Voraussetzung dazu waren. Ist ihre Virulenz noch geringer, dann begnügen sie sich wie manche Saprophyten damit, die toten Reste schon im Zerfall begriffener Zellen zu verwerten.

Trotzdem bleiben Abwehrreaktionen seitens der befallenen Pflanze gegenüber dem Pilz nicht aus. Sie verfügt vielleicht über Antibiotika oder über Stoffe, die das Wachstum des Pilzes hemmen und die schon vorher gebildet worden sein können oder als Abwehr gegen den Pilzbefall erzeugt oder sogar in gewissen Fällen durch den Pilz erst in einen Hemmstoff umgewandelt werden. Auch kann die Pflanze die Angriffszone begrenzen mit Hilfe von Sperren, die aus totem, verkorktem Gewebe aufgebaut werden und schwierig oder gar nicht überwindbare Hindernisse darstellen, usw. Im zellulären Bereich lassen sich gegen die eingedrungenen Pilzhyphen gerichtete Zellmembranverdickungen feststellen, oder es werden diese mit Zellulosemanschetten überkleidet. Wenig virulenten Parasiten und sogar Mykorrhizen bildenden Pilzen gegenüber können die Wirtszellen die Struktur der in sie eingedrungenen Hyphen verändern und diese mehr oder weniger vollständig verdauen.

Ohne die Beispiele zu vermehren, wird deutlich, daß in diesen Auseinandersetzungen zwischen einer Pflanze und einem ihrer Parasiten jeder der Widersacher über wirksame Waffen verfügt. Aber diese Waffen sind ebensosehr durch ihre beiderseits gegebenen, erblich bedingten Möglichkeiten festgelegt. Einem Parasiten gegenüber widerstandsfähige Varietäten sind, von der Vererbung her gesehen, solche, die wenigstens mit einem Faktor zur Eindämmung des Pilzwachstums in den Geweben ausgestattet sind. Dennoch werden sie nur dann ohne Schädigung durchkommen, wenn die Umwelt, in der sie wachsen, es zuläßt, daß sie ihre ererbten Abwehrpotenzen, über die sie verfügen, wirksam werden lassen können. Ganz entsprechend ist ein gegenüber einer Pflanze virulenter Pilz genetisch mit einem oder mehreren Mitteln zum Eindringen ausgerüstet, gegen das bzw. die diese Pflanze wirksame Hindernisse nur insoweit aufrichten kann, als es ihr von ihren Erbanlagen und von den herrschenden Umweltbedingungen möglich gemacht wird.

Die saprophytischen Pilze stellen gleichfalls eine unermeßliche Welt dar; es ist manchmal schwierig, sie völlig von den vorgenannten Gruppen abzusondern: wir sahen, daß gewisse Sekundärparasiten sich wie Saprophyten verhalten können oder fast gar nicht mehr von solchen zu unterscheiden sind und daß manche nur auf totem Holz vorkommende Holzzerstörer richtige Saprophyten sind. Darüber hinaus gibt es sehr virulente Parasiten, wie z.B. bestimmte Ustilaginales, die im Verlaufe eines Stadiums ihres Lebenszyklus (hefeartiges Stadium der Ustilaginales, s. S. 82) in einer saprophytischen Form leben können. Andere sind befähigt, sich längere oder kürzere Zeit im Erdboden oder auf verschiedenen Substraten am Leben zu halten, bis sich ihnen eine Gelegenheit bietet, mit einer der in Betracht kommenden Wirtspflanzen in Verbindung zu treten: so liegt der Fall beim Hallimasch (Abb. 110), einem üblen Baumschädling, der als Saprophyt auf toten Baumstümpfen zu überleben vermag.

Es gibt noch zahlreiche Pilzarten, die streng saprophytisch leben und nie anderswo als auf totem Substrat gefunden werden. Viele sind polyphag, namentlich unter den Arten von winzigen Ausmaßen, die gewöhnlich als ›Schimmel‹ bezeichnet werden; aber es finden sich unter ihnen sehr spezialisierte: so die Dungbewohner, die fast nur auf Tierexkrementen wachsen (Tintlinge, Panaeolus), die an Plätze mit verkohltem Holz gebundenen (z.B. Aleuria sarrazinii, Abb. 3) u.a.

An ihren natürlichen Wuchsorten spielen die saprophytischen Pilze mit den Bakterien eine Hauptrolle, indem sie, um sich zu ernähren, die verschiedensten organischen Substanzen abbauen: sie sichern so zu einem guten Teil den biologischen Abbau der Abfälle (Baumstümpfe, abgefallene oder nach der Fällung liegengelassene Äste, Laub- und Nadelstreu, aber auch von Menschen zurückgelassene Abfälle, wie Papier, Karton, verwesliche Haushaltabfälle, usw.). So beteiligen sie sich neben ihrer Mitwirkung an der Mineralisierung dieser Abfälle lebhaft am Sauberhalten des Waldgrundes und der Naturlandschaft. Es sind übrigens im Rahmen der Untersuchungen über Mittel im Kampf gegen die Umweltverschmutzung Studien darüber im Gang, wie man saprophytische Pilze und Bakterien nutzbar machen kann, um die biologisch abbaufähigen Abfälle zu beseitigen, die sich gegenwärtig in alarmierendem Ausmaß um die Gebiete dichter Menschenansiedlungen aufhäufen. Doch mit diesen Zukunftsaspekten haben wir uns schon sehr weit vom geruhsamen Pilzsammeln entfernt, das unsere Wanderungen erst so recht zur Erholung werden läßt.

REGISTER

Die fettgedruckten Zahlen sind Abbildungsnummern, die gewöhnlichen verweisen auf Textseiten.

Acanthocystis 167
Acetabula vulgaris 53
Acia 102
Ackerlinge 196
Aderbecherling 53, 235
Agaricales 28, 99, 107, 109,
    113, 115, 117, 119, 121, 124,
    125, 128, 130, 131, 134, 136,
    139, 142, 143, 145, 152, 155,
    157, 161, 163, 183, 187, 193,
    203, 207, 210, 213, 214, 238,
    5, 49-81, 90-92, 95, 99-102,
    110
Agaricus 196
– arvensis 143, 197
– augustus 197
– bisporus 143, 196
– bitorquis 197
– campestris 143, 196, 198,
    230, 74, Fig. 42
– haemorrhoidarius 143, 197
– silvaticus 143, 197, 234
– silvicola 143, 197
– xanthodermus 143, 193, 197,
    220, 92
Agrocybe 196
– cylindracea 196, 224
– praecox 196
Aleuria sarracinii 26, 49, 246, 3
Amanita 200
– caesarea 200, 201, 217, 235
– citrina 28, 211, 213, 5,
    Fig. 49
– crocea 202
– echinocephala 163, 213, 81
– fulva 157, 201
– gemmata 200, 201, 226
– lividopallescens 202
– nivea 201
– ovoidea 201
– pantherina 187, 211, 220,
    91, Fig. 48
– phalloides 183, 201, 202, 218,
    90, Fig. 46
– plumbea 201
– porphyria 213
– rubescens 161, 202, 80,
    Fig. 47
– solitaria 213
– spissa 161, 187, 202
– sulfureoannulata 161, 80
– umbrinolutea 202
– vaginata 157, 201, 79
– verna 183, 201, 218
– virosa 183, 201, 218
– vittadinii 163, 213
Amanitopsis 200, 201
Anthurus 215
– archeri 182, 215, 216, 89,
    Fig. 52

Aphyllophorales 28, 54, 64, 67,
    70, 72, 74, 75, 78, 79, 99, 102,
    206, 226, 227, 4, 17-33, 96,
    97, 103, 104
Arcangeliella asterosperma 213
Armillaria mellea 238, 246, 110
Ascomycetes 9, 15, 20, 22, 26,
    33, 36, 37, 40, 41, 48, 203,
    207, 227, 240, 244, 2, 3, 7-13,
    94, 98, 105, Fig. 3, 5, 6
Aspidella 213
Asterosporales 95, 98, 100,
    106, 134, 193, 213, 42-48, 93
Astraeus hygrometricus 173
Auricularia 84
– auricula-judae 84, 91
– mesenterica 84
– polytricha 91
– porphyrea 91
Auriculariales 83, Fig. 13
Auriscalpium vulgare 102, 206,
    242, 96
Austernseitling 125, 234, 61

Basidiomycetes 9, 28, 31, 49,
    52, 54, 59, 64, 67, 70, 72, 74,
    75, 78, 79, 84, 86, 87, 90, 93,
    95, 98, 100, 106, 107, 109,
    113, 115, 117, 119, 121, 124,
    125, 128, 130, 131, 134, 136,
    139, 142, 143, 145, 152, 155,
    157, 161, 163, 168, 173, 175,
    177, 179, 182, 183, 187, 193,
    203, 206, 207, 210, 213, 226,
    227, 233, 235, 238, 244, 4, 6,
    14-93, 95-97, 99-104, 108 bis
    110
Bauchpilze 168, 173, 82-85
Becherling(e) 41, 53, 222, 234
    Ader- 53
    Blasiger 53
    Herbst- 234
    Kelch-, Schwarzbrauner 36,
    10
    Kelch-, Schwarzer 36
    Kronen- 53
    Langfuß- 53
    Orangen- 49, 221
    Sarrazins 26, 3
Birkenporling 224, 226, 103
Birkenreizker 106, 145, 224, 48
Birkenröhrling 224
Birnenstäubling 168, 224, 83
Blätterpilze 28, 107, 109, 113,
    115, 117, 119, 121, 124, 125,
    128, 130, 131, 134, 136, 139,
    142, 143, 145, 152, 155, 157,
    161, 163, 183, 187, 193, 203,
    207, 210, 213, 223, 238, 5,
    49-81, 90-92, 95, 99-102, 110

Blättling
    Säge-, Schuppiger 210, 100
    Spalt-, Gemeiner 210, 101
Blutreizker 100, 142, 223
Bolbitus vitellinus 196
Boletales 31, 84, 86, 87, 90, 93,
    99, 113, 120, 6, 34-41
Boletinus 117, 120
Boletus 113, 120
– aereus 86, 116
– albidus 221
– appendiculatus 116
– badius 87, 116, 38
– bovinus 117, 224
– calopus 116
– carpini 113, 224
– cavipes 117
– chrysenteron 86, 116, 35
– edulis 86, 112, 113, 116, 36,
    Fig. 23
– elegans 90, 117
– erythropus 31, 116, 235, 6
– felleus 117
– granulatus 90, 117, 226
– luridus 31, 116
– luteus 90, 116, 226, 39
– parasiticus 116, 244
– pinicola 87, 116, 226, 37
– piperatus 117
– regius 116
– reticulatus 116, 226, 235, 238
– rufus 84, 113, 34
– satanas 116
– scaber 113, 224
– subtomentosus 86, 116
– variegatus 117, 224
Bovist 168, 214, 82
    Kartoffel-, Gemeiner 173, 84
Brätling 145, 224
Brandpilze 235, 109
Braunporling, Kiefern- 70, 23
Buchenschleimrübling 224
Buckelporling 70, 24
Bulgaria inquinans 234
Burgunder Trüffel 56
Butterpilz 90, 116, 224, 226, 39

Calocera 52, 91
– cornea 52, 91
– viscosa 52, 91, 230, 16
Calodon 102
Caloporus 103
– ovinus 64
– pes-caprae 64, 103, 20
Calvatia 168, 214
Calycella citrina 36, 48, 9
Camarophyllus 148, 149
Cantharellus
– cibarius 78, 111, 112, 30,
    Fig. 22

Cantharellus
– lutescens 78
– tubaeformis 78, 111, 31
Champignon(s) 196
 Feld- 143, 196, 74
 Gift- 193, 92
 Zucht- 143, 196, 221
Clathrus cancellatus 215
Clavaria 111
– argillacea 74
– aurea 224
– cinerea 74
– cristata 74, 111
– formosa 220, 224
– fumosa 74
– fusiformis 74
– pistillaris 75, 111, 28
– truncata 75
– vermicularis 74, 111, 27
Clavariadelphus 111
Clavella 111
Claviceps purpurea 48, 230, 244, 106
Clavicipitales 48, 227, 230, 231, 105 -107
Clavulina 111
Clitocybe 163
– cerussata 166, 220
– clavipes 163
– dealbata 166, 220, 231
– ditopa 163
– geotropa 163
– infundibuliformis 124, 162, 163, 59, Fig. 31
– inversa 230
– nebularis 163, 221
– odora 223
– rivulosa 166, 220, 231
– tabescens 166
Clitopilus 170
– prunulus 170, Fig. 34
Coleosporium 71
– melampyri 233, 108
Collybia 156, 160
– butyracea 156
– cirrhata 157
– conigena 157, 203, 241
– distorta 157
– dryophila 157, 160
– erythropoda 157
– fusipes 156, 207, 221, 238, 241, 99, Fig. 29
– maculata 156, 230
– platyphylla 157, 238
– rancida 157
– tuberosa 157
Conocybe 196
– tenera 196
Coprinus
– atramentarius 134, 191, 221
– comatus 134, 191, 68, Fig. 40
– lagopus 194
– micaceus 136, 69
– picaceus 139, 191, 70
– plicatilis 194
Cordyceps 48
– capitata 227, 244, 105

Coriolus 106, 234
– abietinus 242
Coronophorales 47
Cortinarius 178, 182, 183
– alboviolaceus 186, Fig. 38
– anomalus 186
– argutus 186
– armillatus 187
– bolaris 183
– bulliardii 130, 187, 65
– caerulescens 182
– caninus 186
– cinnamomeobadius 183
– cinnamomeolutescens 183
– cinnamomeus 183
– collinitus 179
– delibutus 179
– elatior 179
– hinnuleus 187
– humicola 186
– infractus 182
– largus 182
– multiformis 182
– orellanus 186, 219
– paleaceus 187
– phoeniceus 130, 183
– pholideus 186
– praestans 179
– sanguineus 183
– semisanguineus 130, 183, 230, 64
– speciosissimus 186
– torvus 186, 224
– traganus 186
– trivialis 179
– violaceus 183
Coryne sarcoides 234
Craterellus 112
– cornucopioides 79, 111, 32
Crepidotus 170
Crucibulum 214
– vulgare 214
Cyathus 214
– striatus 214
Cystoderma
– amianthinum 200
– carcharias 200
– cinnabarinum 200
– haematites 200

Dachpilze 197, 238
Dacryomycetales 52, 59, 91, 16, Fig. 13
Daldinia 46, 240
Dermocybe 182, 183
De Seynes Helmling 203, 95
Diaporthales 46
Dickfuß 182, 183
Dictyophora 179, 215
– duplicata 179
– multicolor 179, 215, 88
– phalloidea 179
– rosea 179
Disciotis venosa 53, 234
Discomycetes 33, 36, 42, 48, 53, 221, 234, Fig. 12
Dochmiopus 170
Düngerling 194

Eccilia 171
Edelritterling 153
Egerling(e) 196, 197
 Karbol- 193, 92
 Schaf- 231
 Wiesen- 143, 196, 74
Eichhase 67, 22
Eierschwamm 78, 30
Eierwulstling 201
Eispilz 52, 230, 15
Elaphomyces 42, 227
– granulatus 227
– variegatus 227
Elfenbeinschneckling 107, 50
Ellerlinge 148
Endogone 240
Endomycetales 57
Endophyllum 71
Entoloma 171
– clypeatum 171, 234
– lividum 171
– nidorosum 171, 220
– rhodopolium 171, 220
– sepium 171, 234
– sinuatum 171, 220, Fig. 35
Entyloma 82
Epichloe typhina 48, 231, 244, 107
Erdbecherpilze 33, 36, 8, 9
Erdstern(e) 215
 Gewimperter 173, 85
 Rötender 230
Erdzunge
 Rauhhaarige 33, 8
 Trockene 33
Erysiphales 42, 56, 57
Eselsohr 37, 42, 53, 11
Eurotiales 42, 56, 58
Exidia 91

Fälbling(e) 174, 221
 Wurzel- 128, 62
Fältlinge 102
Feldchampignon 143, 196, 74
Feldschwindling 160
Feuerschüppling 155, 77
Fichtenreizker 100, 47
Fistulina hepatica 64, 19
Flämmlinge 195
Flammula
– alnicola 195
– lenta 195
– penetrans 195
Flammulina 157
– velutipes 121, 157, 234, 56
Flaschenstäubling 168, 82
Fliegenpilz 12, 211, 220, 223, 224, 226, 234
Flugbrand 82
Frauentäubling 223
Frühlingsknollenblätterpilz 201, 218
Frühlingsrötlinge 231, 234
Frühlorchel 221, 222
Fuligo septica 7, 16, 1

Galerina 196
– graminea 196

Galerina
– hypnorum 196
– mycenopsis 196
– sphagnorum 196
Gallenröhrling 117, 120
Gallentäubling 98
Gallertpilze 49, 52, 14, 15
Gallerttränenpilze 52, 16
Ganoderma 110, 111
– applanatum 28, 110, 4, Fig. 21
– lucidum 72, 25
Gasterales 99, 168, 173, 213, 214, 239, 82-85
Geastrum 215
– fimbriatum 173, 85
– rufescens 230
Gekrösetrüffel 56
Gelbfüße 120, 230, 240
Geoglossum ophioglossoides 33
Geopetalum 167
Georgsritterling 231
Giftchampignon 193, 92
Giftschirmlinge, kleine 200, 219
Giftwulstling, Grüner 183, 90
Glimmerköpfchen 190, 195
Glimmertintling 136, 139, 191, 69
Glöcklinge 171
Glucke, Krause 75, 29
Goldröhrling 90
Gomphidius 120
– glutinosus 230
– viscidus 230
Gomphus clavatus 79, 112, 33
Graukappe 163, 221
Griphola 103
– gigantea 106
– sulfurea 67, 106, 21
– umbellata 67, 106, 22
Grubenlorchel 37
Grünling 153
Grünspanteräuschling 142, 194, 72
Grüntäubling, Gefelderter 136, 224
Guepinia helvelloides 91
Gürtelfüße 186
Gyrodon 120
– lividus 120
Gyromitra esculenta 221
Gyrophana lacrymans 102, 206, 241, 97
Gyroporus 120
– castaneus 120
– cyanescens 120
Haarschleierlinge 178, 182, 186, 219, 223, 230, 240
Habichtspilz 54, 102, 18
Häublinge 196
Hallimasch 166, 221, 223, 224, 234, 238, 246, 110
Hasenröhrling 120
Hausschwamm, Echter 206, 241, 242, 97
Hautkopf 182, 183

Hebeloma 174
– crustuliniforme 174, 221
– mesophaeum 174
– radicosum 128, 174, 62, Fig. 36
– sacchariolens 174
– sinapizans 174
– sinuosum 174
Hefepilz 15
Helmling(e) 162, 203, 234
Alkalischer 124, 58
De Seynes 203, 95
Rettich- 121, 57
Helotiales 33, 36, 48, 8, 9
Helvella
– crispa 37, 53, 12
– lacunosa 37
Hemiascomyceten 56
Hemisphaeriale(s) 44, Fig. 10
Herbstbecherlinge 234
Herbstlorchel 37, 53, 12
Herbsttrompete 79, 32
Hericium
– coralloides 102, 241
– erinaceus 103
Heringstäubling 98, 45
Herkuleskeule 75, 28
Herrenpilz 86, 116, 36
Heterobasidiomyceten 60
Hexenpilz
Flockenstieliger 31, 235, 6
Netzstieliger 31, 116
Hexenring 11
Hirschtrüffel 42, 227
Hörnling(e) 91
Klebriger 52, 230, 16
Hohenbuehelia 167
Holzritterling 115
Olivgelber 115, 53
Homobasidiomyceten 92, 99, 102
Hundsrute 177, 87
Hydnum 102
– repandum 54, 102, 17
– rufescens 54
Hydrocybe 187
Hygrocybe 149
Hygrophana mutabilis 143
Hygrophoropsis aurantiaca 226
Hygrophorus 148
– agathosmus 148
– chlorophanus 152
– chrysodon 148
– cinereus 149
– coccineus 152
– colemannianus 149
– conicus 107, 149, 152, 49, Fig. 27
– cossus 107, 148
– eburneus 107, 148, 149, 50, Fig. 26
– intermedius 152
– lacmus 149
– limacinus 148
– lucorum 148
– marzuolus 148
– miniatus 152

Hygrophorus
– nemoreus 148
– nigrescens 107, 152
– niveus 149
– obrusseus 152
– olivaceo-albus 148
– poetarum 148
– pratensis 149
– psittacinus 152
– pudorinus 148
– puniceus 152
– quietus 152
– russocoriaceus 149
– russula 109, 148, 51
– spadiceus 152
– tephroleucus 148
– virgineus 149
Hypholoma 187
– capnoides 131, 190
– fasciculare 131, 190, 219, 66, Fig. 39
– sublateritium 131, 190, 67
Hypoxylon 46

Inocybe 175
– asterospora 175, 178
– bongardii 178
– calamistrata 178
– cookei 178
– fastigiata 128, 175, 178, 220, 63
– geophylla 175, 178, 220
– lanuginosa 178
– maculata 178
– napipes 175, 178, 220
– obscura 178
– patouillardii 175, 178, 220, Fig. 37
– piriodora 178
– praetervisa 178
Inoloma 182

Jodoformtäubling 95
Judasohr 84

Kahlköpfe 190
Kaiserling 201, 217, 223, 235
Karbolegerling 193, 92
Kartoffelbovist, Gemeiner 116, 173, 214, 84
Kelchbecherling
Schwarzbrauner 36, 10
Schwarzer 36
Kernpilze 42
Keule(npilze 74, 75, 111, 26-28
Herkules- 75, 28
Kern- 41, 227, 230, 231, 105-107
Kopfige 227, 105
Geweihförmige 207, 98
Vielgestaltige 33, 7
Wurmförmige 74, 27
Kiefern-Braunporling 70, 23
Kiefern-Steinpilz 87, 116, 37
Knollenblätterpilz(e) 217, 218
Frühlings- 183, 218
Gelblicher 28, 223, 224, 226, 235, 238, 5

249

Knollenblätterpilz(e)
  Grüner 183, 201, 217–220,
  223, 224, 238, 90, Fig. 46
  Kegelhütiger 183, 201, 218
Knotentintling 134, 191
Körnchenschirmlinge 200
Kornblumenröhrling 120
Kraterellen 79, 111
Krempling(e) 120
  Empfindlicher 222
  Kahler 90, 40
  Samtfuß- 93, 41
Kronenbecherling 53
Kuehneromyces mutabilis 143,
  195
Kugelpilze 22, 33, 207, 2, 7, 98
Kuhröhrling 117, 224

Laboulbeniomyceten 56
Laccaria
– amethystina 125, 166, 223
– laccata 125, 166, 223, 60
Lackpilz(e) 166
  Blauer 125
  Roter 125, 60
Lackporling 72, 25
  Flacher 28, 4
Lactarius 135
– acris 142
– blennius 142
– camphoratus 145
– chrysorrheus 100, 138, 223,
  46
– controversus 142, 224
– decipiens 145
– deliciosus 100, 142, 47
– fuliginosus 142
– glyciosmus 145, 224
– helvus 145
– hepaticus 226
– piceae 100, 47
– piperatus 142, 238
– pyrogalus 224
– quietus 145, 223
– resimus 142
– rufus 145, 226
– sanguifluus 100, 142
– torminosus 106, 138, 145,
  48, Fig. 25
– turpis 142, 224
– uvidus 142
– vellereus 142
– vietus 142
– volemus 145, 224, 238
Lärchenröhrling, Hohlstieliger
  117
Langfußbecherling 53
Leberpilz 64, 103, 221, 238,
  242, 19
Lecanorales 41, 49
Leccinum 113
Leistlinge 111
Lentinellus 170
– cochleatus 170
Lentinus 167, 170
– degener 170
– lepideus 170, 210, 241, 100
– tigrinus 167, Fig. 33

Lenzites 106
Lepiota 199
– acutesquamosa 200
– brunneoincarnata 200, 219
– clypeolaria 200
– cristata 200
– excoriata 145, 200
– gracilenta 145
– helveola 200, 219
– mastoidea 145
– naucina 200
– permixta 145
– procera 145, 199, 75, Fig. 45
– rhacodes 152, 76
– subincarnata 200
Lepista 166
– inversa 166, 234
Leptonia 171
Leptopodia elastica 53
Leptoporus 106, 242
– adustus 242
Leptosphaeria 44
Limacella guttata 213
Limacium 148
Lohlblüte 16, 1
Lorchel(n) 37, 53
  Elastische 53
  Früh- 221
  Gruben- 37
  Herbst- 37, 12
Lycoperdon
– echinatum 168, 214
– excipuliforme 214
– excoriatum 168, 82
– gemmatum 168, 214, 82,
  Fig. 50
– giganteum 214
– pratense 168
– pyriforme 168, 214, 224, 83
Lyophyllum 156
– aggregatum 156

Maipilz 153, 231, 234
Maisbrand 235, 109
Marasmius 160
– alliaceus 162
– androsaceus 160
– collinus 160
– epiphyllus 160
– oreades 160
– perforans 160
– peronatus 160
– ramealis 160
– rotula 162
Maronenpilz 87, 116, 226, 238,
  38
Mehlpilze 170
Melanoleuca 153
Melanotaenium 82
Merulius 102
Milchling(e) 106, 135, 138, 142,
  145, 223, 224, 226, 235, 238,
  240, 47, 48
  Goldflüssiger 100, 46
  Rotbrauner 226
Mönchskopf 163
Morchel(n) 40, 42, 53, 234
  Schwarze 40

Morchel(n)
  Speise- 40
  Spitz- 40, 13
  Stink- 175, 86
Morchella
– conica 40, 13
– esculenta 40
– vulgaris 40
Mucorales 9
Mutinus 215
– caninus 177, 215, 87
Mutterkorn 230, 106
Mycena 162
– alcalina 124, 162, 58
– filopes 162
– galericulata 160, 162, Fig. 30
– galopoda 163
– inclinata 162, 234
– pelianthina 121
– polygramma 162, 234
– pura 121, 162, 57
– sanguinolenta 163
– seynii 162, 203, 241, 95
– vitilis 162
Mycoleptodon 102
Mycosphaerella 44
Myriangiale(s) 44, Fig. 8
Myxacium 179
Myxomycetes 7, 16, 1

Nabelinge 163
Nabelrötlinge 171
Naucoria 196
Nectria cinnabarina 22, 41,
  46, 2
Nelkenschwindling 231
Neovossia 82
Nichtblätterpilze 28, 54, 64, 67,
  70, 72, 74, 75, 78, 79, 206,
  226, 227, 4, 17-33, 96, 97,
  103, 104
Nolanea 171

Ochsenzunge 64, 19
Odontia 102
Ölbaumpilz 166
Ohrlappenpilze 84, 91
Ohrlöffel-Stachelseitling 203,
  206, 96
Omphalia 163
Ophiobolus 44
Orangenbecherling 49, 221
Ostropales 48
Otidea onotica 37, 53, 11
Oudemansiella 157
– mucida 160, 224
– radicata 160, 238

Panaeolus 194, 246
Panellus 167
– mitis 167
– stipticus 167
Pantherpilz 161, 187, 211, 217,
  220, 91, Fig. 48
Panus 167
Parasit(en) 7, 8, 44, 239, 241,
  243–245
  Wund- 243

Parasol 145, 200, 221, 224, 235, 75, Fig. 45
Paxillus 120
– atrotomentosus 93, 120, 41
– involutus 90, 120, 222, 40
Periascomyceten 57
Perigordtrüffel 56, 203, 94
Perlpilz 161, 202, 217, 221–223, 226, 235, 238, 80, Fig. 47
Peziza
– aurantia 49
– echinospora 26
– vesiculosa 53
Pezizales 26, 36, 37, 40, 49, 3, 10-13
Pfifferling 78, 111, 112, 235, 240, 30
Falscher 226
Trompeten- 78, 31
Phaeolus 106
– schweinitzii 70, 106, 242, 23
Phallales 175, 177, 179, 182, 215, 86-89
Phallus 215
– impudicus 175, 215, 216, 86, Fig. 51
Phlebia 102
Phlegmacium 179
Pholiota 194
– adiposa 155, 195
– aegerita 196
– aurivella 195
– destruens 128, 195
– flammans 155, 195, 77
– mutabilis 143, 73
– spectabilis 194, 195, Fig. 41
– squarrosa 195, 213, 241, 102
Phylloporus 120
Physarales 16, 1
Piemonteser Trüffel 56
Pilze, höhere 9, 10
Pilze, niedere 9, 18
Plectomyceten 42, Fig. 7
Pleospora herbarum 44
Pleurotellus 166
Pleurotus 166
– cornucopiae 166, 167, Fig. 32
– eryngii 166
– illudens 166, 220
– olearius 166, 220
– ostreatus 125, 166, 234, 61
Pluteus 197
– atromarginatus 199
– cervinus 198, 199, 234, Fig. 44
– coccineus 199
– leoninus 199
– umbrosus 199
Polyporus 103
– brumalis 103
– squamosus 103
– varius 103
Porling(e) 103, 106, 240, 241
Birken- 224, 226, 103
Braun-, Kiefern- 70, 23
Buckel- 70, 24
Schwefel- 67, 224, 242, 21
Ziegenfuß- 64, 20

Porphyrellus 120
Psathyrella 190
– gracilis 190
– hydrophila 190
– subatrata 190
Pseudocoprinus disseminatus 139, 194, 71
Pseudohydnum 91
– gelatinosum 52, 91, 230, 15
Pseudosphaeriales 44, Fig. 9
Psilocybe 190
Purpurschneckling, Gefleckt-blättriger 109, 51
Pyrenomycetes 43, 48
Pythium 240

Radulum 102
Ramaria 111
– aurea 74
– botrytis 74
– formosa 74
– stricta 74, 111, 26
Raslinge 156
Rauhfüße 113
Rehling 78, 30
Reifpilz 196
Reizker
Birken- 106, 145, 224, 48
Blut- 100, 142, 223
Echter 100, 142, 226
Fichten- 100, 47
Rettichhelmling 121, 57
Rhizopogon luteolus 213
Rhodopaxillus
– glaucocanus 119
– irinus 119, 156, 221
– nudus 119, 156, 234, 55
– panaeolus 119, 156, 231
– saevus 119, 156, 234
Rhodophyllus 171
Riesenrötling 171, 220, 231
Riesenschirmpilz 145, 238, 75
Rißpilz(e) 128, 175, 178, 220
Kegeliggeschweifter 128, 63
Ritterling(e) 152, 220, 223, 226, 240
Bitterer 117, 54
Holz-, Olivgelber 115, 53
Rötel- 119, 156, 221
Lilastieliger 234
Marmorierter 119
Violetter 119, 156, 234, 55
Wasserfleckiger 231
Schwarzfaseriger 117
Schwefel- 113, 52
Röhrenpilz(e) 31, 84, 86, 87, 90, 93, 6, 34-41
Röhrling(e) 99, 113, 116, 117, 120, 221, 224, 226, 235, 238, 240, 241
Birken- 224
Gallen- 117, 120
Hasen- 120
Kornblumen- 120
Kuh- 117, 224
Lärchen-, Hohlstieliger 117
Rotfuß- 86, 35
Rothaut- 84, 113, 34

Röhrling(e)
Sand- 117
Rötling(e) 171, 220
Frühlings- 231, 234
Nabel- 171
Riesen- 171, 220, 231
Rostpilze 233, 108
Rotfußröhrling 86, 35
Rotkappe 84, 113, 34
Rotpustelpilz 22, 2
Rozites caperata 196
Rübling(e) 156, 157, 203, 238
Buchenschleim- 224
Gefleckter 230
Samtfuß- 121, 56
Schleim- 157, 241
Spindeliger 207, 99
Waldfreund- 157, 160
Winter- 121, 56
Russula 135
– albonigra 136
– amethystina 95
– amoena 138
– atropurpurea 135, 136, 138
– azurea 95, 136, 43
– caerulea 136
– chamaeleontina 238
– claroflava 136
– cyanoxantha 136, 223, 235, 238
– delica 135, 136
– emetica 135, 136, 193, 220, 93
– erythropoda 226
– fellea 98, 136, 224
– foetens 136
– grisea 238
– heterophylla 238
– lepida 95, 135, 136, 138, 42, Fig. 24
– nigricans 136, 223
– ochroleuca 98, 136, 138, 44
– olivacea 136, 138
– pectinata 238
– sanguinea 135, 226
– sardonia 136, 138, 226
– solaris 136
– turci 136, 226
– vesca 235, 238
– violeipes 138
– virescens 136, 224, 235, 238
– xerampelina 98, 135, 45
Rutenpilze 175, 177, 179, 182, 86-89

Saccharomyces cerevisiae 15
Saccharomycetales 57
Sägeblättling, Schuppiger 210, 100
Safranschirmling 152, 200, 76
Saftling(e) 149, 152, 231
Schwärzender 107, 49
Samtfußkrempling 93, 41
Samtfußrübling 121, 56
Sandröhrling 117, 224
Saprophyt(en) 7, 8, 239, 241, 243–246
Sarcodon imbricatum 54, 102, 18

Sarcoscypha coccinea 234
Sarcosphaera coronaria 53
Sarrazins Becherling 26, 246, 3
Satanspilz 116, 220
Schafegerling 231
Schafporling 64
Scheidenstreifling 157, 235,
238, 79
Scheidling(e) 155, 197
Großer 197
Wolliger 155, 78
Schichtpilz, Violetter 227,
104
Schimmelpilze 9, 42
Schirmling(e) 145, 199, 200,
231
Gift- 200
Körnchen- 200
Riesen- 145, 200, 235, 238,
75, Fig. 45
Safran- 152, 200, 76
Schizophyllum 170
– commune 170, 210, 234, 242,
101
Schlauchpilze 9, 20, 22, 26, 33,
36, 37, 40, 203, 207, 227, 230,
231, 2, 3, 7-13, 94, 98,
105-107
Schleierdame(n) 179
– Bunte 179, 88
Schleierling 130, 183, 186, 224,
64, 65
Haar- 178, 182, 186, 219,
240
Schleimfüße 179
Schleimköpfe 179
Schleimpilze 7, 16, 1
Schleimröhrlinge 117
Schleimrüblinge 157, 241
Schleimschirmlinge 213
Schmerling 90, 117, 226
Schmierbrand 82
Schneckling(e) 148
Elfenbein- 107, 50
Purpur-, Gefleckter 109, 51
Schopftintling 134, 191, 68,
Fig. 40
Schüppling(e) 195, 196, 240
Feuer- 155, 77
Schleimiger 155
Sparriger 213, 234, 102
Südlicher 196
Schüsselpilze 26, 36, 37, 40, 3,
10-13
Schwefelkopf(köpfe) 187, 195,
238
Grünblättriger 131, 66
Rauchblättriger 131
Ziegelroter 131, 67
Schwefelporling 67, 224, 242,
21
Schwefelritterling 113, 52
Schweinsohr 79, 33
Schwindling(e) 160, 162, 241
Feld- 160
Nelken- 231
Scleroderma aurantium 173,
214, 84

Sebacina incrustans 91
Seidenköpfe 186
Seitling(e) 166, 220, 234, 240,
241
Austern- 125, 234, 61
Stachel-, Ohrlöffel- 203
Semmelstoppelpilz 54, 102,
234, 17
Sericeocybe 186
Sommersteinpilz 116, 238
Sommertrüffel 56, 203
Sorosporium 82
Spaltblättling, Gemeiner 210,
101
Sparassis 111
– crispa 75, 111, 29
– laminosa 75
Spechttintling 139, 191, 70
Speisemorchel 40
Speitäubling, Kirschroter 193,
93
Sphacelotheca 82
Sphaeriales 22, 33, 46, 207,
2, 7, 98, Fig. 11
Spindelschimmel 48, 231, 107
Spitzmorchel 40, 13
Spongipellis 106
Stachelbart 103
Stachelpilze 91, 102
Stachelseitling, Ohrlöffel- 203,
206, 96
Stachelsporenpilze 95, 98, 100,
106, 193, 42-48, 93
Stachelwulstling 163, 81
Ständerpilze 9, 28, 31, 49, 52,
54, 64, 67, 70, 72, 74, 75, 78,
79, 84, 86, 87, 90, 93, 95, 98,
100, 106, 107, 109, 113, 115,
117, 119, 121, 124, 125, 128,
130, 131, 134, 136, 139, 142,
143, 145, 152, 155, 157, 161,
163, 168, 173, 175, 177, 179,
182, 183, 187, 193, 203, 206,
207, 210, 213, 226, 227, 233,
235, 238, 4, 6, 14-93, 95-97,
99-104, 108-110
Stäubling(e) 168, 214
Birnen- 168, 224, 83
Flaschen- 168, 82
Steinbrand 82
Steinpilz(e) 86, 113, 116, 221,
235, 36
Kiefern- 87, 37
Schwarzer 86, 116
Sommer- 116, 238
Stereum 234
– purpureum 102, 227, 243, 104
Stinkmorchel 175, 223, 86
Stockschwämmchen 143, 195,
73
Strobilomyces 120, 134
– strobilaceus 120
Stropharia 194
– aeruginosa 142, 72
– coronilla 194
– semiglobata 194
Strubbelkopf 120
Suillus 116

Täubling(e) 135, 136, 138, 220,
223, 224, 226, 235, 238, 240
Azurblauer 95, 43
Frauen- 223
Gallen- 98
Grüngefelderter 136, 224, 235
Herings- 98, 45
Jodoform- 95
Spei-, Kirschroter 193, 93
Verkohlender 223, 224
Zinnober-, Harter 95, 42
Zitronen- 98, 44
Taphrinales 57
Telamonia 186
Tephrophana 157
Thecaphora 82
Thelephora 102
Tilletia(ceen) 82, Fig. 16
Tintenfischpilz 182, 89
Tintling(e) 139, 190, 194, 240,
246
Glimmer- 136, 191, 69
Knoten- 134, 191
Schopf- 134, 191, 68, Fig. 40
Specht- 191, 70
Torulopsis utilis 18
Totentrompete 79, 32
Träuschling(e) 194
Grünspan- 142, 194, 72
Trametes 106
– gibbosa 70, 106, 110, 24,
Fig. 18
– quercina 224
Tremella 91
– encephala 49
– foliacea 91
– mesenterica 49, 91, 234, 14
Tremellales 49, 52, 91, 14, 15,
Fig. 13
Trichoglossum hirsutum 33,
49, 8
Tricholoma 152
– albobrunneum 153
– album 153
– bufonium 113
– caligatum 152
– columbetta 153
– equestre 153, 226
– georgii 153, 231, 234
– pardinum 220
– portentosum 117, 153
– robustum 152
– saponaceum 153, 223
– sejunctum 117, 153, 223, 54
– sulfureum 113, 153, 52,
Fig. 28
– terreum 152, 230
Tricholomopsis 156
– decora 115, 156, 223, 53
– rutilans 115, 156, 230
Trichterling(e) 163, 166, 220,
221, 223, 231, 238
Gebuckelter 124, 163, 59,
Fig. 31
Nebelgrauer 163, 197, 221,
231, 234
Umgewendeter 230
Trompetenpfifferling 78, 31

252

Trüffel(n) 239
  Burgunder- 56
  Gekröse- 56
  Graue 56
  Hirsch- 42, 227
  Perigord- 56, 203, **94**
  Piemonteser 56
  Schwarze 203, 239, **94**
  Sommer- 56, 203
  Winter- 56
Tubaria 196
Tuber
  – aestivum 56, 203
  – brumale 56
  – magnatum 56
  – melanosporum 56, 203, **94**
  – mesentericum 56
  – rufum 56
  – unicatum 56
Tuberales 56, 203, **94**
Tubiporus 113, 116
Tuburcinia 82
Tulasnellales 91
Tylopilus 117

Ungulina 110, 111, 242
  – annosa 242
  – betulina 226, 242, **103**
  – fomentaria 110, 224, Fig. **20**
Uredinales 60, 233, 244, **108**,
  Fig. **13**-**15**
Urnula
  – craterium 36
  – melastoma 36, 49, 234, **10**
Ustilaginacee Fig. **16**
Ustilaginales 71, 82, 235, 244,
  109, Fig. **13**

Ustilago 82
  – avenae 82
  – esculenta 83
  – hordei 82
  – levis 82
  – longissima 82
  – maydis 82, 235, **109**
  – nuda 82
  – violacea 82

Valsales 47
Venturia 44
Verpa digitaliformis 53
Verpel 53
Volvaria 197
  – bombycina 155, 197, **78**
  – esculenta 197
  – loveiana 197
  – speciosa 197, 198, Fig. **43**
  – surrecta 197

Wachsblättler 107, 148, **50**
Wachtelweizenrost 233, **108**
Waldfreundrübling 157, 160
Wasserkopf(köpfe) 187
  Zinnoberfüßiger 130, **65**
Weichritterlinge 153
Wiesenegerling 143, 196, 230,
  231, **74**
Winterrübling 121, **56**
Wintertrüffel 56
Wulstling(e) 99, 183, 200, 217,
  223, 226, 235, 238, 240
  Eier- 201
  Gift-, Grüner 183, **90**
  Kegelwarziger 163, **81**

Wulstling(e)
  Stachel- 163, **81**
Wundparasiten 243
Wurzelfälbling 128, **62**

Xanthochrous
  – hispidus 110, Fig. **19**
  – pini 242
Xerocomus 116
Xylosphaera 46, 240
  – hypoxylon 46, 207, 234, 241,
    98
  – polymorpha 33, 46, 234, **7**

Zählinge 167
Zärtlinge 171
Ziegenbart(bärte) 220, 224
  Steifer 74, **26**
Ziegenfußporling 64, **20**
Ziegenlippe 86
Zigeuner 196
Zimthautkopf, Blutblättriger
  130, **64**
Zinnobertäubling, Harter 95,
  135, **42**, Fig. **24**
Zitronentäubling 98, **44**
Zitterling(e) 91
  Goldgelber 49, **14**
Zitterzahn 52, **15**
Zuchtchampignon 99, 143,
  196, 221
Zunderschwamm 110, 224,
  Fig. **20**
Zwergbecherling, Zitronen-
  gelber 36, **9**
Zwergtintling, Rasiger 139, **71**

253

WEITERFÜHRENDE LITERATUR

Arx, J. A. von Pilzkunde, ein kurzer Abriß der Mykologie. Lehre 1968

Haas, Hans Pilze Mitteleuropas, Speise- und Giftpilze. Stuttgart 1964

Haas, Hans, und Schrempp, Heinz Pilze in Wald und Flur. Stuttgart 1970
– Pilze, die nicht jeder kennt. Stuttgart 1972

Jahn, Hermann, und Poelt, Josef Mitteleuropäische Pilze in Sammlung natur-
wissenschaftlicher Tafeln. Hamburg 1963

Kreisel, Hanns Grundzüge eines natürlichen Systems der Pilze. Jena 1969

Lange, Jakob E., und Lange, Morten 600 Pilze in Farben. Deutsche Bearbei-
tung von Meinhard Moser. München 1962

Michael-Hennig Handbuch für Pilzfreunde. 5 Bände. Bearbeitet von Bruno
Hennig. Jena 1958/70

Moser, Meinhard Ascomyceten (Schlauchpilze) in Kleine Kryptogamenflora.
Band II a. Stuttgart 1963
– Basidiomyceten (Die Röhrlinge und Blätterpilze) in Kleine Kryptogamenflora.
Band II b/2. 3. Auflage 1967 (Band II b/1 noch nicht erschienen)

Müller, Emil, und Loeffler, Wolfgang Mykologie, Grundriß für Natur-
wissenschaftler und Mediziner. 2. Auflage. Stuttgart 1971

Peter, Julius Das große Pilzbuch. Berlin 1968

Pilat, Albert, und Usak, O. Mushrooms and other fungi. London 1961

Romagnesi, Henri Petit atlas des champignons. 3 Bände. Paris 1962

INHALT

Vorwort 5

Die Welt der Pilze 7

Der Mensch und die Pilze 13

Die Ascomyceten (Schlauchpilze) 20

    Die Plectomyceten 42
    Die Pyrenomyceten 43
    Die Discomyceten 48
    Die Laboulbeniomyceten 56
    Die Hemiascomyceten 56
    Die Periascomyceten 57

Die Basidiomyceten (Ständerpilze) 59

    Die Heterobasidiomyceten 60
    Die Homobasidiomyceten 92

Die Giftpilze 217

Die Biologie der Pilze 223

    Die Wuchsorte der Pilze 223
    Die Erscheinungszeit der Pilze 234
    Die Lebensweise der Pilze 239

Register 247

Literatur 254